존 넬슨 다비의
성령론

존 넬슨 다비의
성령론

존 넬슨 다비 지음 | 이종수 옮김

형제들의 집

차 례

역자 서문 : "존 넬슨 다비의 성령론"을 내면서 • 6

Chapter 1 하나님의 성령의 역사 • 11
　　　　　미주 • 153

Chapter 2 성령의 인침 • 157
　　　　　미주 • 217

Chapter 3 성령의 내주 • 218

Chapter 4 성령의 임재에 대한 고찰 • 278

"나의 묵상과 연구를 통해 많은 사람들이 성령의 역사에 대한 더욱 깊은 묵상 속으로 들어가 성령의 능력을 경험할 수 있기를 바란다."

- 존 넬슨 다비

역자 서문

"존 넬슨 다비의 성령론"을 내면서

"존 넬슨 다비의 성령론"을 출간하게 되어 기쁩니다. 이 책의 존재를 처음으로 알게 된 것은 20여년 전 출간된 "매킨토시의 모세오경 강해"(생명의 말씀사 발간)라는 책을 읽을 때였습니다. 그 때 저는 매킨토시에 대한 소개의 글에서 이미 회심을 경험한 C.H. 매킨토시가 존 넬슨 다비의 "하나님의 성령의 역사"라는 글을 읽고 "그리스도와의 연합"을 경험하게 되었다는 내용을 읽게 되었습니다. 영적 거장인 매킨토시에게 새로운 영적 지평을 열어준 책이 다비의 "하나님의 성령의 역사"라는 사실을 읽고 제 가슴은 무척이나 뛰었습니다. 이후 제 마음 속에는 언젠가 이 책을 번역해야겠다는 작은 결심이 자리를 잡았습니다.

그 후 저는 다비가 쓴 많은 글들을 더욱 가까이 하게 되면서 그의 마음 깊은 곳에 자리 잡고 있던 심오한 영성의 보고를 접하게 되었으며, 너무도 큰 기쁨과 행복을 맛보게 되었습니다. 다비는 진리의 말씀을 사랑하는 열심 있는 성경학도였고, 그렇게 성경을 깊이 있게 연구하고 묵상한 결과로 더욱 심오한 진리의 세계가 열리는 것을 경험했습니다. 그는 사도들의 펜을 움직였던 그 동일한 성령을 통해서 하나님의 말씀이 열리며, 그 속으로 더욱 깊이 들어가 하나님과의 깊은 사귐을 나눌 수 있었던 것입니다.

그래서일까, 기독교 역사 속에서 소수의 영적 거장들을 통해서 희미하게나마 밝혀온 「그리스도와의 연합」이라는 진리의 실체가 다비에게 완전히 열렸습니다. 전에도 무수히 많은 그리스도인들이 그리스도와의 연합의 진리를 추구했지만 자기 속에 있는 육신의 존재를 발견하고 그 성화(聖化)의 도상에서 좌절하고 말았습니다. 그로 인해 율법주의, 신비주의, 금욕주의, 천사숭배주의, 심지어는 무법주의 등 다양한 양상이 극과 극으로 나타났습니다. 그토록 열심히 성화를 추구하던 그리스도인들이 왜 무지의 구름 속에 갇힌 채 영적으로 방황하다가 인생을 마치는 비운을 겪어야 했을까요?

그것은 이 길이 오직 우리의 노력이나 애씀이 아니라 성령의 능력으로 가능한 일이었기 때문입니다. 이 길을 올바로 걷기 위해서 우리는 「그리스도와 연합」에 대한 성경적인 이해를 필요로 합니다. 그리고 이 일은 오직 성령의 조명을 통해서만 가능합니다. 우리가 성령의 조망을 통해 그리스도와의 연합에 대한 바른 이해와 지식을 얻게 되면, 우리는 성화에 관한 새로운 영적 지평이 열리는 것을 경험하게 될 것입니다. 우리가 죄를 이기고 거룩한 삶을 살 수 있는 힘은 성령으로부터 옵니다. 우리가 그리스도와의 연합이라는 진리 위에 분명히 서 있을 때 성령께서는 우리를 거룩하게 이끄시는 실제적 능력이 되십니다.

참으로 안타까운 일은, 오늘날에도 많은 그리스도인들이 거듭남 또는 죄사함의 구원에만 안주한 채, 영적으로 혼돈과 방황 속에 빠져 있다고 하는 사실입니다. 거룩한 삶을 바라는 진지한 성도 조차도, 성경에서 정한 성화의 길을 알지 못한 채 육신적인 방법으로 추구하고 있는 실정입니다. 적어도 당신이 거듭난 그리스도인이라면, 다음 세 부류 가운데 한 부류에 속해 있을 것입니다. 자신이 어느 부류에 속해 있는지를 생각해보시기 바랍니다.

1) 거듭남, 또는 죄 사함의 구원에만 안주한 채, 그리스도와의 연합이라는 진리를 모르고(들어본 일도 없고, 성경이 이 진리를 말씀하고 있는 줄도 모르기에) 자신의 힘으로 신앙생활을 하고 있는 부류.

2) 그리스도와의 연합이라고 하는 진리를 교리적으로는 알고 있지만, 아직 성령의 능력과 역사를 통해서 체험적으로 알지 못하기에 여전히 육신적인 신앙인으로 사는 부류.

3) 그리스도와의 연합의 진리를 교리적으로 알 뿐만 아니라, 경험적으로도 알기에 자신의 삶 속에서 이 진리가 주는 유익을 누리고 있는 부류.

이제 그리스도와의 연합이라고 하는 진리가 자신에게 얼마나 필요한 것인지 실감했다면, 이 책을 통해서 분명 유익을 얻을 수 있을 것입니다. 무엇보다 이 책은 우리를 그리스도와의 연합으로 안내하는 길에서 성령은 누구시며 어떤 역사를 하시는지를 성경적으로 고찰해주고 있습니다. 지금 영광 가운데 계신 그리스도와 연합을 이루고 그리스도의 자리에 들어가는 것, 이것은 모든 그리스도인이 누려야 할 신령한 복 가운데 최고의 복입니다. 성령께서는 우리가 이러한 그리스도와의 연합의 축복을 실제적으로 누리는 삶에서 핵심적인 역할을 하십니다. 아무쪼록 이 책을 통해서 독자 여러분들이 성령의 역사에 대한 더욱 깊은 묵상 속으로 들어가 성령의 능력을 경험할 수 있기를 바랍니다.

이러한 바램을 담아 "그리스도와의 연합과 성령의 역사"라는 주제와 연관된 몇 편의 글을 함께 번역했습니다. 먼저 소개해드린 Operations of the Spirit of God(하나님의 성령의 역사)와 함께 On Sealing with the Holy Ghost(성령의 인침), Indwelling of the Holy Ghost(성령의 내주), 그리고 Remarks on the Presence of the Holy Ghost in the Christian(그리스도인 속에 내주하시는 성령의 임재에 대한 고찰) 등을 함께 엮어서 "그리스도와의 연합을 가능케 하는 원동력, 존 넬슨 다비의 성령론"이라는 제목으로 출간하게 되었습니다.

글이 시작되는 부분에 있는 숫자는, 아마도 다비의 글을 편집한 편집자가 독자들을 안내하기 위해서 표시해둔 것 같습니다. 원서를 참고하기 원하는 독자들을 위해서 숫자를 표기하였으니, 원서와 대조해서 보는 기쁨을 누리시길 바랍니다.

이 책을 번역하는 과정에서 다비의 글을 직역했을 때 생길 수 있는 이해의 어려움을 피하기 위해 몇몇 분들의 검토와 도움을 받았습니다. 다비의 글맛을 살리기 위해서라면 가능한 한 직역 위주로 번역하는 것이 좋겠지만, 독자들이 직역 위주의 글을 어려워할 수 있다는 우려로 인해 우리말로 자연스럽게 읽히도록 노력했습니다. 이 일에 도움을 주신 분들에게 감사한 마음을 전합니다. 비록 졸역이지만 다비의 글을 통해서 얻게 될 독자의 유익을 생각하면서 글을 옮겼습니다. 역자로서 풍성히 받은 하나님의 신령한 은혜와 영적 유익이 독자 여러분들에게도 그대로 전달되기를 바라는 마음이 간절합니다.

아울러 다비의 마음 속에 불타올랐던 열정, 곧 모든 독자들로 하여금 부활하여 영광 가운데 계신 그리스도와의 연합 속으로 들어가 하나님이 그리스도 안에서 준비하신 영광스러운 구원의 기쁨과 희락을 맛보길 바랬던 다비의 열정과 또한 우리의 남은 생애를 그리스도처럼 사는 삶으로 승화시키실 바라면서 성경 한 구절, 한 구절들을 풀어 설명해가는 다비의 자상한 마음도 함께 느낄 수 있기를 바랍니다.

역자 이종수

Chapter 1
하나님의 성령의 역사
Operations of the Spirit of God

73

 이 글은 하나님의 영의 역사에 대해서 살펴보기 위해 기록되었다. 즉, 그리스도로 말미암아 우리 안에서 역사하시는 성령님의 역사에 대해서 자세히 상고해 보려는 것이 이 글의 목적이다. 우리는 종종 이미 우리를 위해서(for us) 온전히 성취된 그리스도의 사역과 지금 우리 안에서(in us) 역사하시는 성령님의 역사를 너무 동떨어진 것으로 생각하는 경향이 있기 때문이다.

 이 글에 기록된 내용이 성령의 역사에 대한 완전하고 충분한 견해라고까지 주장하고 싶지는 않다. "누가 이것을 감당하리요?" 장차 나타날 영광스러운 실제와 비교해볼 때, 지금 나의 마음에 깨달아지는 것은 실로 희미한 것이고 결핍 투성이에 불과할 뿐이다. 참으로 복되고도 영원한 축복을 우리에게 주신 하나님을 찬송하라! 따라서 나는 성경에서 밝히고 있는 만큼만 말할 수 있을 뿐이다. 만일 누군가 성령의 역사에 대해서 더 많은 것을 볼 수 있다면, 그가 능히 더 발전된 내용을 소개할 수 있을 것이다. 만일 그렇지 못한다면 내가 한 이 일을 통해서 많은 사람들이 유익을 얻을 수 있으면 좋겠다. 나의 묵상과 연구를 통해 많은 사람들이 성령의 역사에 대한 더욱 깊은 묵상 속으로 들어가 성령의 능력을 경험할 수 있기를 바란다.

거듭난 그리스도인들조차도 그리스도와 하나님의 영을 너무 동떨어진 것으로 구별하거나 아니면 아무런 구분도 없이 그저 동일한 것으로 혼동한다. 그들의 실수는 그리스도와 우리 안에서 역사하고 있는 하나님의 영을 너무 구별하거나, 아니면 우리를 위한 그리스도의 사역과 하나님의 영의 사역을 동일한 것으로 혼동하기 때문에 오는 것이다. 그 결과 불확실성, 판단의 빈약성, 그리고 의심에 떨어지기 쉽다.

우리 속에 있는 생명의 능력으로 우리 안에서 일하시는 하나님의 영의 역사는 육신과 성령 사이의 갈등과 고민을 일으키고, 내 속에 강력으로 역사하는 죄의 실체를 드러내어 주며, 땅에 있는 우리 몸의 지체를 죽일 필요성을 일깨워준다. 그리스도께서 내 영혼 속에서 더욱 계시될 때, 나는 더욱 겸손해질 필요를 느끼게 된다. 내가 성령의 빛을 통해 육신으로 사는 것과 그리스도로 사는 것 사이의 엄청난 차이점을 분명하게 보면 볼수록, 하나님이 내 안에 존재하고 있는 육신과 그 속에 있는 이처럼 악한 죄의 뿌리를 얼마나 정죄하시는가를 발견하게 된다. 나의 주님이 얼마나 복된 분이신지, 얼마나 영광스러운 분이신지를 알면 알수록, 나는 성령님을 통하여 내 자신이 주와 같은 형상으로 영광으로 영광에 이르고 있지만, 그럼에도 주와 같은 영광에 이르기에 얼마나 부족한 사람인지를 더욱 보게 된다. 따라서 나는 하나님과의 화목과 화평 속에서 장차 나타날 하나님의 영광을 바라며 즐거워하지만, 그럼에도 나 자신을 살피고 또 나 자신을 판단하는 일은 계속되어야 한다. 우리가 하나님을 향해 가지고 있는 감정들이 영적일수도 있지만, 그렇지 않을 때에는 마음의 슬픔을 느낄 수도 있다. 이러한 마음의 슬픔은 정상적인 그리스도인들의 영적 상태는 아니다. 우리는 종종 죄를 허용하거나 탐닉에 빠지며, 깊은 자기비하와 자기혐오 상태에 떨어지기도 한다. 따라서 그리스도 안에서 우리가 완전히 용납된 존재라고 하는 확신이 부족하게 되면, 구원을 잃어버린 것 같은 불안과 영적인 침륜 상태에 빠지게 되고, 자신이 정말 구원받았는지에 대한 의심이 일어난다. 때로는 율법에 대한 잘못된 해석과 적용에 빠져 율법주의에 매이기도 한다. 율법주의는 불신앙의 원리에 빠짐으로써 복음에서 떨어진 결과이다. 이렇게 되면 우리 영혼은 다시 율법 아래 갇힘으로써 율법의 정죄에 빠지게 된다. 이 상태는 그리스도께서 우리로 자유케 하려고 주신 영적 자유 위에 굳게 서 있지 않은 것이다.[1]

74

우리는 종종 하나님이 우리에게서 얼굴을 돌리신다는 말을 듣는다. 만약 이것이 사실이라면 믿음이 설 자리는 없어지고 말 것이다. 하지만 참된 믿음은 하나님이 자기의 기름 부은 자를 항상 바라보시고 결코 얼굴을 돌이키시는 법이 없다는 것을 안다. 우리가 만일 그러한 불신앙적인 생각에 함몰당한다면, 우리는 완전한 불신앙인으로 취급을 당해도 마땅하다. 거듭난 그리스도인, 즉 성도는 그리스도 안에서 완전하고도 온전하게 용납된 존재라는 것을 정말 믿는다면, 그러한 일이 자신에게 일어나지 않는다는 것을 알아야 한다. 그러므로 그렇게 생각하는 것은 불신앙이며, 자신의 마음이 속고 있다는 것을 인정해야 한다.

하나님의 영은 내 안에 있는 죄를 판단하신다. 그렇지만 성령께서는 나로 하여금 그로 인해 심판받지 않는다는 것을 알게 하신다. 왜냐하면 그리스도께서 이미 그 모든 죄에 대한 심판을 나를 대신해서 받으셨기 때문이다. 이 말은 방탕함에 대한 면죄부를 주는 말이 아니다. 육신은 항상 그리스도께서 하신 일을 망각하는 경향이 있다. 그리고 모든 것을 왜곡시킨다. 하지만 진리는 이렇다. 성령께서는 우리 눈을 열어 나의 모든 죄를 담당하신 주님을 보게 해주시고, 주님이 나의 모든 죄를 없애 주셨을 뿐만 아니라 이제 하나님의 우편에 앉아 계신 분이심을 보여주신다. 그러므로 이것은 우리의 모든 죄들이 제거되었다는 완전한 확신뿐만 아니라, 우리가 그리스도 안에서 무한히 용납되었다는 확신을 더하여 준다. 동일한 성령님은 나로 하여금 그러한 영광의 빛 가운데서 볼 수 있었던 거룩성의 미덕에 의해서 내 속에 있는 죄(sin), 즉 죄성을 판단하도록 해주신다.

이것이 잘 되지 않는다면 (사람들을 아들의 손에 주어 지키도록 하신) 아버지께서는 거룩하신 아버지로서 징계와 책망을 하시며, 또한 농부로서 더 많은 과실을 기대하면서 가지치기를 하신다. 게다가 문제가 개인적인 문제를 벗어나 교회적인 문제로 확대된다면 하나님은 성령님을 통해서 신자들이 누리는 충만하고 행복한 확신을 훼손시키는 영적인 남용과 오용에 대해서 교회적인 징계를 행하신다. 왜냐하면 그리스도의 몸된 교회는 그 자체로 거룩한 백성들의 모임으로서 하나님의 거룩성을 나타내는 하나님의 기관이어야 하기 때문이다. 그러한 특징이 바로 말씀에 기록된 교회의 본질이다. 따라서 교회 안에 거하시는 성령으로 말미암아, 거룩한 백성으로서 거룩성을 유지하기 위한 경건하면서도 은혜로운 징계가 행사되어야 한다. 교회는 성령님이 거하시는 처소이다. 성령님은 그리스도 안에 있는 교회의 상태를 드러내시며, 교회를 구성하고 있는 개인들의 상태도 드러내신다. 은혜와 거룩성을 통해서 교회는 그리스도의 성품과 특징을 나타내고 유지하고, 또 그것을 보존해야 한다. "너희는…그리스도의 편지니 이는 먹으로 쓴 것이 아니요 오직 살아 계신 하나님의 영으로 한 것이[다.]"(고후 3:3)

75

만일 나의 영혼이 전적으로 그리스도의 사역과 나를 위하여 하나님의 존전에 나타나시는 분으로서 그리스도의 용납하심을 의지하고 있다면, 우리는 하나님 앞에서 담대함을 가질 수 있다. "이로써 사랑이 우리에게 온전히 이룬 것은 우리로 심판 날에 담대함을 가지게 하려 함이니 주의 어떠하심과 같이 우리도 세상에서 그러하니라."(요일 4:17) 이 모든 것은 그리스도의 완성된 사역과 그로 인한 온전하고도 무한한 용납하심에 근거하고 있다.

하지만 사람들은 신자 속에서 역사하시는 하나님의 영의 역사를 자기 나름대로 바꾸어 버렸다. 그들은 구속의 역사가 아니라 중생이 가져오게 될 효력을 안식의 근거로 붙든다. 중생을 경험한 후, 우리 삶에 일어난 변화를 보고 소망하기도 하지만, 여전히 내 안에서 육신이 역사하는 것을 보면서 절망에 빠진다. 이것은 그리스도의 사역의 자리에 성령의 사역을 대치시키고는, 전혀 존재하지도 않는 것을 굳게 붙들면서 나름대로 확신을 갖고자 노력하는 것이다. 하지만 이내 내가 과연 믿음에 있는지 의심에 빠지곤 한다. 이 모든 것은 이미 이루어진(성취된) 그리스도의 사역과 승리와 승천의 자리에, 내 안에서 역사하는 하나님의 영의 역사를 대치시킨 결과이다. 그리스도의 완성된 사역에 믿음의 뿌리를 내리는 것이, 튼튼하고 견고하게 영혼의 닻을 내리는 것이며, 이러한 믿음은 변경되지 않고, 변할 수도 없고, 하나님 앞에서 영원토록 변함없이 동일한 믿음인 것이다. 만일 누군가, "그래요 알겠어요. 하지만 내 속에 있는 육신과 불신앙 때문에 내 믿음이 일정하다고는 말할 수 없어요"라고 말한다 해도, 이것은 진리를 변경시키지 못한다. 이러한 진리에 대한 희미한 이해가 아무리 확장된다 해도, 이것은 한낱 불신앙과 죄의 문제일 뿐, 하나님이 그리스도인에게서 그 얼굴을 돌리실 수밖에 없는 저급한 영적 상태가 아니다. 우리 속에서 죄를 발견한다 해도, 죄는 혐오스럽고 가증스럽지만, 그렇다고 의심할 만한 이유가 되지 못한다. 왜냐하면 이러한 죄에 대한 속죄가 이미 이루어졌고, 그리스도께서 당신을 대신해서 죽으셨다가 다시 살아나셨기 때문이다. 이 죄에 대한 문제는 완전히 종식되었다.

만일 누가 "나는 그리스도께서 하나님의 아들이시며, 아버지와 함께 하시는 분이시고, 그가 하신 모든 사역과 은혜를 전적으로 믿습니다. 하지만 그리스도에 대한 개인적인 관심이나 흥미는 생기지 않아요. 이것이 제가 고민하고 있는 문제예요. 그렇다고 제가 불신자라는 말은 아닙니다. 제가 고민하는 문제는 전적으로 다른 문제입니다"라고 말한다고 해보자. 이런 일이 가능한가? 이런 일은 있을 수 없다. 사탄의 교활함과 거짓된 가르침은 당신을 그리스도에게서 끊어지게 하려는 것이다. 우리의 참된 위로자 되신 하나님은 "모세의 율법으로 너희가 의롭다 하심을 얻지 못하던 모든 일에도 이 사람을 힘입어 믿는 자마다 의롭다 하심을 얻느니라"고 선언하심으로써 다음 두 가지 사실을 확증하신다. 다른 말로 하자면, "나는 믿지만 정작 그리스도에 대한 흥미가 있는지는 모르겠다"는 것은 사탄이 주는 망상일 뿐이다. 왜냐하면 하나님은 그리스도에게 흥미를 가진 사람이라야 믿는 사람이라고 말씀하시기 때문이다. 그것이 믿음에 이르도록 하나님이 정하신 길이다. 나는 나 자신에 대해 죄인이라고 여겨서는 안되며, 그리스도 안에서 의인으로 여겨야 한다. 성경 말씀은 아무도 의롭지 않지만, 믿는 자들은 의롭다함을 받았다고 말씀하고 있기 때문이다.

76

어쩌면 우리는 자연적인 죄의 인식을 가지고 있을 수도 있고, 아니면 성령님이 가르쳐주신 죄의 인식을 가지고 있을 수도 있다. 하지만 우리가 만일 여기에만 머문다면 평안을 누릴 수 없다. 죄에 대한 그리스도의 사역을 통해서만이 나는 완전한 평안을 맛볼 수 있다. 그렇다면 과연 내가 믿음에 있는지 나 자신을 점검해보아야 하지 않겠는가? 그렇다. 고린도후서 13장 5절은 "너희가 믿음에 있는가 너희 자신을 시험하고 너희 자신을 확증하라"고 말한다. 그들이 그리스도께서 바울 안에서 말씀하시는 증거를 구했듯이, 그들도 자신을 살펴야 했다. 그렇게 내적인 확신을 가짐으로써 그들은 더 이상 의심을 접고 바울의 사도권을 확증할 수 있었다. 사도 바울의 논증은 다만 그들이 그리스도인이었다는 확실성을 인증하는 것 외엔 그리 의미있는 것은 아니었다. 내가 처음 의도했던 것보다 이 부분에 너무 오래 머문 것 같다. 하지만 만일 이러한 논증을 통해서 자기 속에 계신 그리스도를 발견함으로써 영혼의 위로를 얻었다면 그것으로 족하다. 우리가 확신을 얻지 못하는 이유는 그리스도의 사역을 통해서만 얻을 수 있는 평안을 자기 속에서 역사하는 하나님의 영의 역사를 통해서 얻고자 하는 인간의 추구 때문에 생기는 것이다.

만일 확신과 위로와 소망을 내 안에서 일어나는 경험을 통해서 끌어내고자 한다면, 그것은 온전한 것에 대해 억지로 흠을 잡고자 애쓰는 노력에 불과할 것이며, 그렇다면 믿음에 의한 하나님의 의를 획득하는 것이 아니다. 그런 경우 우리 영혼 안에서 일어나는 경험은 믿음이 아니기 때문이다. 다시 반복해서 말하지만, 우리가 그리스도의 사역을 바라볼 때에야 성결의 기준이 바로 설 수 있다. 왜냐하면 내 영혼 속에 비친 흐릿한 그리스도의 형상을 바라보는 대신에 성령을 통해서 그리스도를 바라보게 되면 우리는 그리스도께서 하늘에 오르사 영화롭게 되신 그 완전한 영광을 보게 되며, 나를 그 영광스러운 자리에 부르신 교제 속으로 빨려 들어가게 되기 때문이다. 그렇게 되면 우리는 하나님의 나라와 그 영광 속으로 나를 부르신 하나님께 비로소 합당하게 행할 수 있는 능력2)을 얻게 될 것이다. 이제 나는 뒤에 있는 것은 잊어버리고 앞에 있는 것을 잡으려고 푯대를 향하여 그리스도 예수 안에서 하나님이 위에서 부르신 부름의 상을 위하여 좇아가게 된다(빌 3:13,14). 나 자신을 살피는 일은 내가 믿음에 있는지 그렇지 않은지를 살피는 유쾌하지 못한 경험이 아니고, 하나님이 그리스도를 통해서 이루신 모든 일에 대한 완전한 확신을 통해서 하나님을 높이고 있는지 확인하는 것도 아니며, 내가 하나님의 나라와 영광 안으로 부르신 분에게 합당하게 행하고 있는지 확인하는 일이 될 것이다. 따라서 하나님의 영의 사역으로부터 그리스도를 단절시키는 일은 악한 일이 된다. 그렇게 하는 일의 결과나 효과가 즉시 나타나지 않을 수는 있지만 항상 같은 결과를 초래하게 된다.

77

보통 복음전도 집회에서, 사람들은 "성령으로 거듭나야 한다"는 말을 듣는다. 이 말은 현재 우리의 상태를 고려해 볼 때 우리가 거듭나야 한다는 필요성과 그 결과를 보여주려는 것이다. 만약 우리가 "당신은 거듭났는가?"에 대한 질문에 "그렇다"라고 대답한다면, "당신은 천국에 갈 것이다"라는 답변이 주어질 것이다. 이러한 접근방식에는 어느 정도의 진리가 담겨있긴 하다. 하지만 이 같은 방식이 성경에도 그대로 나타나 있는가? 나는 성경에서 이와 같은 거듭남과 관련된 사항들이 지속적으로 그리고 전적으로 그리스도와 연결되는 문제임을 보게 되며, 또한 이와 같은 거듭남과 관련된 사항들이 우리 존재가 그 복되신 분과 연합되어 그리스도께서 우리 안에 계시는 것과 연관되어 있다는 것을 발견한다. 결과적으로 나는 이것은 단순히 내가 성령으로 거듭난 사람인가를 열매를 통해서 확증하는 문제가 아니라, 다시 살아나셔서 하늘에 오르신 인자로서 (하나님의 아들되심에 대한 확고한 이름으로서) 그리스도께서 만물의 상속자되시고, 우리가 그와 함께 살아남으로써 생명과 유업에 연합되는 문제라는 것을 발견하게 되었다. 바로 성령님은 이 모든 일에 대한 능력이시고 증인이신 것이다.

이 점에 대해 에베소서에서는 다음과 같이 표현하고 있다. "그의 힘의 강력으로 역사하심을 따라 믿는 우리에게 베푸신 능력의 지극히 크심이 어떤 것을 너희로 알게 하시기를 구하노라 그 능력이 그리스도 안에서 역사하사 죽은 자들 가운데서 다시 살리시고 하늘에서 자기의 오른편에 앉히사…너희의 허물과 죄로 죽었던 너희를 살리셨도다…허물로 죽은 우리를 그리스도와 함께 살리셨고 (너희가 은혜로 구원을 얻은 것이라) 또 함께 일으키사 그리스도 예수 안에서 함께 하늘에 앉히시니."(엡 1:19-20, 2:1, 5-6) 또한 골로새서 2장 13절에서도 "또 너희의 범죄와 육체의 무할례로 죽었던 너희를 하나님이 그와 함께 살리시고 우리에게 모든 죄를 사하시고", "그러므로 너희가 그리스도와 함께 다시 살리심을 받았으면 위엣 것을 찾으라."(골 3:1)

신성한 힘의 강력으로 역사하시는 하나님의 영의 역사는 우리를 그리스도와의 생생한 연합 속으로 인도한다. 우리 속에서 역사하는 그 영의 역사는 우리에게 선을 이루고, 우리를 그리스도와 연결시키고, 우리에게 그리스도를 계시하며, 우리를 하나님의 능력 속으로 이끌어 들인다. 이 모든 것이 둘째 아담이시며 부활하신 인자이신 그리스도 안에서, 그분의 삶과 직분과 영광 안에서 확증되어 있다. 이제 "주와 합하는 자는 한 영이다."(고전 6:17) 우리는 "그리스도와 함께 한 후사"이기에 그와 함께 영광을 받기 위하여 고난도 함께 받고 있다(롬 8:17). 따라서 최종적으로 우리는 하나님의 아들의 형상을 본받게 될 것이다.3) 이를 위하여 하나님은 "우리를 그리스도와 함께 살리셨고…또 함께 일으키사 그리스도 예수 안에서 함께 하늘에 앉히"신 것이다(엡 2:5-6). 따라서 이제 우리 안에서 역사하시는 하나님의 영은 생명 안에서, 봉사 안에서, 고난 가운데서 역사하시며, 최종적으로는 영광 안에서, 그리고 우리 몸의 부활 안에서 역사하실 것이다.

78

이제 간략하게 성경을 통하여 이 사실을 살펴보고자 한다. 성경은 이 사실을 개인적으로 뿐만 아니라 교회 안에서 공동체적으로 나타나는 것으로 설명하고 있다. 하나님의 영은 첫째, 살리는 일을 하신다. 둘째, 내주하신다. 우리 그리스도인들은 하나님의 영으로 거듭난 사람들이다. 그리스도인은 개인적인 측면에서 볼 때, 다시 살리심을 받았고 성령이 내주하시는 사람이다. 이 사실이 그리스도인을 그리스도의 영광과 연합시킨다. 그리스도인은 하나님의 사랑이 그 마음에 부은 바 되었고, 그리스도의 생명의 능력으로 덧입혀졌고, 하나님의 아들이신 그리스도 안에 있었던 생명인 영생을 소유하고 있다. 게다가 그리스도인은 사람의 아들로서 하나님의 선하신 뜻에 따라 하나님의 영광을 나타내는 도구가 되었다. 이 모든 것은 그리스도의 승천에 따른 결과이다. 성령님이 교회 안에서 공동체적으로 증거하는 특별한 주제는 교회를, 예수 그리스도께서 주님이심을 증거하는 신실한 증인들로 구성하는 것이다. 예수 그리스도를 주라 시인하는 일은 하나님 아버지께 영광을 돌리는 일과 연결되어 있다(빌 2:11).

요한복음 3장은 우선 광범위한 하나님의 영의 역사에 대한 주제를 열어준다. "사람이 물과 성령으로 나지 아니하면 하나님의 나라에 들어갈 수 없느니라."(요 3:5) 이 구절은 사람이 구원받으려면 먼저 거듭나야 한다는 사실을 알려줄 뿐만 아니라, 그 이상의 의미를 담고 있다. 거듭나지 않은 사람은 하나님의 왕국을 볼 수도 없고 들어갈 수도 없다. 여기서 하나님의 왕국은 땅에 속한 일(땅의 일)과 하늘에 속한 일(하늘 일)로 이루어져 있으며, 심지어 자신을 왕국의 자녀로 생각했던 유대인들도 왕국에서 (비록 땅에 속한 일이지만) 참여자가 되려면 먼저 거듭나야만 했다. 이스라엘의 선생이었던 니고데모는 이 사실을 에스겔서 36장 21-38절을 통해서 마땅히 알고 있었어야 했다. 하늘에 속한 일들에 대해서 주님은 그들에게 가르치실 수 없었다. 다만 문을 보여줄 뿐이었다. 여기서 문은 십자가를 가리킨다. 십자가는 더 낫고 더 높은 일들을 향해 열려있는 문이었다. 특별한 권능에 의한 성령님의 역사를 통해서 "성령으로 난 사람은 다"(요 3:8) 이러하게 된다. 그러므로 이방인들도 이러한 성령님의 역사에 참여할 수 있었다. 성령님의 역사만이 사람을 그와 같이 변화시킬 수 있기 때문이다. 주님은 하나님이 유대인만을 사랑하시는 것이 아니라 세상을 사랑하신다고 선언하셨다. 그러므로 이 본문은 단순히 개인들이 거듭남을 통해서 새롭게 되고 하늘나라(heaven)에 가기에 합당하게 된 것만을 말하고 있지 않고, 유대인들에게 땅에 속한 일과 하늘에 속한 일을 아우르고 있는 하나님의 왕국을 계시하고 있다. 이 왕국은 거듭난 사람만 볼 수 있고, 또 거듭난 사람만 그 안으로 들어갈 수 있으며, 또한 거듭난 사람만 십자가를 통해서 이루어진 하늘에 속한 일에 참여할 수 있다. 물론 하늘 일은 이해하기 어려운 것이지만 십자가를 통해서 인자가 들림을 받고, 또 하나님의 아들이 하나님의 사랑 속에서 세상에 내어주신 바 된 사실이 나타나 있기에 십자가는 유일한 문이 된다. 따라서 거듭남을 통해서 영혼을 다시 살리는 하나님의 영의 역사는 성령의 처음 익은 열매에 해당되며, 또한 성령의 내주하심은 이 인자이신 그리스도께서 들림을 받아 영광의 보좌에 앉으신 일, 즉 하늘에 속한 일이 완료된 것의 보증인 셈이다.

79

이 모든 것의 기초가 되는 원리는 분명하다. 요한복음 3장에 나타난 원리는 흔히 생각하는 것보다 더 광범위하고 더 명료하다. 즉 단순히 사람이 거듭남을 통해 변화를 입고 구원을 받는 문제에만 국한되지 않는다. 거듭난 사람은 세상이 능력을 받기 전까지는 결코 알 수 없는 하나님의 왕국을 볼 수 있고 또 들어갈 수 있다. 게다가 거듭난 사람만이 참되고 실제적인 생명을 받는다. 이 생명은 육신 안에 있는 자연적인 생명보다 더욱 중요하고 복된 것이다. 거듭남은 타고난 재능에 의해서 사람이 변화되는 것이 아니다. 전혀 새로운 생명이 임하는 것이다. 타고난 재능은 옛 생명 즉 부패된 생명에 의해서 오염되어 있다. 하지만 그리스도인은 거듭남을 통해서 전혀 새로운 신의 성품(새로운 본성)에 참여하게 되었다. 이 말은 그리스도인이 단순히 영혼의 새로운 능력 또는 재능을 얻게 되었다는 뜻이 아니라, 과거에는 생령(a living soul; 창 2:7)인 첫째 아담에 속하였지만 이제는 살려주는 영이신 둘째 아담에게 속하게 되었다는 뜻이다. 여기서 교회에 대해 생각해볼 것은, 교회는 그리스도와 연합되기 위해서 그리스도의 부활의 결과로 부활에 참여하였고 또 부활의 능력에 의해서 생명에 참여하였으며, 모든 죄에 대한 심판이 지나간 자리에 서 있다는 것이다. (하나님을 찬송하라!) 이는 교회가 무덤에서 일어난 그리스도의 부활로부터 나온 생명을 가지고 있고, 또한 교회 자체는 그리스도의 부활의 결과물이란 뜻이다. 다시 말해서 그리스도는 교회에 속한 모든 사람들을 무덤에 묻었으며, 따라서 교회는 심판이 완전히 성취되고 심판이 지나간 자리에 우뚝 서 있는 것이다.

따라서 이것이 하나님의 나라(또는 왕국) 속으로 거듭나는 일이 가지고 있는 진정한 성격이다. 거듭난 사람은 죄의 정죄를 받지 않으며 또한 받을 수도 없고, 게다가 그리스도인은 죄에 대한 모든 것을 제거한 능력 위에 서 있다. 교회의 생명은 그리스도의 부활과 하나로 연합되어 있기에, 육신에 속한 죄에 대한 사면(赦免)이 가능하다. 이는 이미 그리스도를 통하여 심판이 이루어졌기 때문이다. 교회의 의로움(또는 칭의)은 살아 있는 은혜와 하나로 연합되어 있다. 왜냐하면 그리스도와 함께 살리심을 받았고, 그리스도께서 모든 죄를 묻어버린 무덤에서 살아났기 때문이다. 따라서 근본적으로 거듭남(중생)과 의로움(칭의)은 연결되어 있다. 하나님의 영의 역사는 그리스도와는 별도로 구분된 채 단지 능력으로 역사하시는 것이 아니다. 성령의 역사는 열매를 통해서 알게 되어 있으며, 그리스도의 죽으심은 그에 대한 근거를 제공한다. 성령님은 내가 지은 모든 죄와 허물에서 벗어나도록 나를 그리스도와 함께 살리셨다. 나는 그리스도의 죽음과 부활 안에서 나 자신이 도덕적으로(morally) 죽은 자임을 보며 또한 그리스도는 나를 대신해서 법적으로(judicially) 죽으신 것임을 본다. 그러므로 죄 사함과 의롭다 하심을 받는 일은 근본적으로 영혼의 살리심을 받는 역사와 함께 일어난다. 그리스도의 부활은 사도 바울이 말한 대로 장차 심판이 있을 것을 입증한다(행 17장). 마찬가지로 사도 바울이 성령의 감동하심을 따라 말한 대로 나에게는 심판이 임하지 않을 것임을 입증한다. 왜냐하면 그리스도는 나를 의롭다 하시기 위해서 다시 살아나셨기 때문이다. 그리스도는 나의 죄를 대신 지고 죽으셨다. 그리고 하나님은 그리스도를 다시 살리셨다. 따라서 교회는 예수 그리스도의 무덤에서 다시 살리심을 받았으며, 그곳에 모든 죄들을 묻어버렸다.

80
이러한 생명의 능력과 기타 성령의 역사에 대하여 주님께서 하신 말씀을 통해서 우리는 아버지와 아들 사이의 사귐과 영광의 나타남에 대한 진술을 발견할 수 있다. "우리 아는 것을 말하고 본 것을 증거하노라."(요 3:11) 주님은 자신이 아버지와 하나로 연합된 사귐의 관계에 있음을 아는 것과 또한 창세 전에 아버지와 함께 가졌던 영광을 본 것을 증거하셨다.

아들 안에서 우리에게 생명을 주시며 성육신을 통해서 가져오신 (이제 후로는 우리의 것이 될) 영광을 나타내시는 하나님의 영의 역사는 주님이 자신에 대해 진술하신 "사귐과 영광의 나타남"에 대한 응답인 것이다. 우리의 "사귐 - 아버지와 그 아들 예수 그리스도와 함께 하는 - 과 영광"은 모두가 다 주님에게만 속했던 것이다. 요한복음 4장과 7장은 이러한 두 가지 즉 사귐과 영광에 대해서 말하고 있다. 요한복음 4장과 7장, 그리고 다른 곳에서 우리가 반드시 주목해야 하는 것은 우리 위에서 역사하시는 것이 아니라 *우리 안에서* 내주하시는 하나님의 영의 역사에 대한 것이다. 하나님의 영께서는 우리에게 확신을 주시고, 새롭게 하시고, 또 다시 살리시는 일을 하신다. 게다가 이러한 일을 말씀을 통해서 하신다. 말씀에 근거한 믿음을 통해서 즉, 말씀을 받아들임으로써 우리는 다시 살리심을 받는다. 말씀과 성령님의 역사는 우리에게 그리스도를 계시한다. "너희가 다 믿음으로 말미암아 그리스도 예수 안에서 하나님의 아들이 되었으니"(갈 3:26) "그가 그 조물 중에 우리로 한 첫 열매가 되게 하시려고 자기의 뜻을 좇아 진리의 말씀으로 우리를 낳으셨느니라." (약 1:18) 이러한 구절들은 하나님의 영께서 역사하시는 방식을 보여주기에 충분하다. 거듭난 일이 없는 사람들은 비록 죄책감이 들긴 하지만 이러한 성령님의 역사를 부정하려 든다. 하지만 말씀이라는 도구와 병행해서 믿음이 역사할 때, 그 영의 다시 살리시는 능력은 얼마나 효력이 있는가! 이미 언급했듯이 이런 것이 하나님의 영의 능력이다. 이 사실을 통해서 우리는 믿지 않는 사람들은 하나님을 거짓말하는 자로 만드는 것이며, 믿는 사람들은 자기 안에 증거가 있음을 알게 된다. 이는 신자들은 자신들이 믿는 바에 참여하게 되고, 그 실제와 사귐을 나누게 되기 때문이다.

81

이렇게 신자로 하여금 생명에 참여하게 해주고 또 하나님과 함께 하는 사귐을 갖게 해준 것은 그리스도께서 십자가에서 이루신 완전한 사역 덕분이며, 이제 신자 속에 자신의 거처를 마련하신 하나님의 영께서는 그리스도와 그리스도께서 이루신 모든 사역을 증언하는 영으로서, 또한 평안과 기쁨의 영으로 역사하신다. 따라서 아버지 하나님은 그리스도를 열납하시듯이 신자도 동일하게 열납하신다.

거듭난 일이 없는 자연인이 이러한 것들을 거절하고 받아들이지 않는 이유에 대해서 앞으로 살펴볼 것이다. 성령님은 양심을 일깨우고 평안을 주시는 일을 하신다. 새롭게 된 영혼에게 하나님의 영께서는 이러한 일들의 증인이 되어 주신다.

이제 요한복음 5장을 보면 여기서 우리는 하나님의 영께서 역사하시는 방식을 보게 되는데, 곧 죽은 자들이 하나님의 아들의 음성을 들으며 듣는 자는 살아나게 된다. 비록 하나님의 아들께서는 하늘에서 말씀하시지만 그럼에도 그 영을 통해서 하신다. 구약시대 이 땅에서, 즉 시내산에서는 하나님의 영이 아닌 천사를 통해서 말씀하셨다. 하나님의 영께서 말씀하시는 방법 그리고 특징은 요한복음 7장에서 언급할 것이다. 요한복음 7장에서 하나님의 영은 인자가 들어가신 영광에 대한 증인이시다. 그에 대한 증거로 신자들에게 하나님의 영이 주어지게 되며, 주님이 입으신 영광에 대한 증인으로서 하나님의 영께서는 신자들 가운데 거하신다.

이제 요한복음 4장에서 교훈하고 있는 바로 돌아가 보자. 요한복음 4장에서 하나님의 영은 생수로 표현되어 있다. 우리는 여기서 주님이 하신 말씀에 대한 사마리아 여자의 반복된 대답을 통해서 하나님의 영에 속한 일들을 받아들이는데 육신이 얼마나 무기력하고 우둔한가를 볼 수 있다. 여기서 우리는 여자가 자신의 지성과 이성을 넘어서는 무언가를 이해하려면 먼저는 영혼이 각성되는 일이 있어야 한다는 것을 짐작할 수 있다. 이것은 영적인 일을 받아들이는데 육신은 철저히 무능력하기 때문이다. 영적인 일에 대해서는 오직 주님의 계시가 필요하다. 우선 주님이 영적인 일에 대해서 우리의 눈과 이성을 열어주셔야만 우리는 비로소 볼 수 있는 것이다. 여기서 주님이 말씀하시는 것은 죽은 우리 영혼을 다시 살리시는 주체에 대한 것이라기보다는 하나님의 선물에 대한 것이다. 이 선물은 오직 주님만이 주실 수 있다. 여기서 우리는 그리스도께서 선물이 아니라, 선물을 주시는 분이란 사실을 주목해야 한다. "내가 주는 물을 먹는 자는 영원히 목마르지 아니하리니 나의 주는 물은 그 *(사람)* 속에서 영생하도록 솟아나는 샘물이 되리라."(요 4:14) 그리스도께서 주시는 하나님의 선물이 신적인 방식으로 주어지게 되며, 이렇게 내주하는 생명의 에너지로서 주어진 후에는 영생에 이르기까지 샘물처럼 솟아나게 된다. 이 생명은 아들에게서 온 신적인 생명이며, 우리 속에 내주하시는 하나님의 영의 능력을 통해서 경험된다. 여기서 하나님의 영은 그리스도의 영광을 계시하시는 존재가 아니라 다만 생명의 능력으로, 우리로 하여금 생명의 근원되신 분과 사귐을 나눌 수 있게 해주시고 또한 생명의 영원한 원천으로부터 계속해서 생명을 공급해주시는 분으로 소개되고 있다. 예수님이 낮아져 계실 때이든지 또는 영광 가운데 계실 때이든지, 이 생명의 능력은 그분 속에 있었다. 비록 이 능력이 상황에 따라 달리 나타났을지라도 여전히 동일한 능력이었다. 예수님은 하나님의 아들이셨기에 자기 속에 생명이 있었다. 예수님은 육신의 생명으로 사실 수도 있었고, 부활의 생명으로 사실 수도 있었다. 그에 따라 결과는 달리 나타날 것이다. 하지만 부활 생명 (resurrection life)으로 사는 것에 궁극적인 목적이 있다. 그리스도를 닮을 수 있는 능력은 부활 생명으로 사는데 있다. 이는 그리스도로 하여금 많은 형제들 중에서 맏아들이 되게 하려는 것이다. 생명을 얻고 더 풍성한 생명을 얻는 길이 여기에 있다.

82

이제 이러한 새 생명과 함께 하나님의 영께서는 특별히 내주하시며 또한 증거하는 일을 하신다. 그분은 능히 생명을 주시는 분이시지만, 그리스도께서 부활하시고 몸의 머리로서 영광을 받으시기 전까지는 그렇게 하실 수 없으셨다(요 7장 참조). 이것은 주님이 제자들에게 하신 모든 교훈들을 둘러싸고 있는 구름 같은 모호성을 깨뜨리는 위대한 진리이다. 유대 민족에게 오셨지만, 모든 예언들이 성취되고 신적인 능력이 나타난 다양한 증거에도 불구하고 주님을 영접하지 않은 그들에게는 어떠한 변명의 여지도 없다. 여기서 우리는 주님의 성품과 인격을 엿볼 수 있다. 새 사람 속에 내주하시는 하나님의 영의 역사를 통해서, 하나님은 특별히 우리에게 알려지고 우리는 하나님을 누릴 수 있다. 특히 아들의 영을 통해서 우리는 아들의 음성을 듣고 살아나게 되며, 우리는 하나님을 기뻐하면서 하나님을 아버지로 경배하게 된다. 이것은 우리 속에 아들을 계시하심으로써 이루어지는 위대한 결말이며, 우리의 생명은 아들 안에서, 그리고 아들에 의해서 주어진 것이다. 바로 여기에 영생이 있다(요 17:2 참조). 하나님은 어느 정도는 경건한 유대인들에게 알려지셨다. 하지만 하나님이 특별한 방식과 관계를 통해서 그렇게 하셨다면, 그것은 여호와로서 하신 것이다. 우리에겐 더욱 특별한 방식과 관계를 통해서 알려지셨는데, 그것은 바로 "내 아버지 곧 너희 아버지, 내 하나님 곧 너희 하나님"(요 20:17)의 관계이다.

우리는 아들들로서 하나님을 알 필요가 있다. 그 때까지 우리는 자녀로서 하나님을 아버지로 알고 또 경험한다. 이 사실은 요한복음 4장에서 암시되어 있다. "아버지께 참으로 예배하는 자들은 신령과 진정으로 예배할 때가 오나니 곧 이 때라 아버지께서는 이렇게 자기에게 예배하는 자들을 찾으시느니라 하나님은 영이시니 예배하는 자가 신령과 진정으로 예배할지니라."(요 4:23,24) 이러한 방식으로 하나님을 알고 사귐을 갖는 것은 우리에게 극도의 기쁨을 준다. 물론 이 말은 하나님을 하나님으로서 알고 기뻐하는 것을 전제로 하고 있다. 여기에는 깊음이 있고,

이 가운데 행하는 것은 평안과 사귐을 누리게 해준다. 이 모든 것은 죄에 대한 모든 문제가 해결된 결과이다. 이것은 어쩌면 우리의 이성 너머의 영역에 있는 것인지 모른다. 더 나아가 이것은 하나님의 자녀로서 우리가 마땅히 누릴 수 있는 언약이 가지고 있는 실제적인 축복을 훨씬 넘어서는 것이다.

장차 나타날 시험들은 우리의 필요를 둔감하게 만들 수도 있다. "너희가 이제 여러 가지 시험을 인하여 잠깐 근심하게 되지 않을 수 없으나."(벧전 1:6) 비록 내적인 기쁨은 약화될 수 있지만, 우리는 하나님 안에 견고한 확신의 닻을 내리고 있다. 우리는 더욱 분명하고 확신 있게 하나님께 우리 자신을 내어 맡길 수 있다. 우리는 항상 하나님을 기뻐해야 마땅하다. 하지만 우리는 주시는 축복에만 매달리고, 정작 축복을 주시는 주님을 망각하기 쉽다. 시편 63편을 보라. 따라서 우리 영혼이 물이 없어 마르고 곤핍함을 느낄 때, 우리는 주를 갈망하며 주를 앙모해야 한다. 하지만 영생에 이르도록 솟아나는 샘물이 우리 속에 있게 되었고, 우리는 신의 성품(본성)에 참여한 자가 되었다. 우리는 이 신적인 본성을 통해서 하나님을 기뻐하고, 그분 안에서 쉼을 얻으며, 그분을 기뻐한다. 우리는 하나님의 모든 충만으로 충만해졌고, 하나님의 실제적인 계시의 복됨을 통해서 하나님을 알고 있다. 이러한 사귐의 능력은 여전히 하나님의 이름으로 전달되며, 사랑 가운데서 뿌리가 박히고 터가 굳어 지고, 또 우리가 하나님을 알 뿐만 아니라 우리 또한 하나님께 알려진 바 된 것에 기초하고 있다. 이것은 나머지 모든 진리를 전제로 하고 있으며, 또한 그리스도 안에서만 발견된다. "하나님의 아들이 이르러 우리에게 지각을 주사 우리로 참된 자를 알게 하신 것과 또한 우리가 참된 자 곧 그의 아들 예수 그리스도 안에 있는 것이니 그는 참 하나님이시요 영생이시라."(요일 5:20) 우리는 그 어떤 시련 가운데서도 하나님과의 사귐을 나누셨던, 이 영생의 삶에 대한 완벽한 표본을 예수님 안에서 발견한다. 사람이신 그리스도 안에서 모든 충만함으로 내주하셨던 하나님의 영께서, 어찌 우리에게 근심을 주시겠는가? "우리의 사귐은 아버지와 그 아들 예수 그리스도와 함께 함이라."(요일 1:3) "이는 나를 사랑하신 사랑이 저희 안에 있고 나도 저희 안에 있게 하려 함이니이다."(요 17:26) 따라서 주님이 아버지와 나누는 사귐이나 우리가 아버지와 나누는 사귐이나 그 형태는 동일하다. "그 날에는 내가 아버지 안에, 너희가 내 안에, 내가 너희 안에 있는 것을 너희가 알리라."(요 14:20)

83

이제 하나님을 특별한 방법으로 아는 것에 대해 살펴보자. 시편을 연구해보면 우리는 그리스도의 영이 이러한 실제에 대해 우리를 가르치고 교훈하는 것을 깊이 느낄 수 있다. 물론 유대인들의 경우에는 그들에게 언약의 축복에 대해서 말씀하시는 분은 여호와이시다. 우리의 경우에는 우리에게 말씀하시는 분은 "아버지"이시다. 이러한 구분에 대해 여기서 자세히 다루려는 것은 아니다. 여기서 우리가 여호와라는 용어와 하나님이라는 용어가 사용되는 시편들을 비교하는 데 너무 힘을 쓰다 보면, 우리는 그리스도의 영으로부터 이러한 사귐의 능력에 관한 가장 깊은 실제적 교훈을 얻기 힘들게 될 것이다. 단지 우리가 여기서 기억해야 할 것은 우리는 이미 성취된 사역에 기초하고 있으며, 주님은 시편에서 말하는 것을 이미 이루신 사역 위에 서있다는 것이다. 우리가 시편을 묵상함으로써 얻게 되는 유익은 이를 통해 우리가 그리스도의 고난을 살펴볼 수 있고, 아버지께서 자녀에게 베푸시는 사랑의 징계를 살펴볼 수 있다는 데 있다. 이에 대한 본보기로 시편 42편, 43편을 들 수 있다. 하지만 만약 우리가 주님의 개인적인 삶을 자세히 살펴보면, "내 아버지여 만일 할 만하시거든 이 잔을 내게서 지나가게 하옵소서 그러나 나의 원대로 마옵시고 아버지의 원대로 하옵소서"(마 26:39)라는 구절과 "나의 하나님, 나의 하나님, 어찌하여 나를 버리셨나이까"(마 27:46)라는 구절 사이에 다른 점을 발견할 수 있을 것이다. 여기서 우리는 주님이 하나님과의 사귐 가운데 전혀 다른 성격의 사귐 속으로 들어가는 것을 볼 수 있다. 이러한 사귐은 하나님의 전체적인 능력과 성품으로 우리를 불러내시는 것이며, 우리의 가장 영광스럽고도 찬송받으실 머리되신 예수님이 먼저 경험하신 것이었다. 그 날에는 이러한 사귐이 가지고 있는 능력과 특징이 우리에게도 분명하고 영원한 기쁨이 될 것이다. 이러한 사귐은 아들들이 된 우리 모두에게 열려 있으며, 그리스도의 부활의 능력을 통해서 하나님의 선물로 주어졌다. 그러한 것이 그리스도의 죽으심을 통해서 우리에게 주어진 영생의 능력이다.

84

교회는 이러한 신령한 것들의 실체 속으로 더욱 들어가야 한다. 교회는 보이지 아니하는 하나님과의 교통과 사귐이 가져다주는 보다 큰 능력 가운데서 행해야 한다. 내가 지금까지 말해온 것은 이러한 복됨이 그리스도 안에(in Christ) 있다는 사실을 알기를 바라기 때문이다. 간절히 바라고 또 기도하는 것은 교회가 영적인 능력의 결핍을 느낄 때, 이것을 회복하는 것이다.

지금까지 나는 우리를 하나님의 나라로 넣어주시는 하나님의 영의 죽은 영혼을 다시 살리시는 능력에 대해, 그리고 영생의 능력으로서 각 개인 속에 내주하시는 하나님의 영에 대해 살펴보았다. 이를 통해서 우리는 하나님과의 사귐이 가능하다. 이러한 사귐이 가능하려면 신자 속에 그리스도 예수 안에 있는 생명이 있어야 한다. 이 주제에는 우리가 상고해볼 만한 광대한 광맥이 숨겨져 있다. 하지만 나는 이 주제에 대해서는 지금 이 책에서 더 깊이 파헤치고 싶지는 않다. 그 이유는 이 주제를 묵상함으로써 누릴 수 있는 기쁨이나 교훈이 없기 때문이 아니라, 이 주제가 너무 방대하기도 하거니와 이 일을 감당하기에는 내 자신이 부적합해서 나 자신도 만족시키기 어려울 것 같은 생각이 들기 때문이다. 특별히 누군가 이러한 부분에 책임감을 느끼는 사람이 있고 이러한 주제들을 잘 소개할 수 있는 성경교사가 있다면 그에게 맡기고 싶다. 이 주제는 매우 중요하긴 하지만 지금 나에겐 다른 관심이 앞선다. 나의 마음에 큰 부담으로 오지 않는 부분에 대해서는 다른 사람들에게 맡기고 싶다. 이것이 이 주제에 대해 더 나아가지 않는 이유이다.

우선적으로 주목해야 하는 중요한 사항은 이것이다. 하나님의 영이 곧 생명이며, 주와 합하는 자는 한 영이고, 또 그리스도는 살리는 영으로서 우리의 생명이시지만, 그럼에도 성령께서는 우리 영혼 속에서 능력으로 역사하시는 인격적인 존재라는 점이다. 왜냐하면 그분은 하나님이시기 때문이다. 우리는 신의 성품에 참여한 자가 되었고, 하나님께로부터 난 우리 속에는 이러한 하나님의 생명이 있지만, 그럼에도 이 생명 자체가 성령님은 아니다. 이는 성령님은 하나님이시기 때문이다. 그러므로 우리는 성경이 "성령이 친히 우리 영으로 더불어 우리가 하나님의 자녀인 것을 증거하시나니 자녀이면 또한 후사 곧 하나님의 후사요 그리스도와 함께 한 후사니 우리가 그와 함께 영광을 받기 위하여 고난도 함께 받아야 될 것이니라"(롬 8:16,17)고 말하고 있는 것을 보게 된다. 게다가 "그의 성령으로 말미암아 너희 속 사람을 능력으로 강건하게"(엡 3:16) 하신다는 성경 구절처럼 성령님은 우리 속 영적인 사람을 강건하게 하시며 또한 새롭게 하는 일을 하신다. 이로써 비록 우리 겉 사람은 후패하나 우리 속 사람은 날로 새롭게 된다. 이는 하나님이 "중생의 씻음과 성령의 새롭게 하심으로 하셨나니 성령을 우리 구주 예수 그리스도로 말미암아 우리에게 풍성히 부어" 주셨기 때문이다(딛 3:5-6).

85

그 다음으로 성령의 특징과 역사에 대해 자세히 살펴보기 전에, 성령의 특별한 내주라는 측면을 살펴보자. 즉 신자들 개개인 속에서 일어나는 역사의 측면에서 살펴보고자 한다. 나는 이것이 이 책을 읽는 독자들에게 마치 새로운 것인양 언급할 의도가 없다. 하지만 이것을 질문해오는 많은 사람들에게는 이것이 새로운 것임을 나는 늘 발견한다. 이 사실은 이 주제를 전혀 새로운 빛으로 조명하게 해준다. 우리는 성령의 내주가 그리스도의 승천과 영화롭게 되신 일의 결과이며, 이 일과 연결되어 있음을 볼 수 있다. 우리가 반드시 기억해야 할 것은, 성령의 강림은 (하나님의 경륜에 있어서 꼭 필요한 절차로서) 그리스도께서 영광에 들어가신 결과로, 우리가 거기에 연합됨으로써 우리 또한 승천의 영광과 신적인 의로움을 얻게 된 일의 증거라는 것이다. 이로 인해서 우리에게 능력이 임하게 되고, 우리는 연합 속으로 들어가게 된다. 이제 우리가 살펴볼 본문은 특별히 나에게 묵상이 되었던 주제는 "그 안에서(in whom)"라는 것이다. 이것은 우리가 에베소서를 읽을 때 자주 발견하는 중요한 구절이다. "그 안에서 너희도 진리의 말씀 곧 너희의 구원의 복음을 듣고 그 안에서 또한 믿어 약속의 성령으로 인치심을 받았으니 이는 우리의 기업에 보증이 되사 그 얻으신 것을 구속하시고 그의 영광을 찬미하게 하려 하심이라."(엡 1:13-14) 많은 사람들이 이 구절을 단순히 성령을 우리에게 선물로 주신 사실을 언급하는 정도로만 생각한다. 이 주제를 마치기 전에, 이에 대해서 자세히 살펴보고자 한다. 이 구절은 성령께서 주시는 선물들에 대해서만 언급하고 있는 것이 아니다. 물론 성령의 은사들에 대한 부분도 생각해 볼 수 있다. 왜냐하면 이 경우에, 은사들이 없는 곳에는 기업에 대한 보증도 없는 것이 되기 때문이다. 그렇지만 중요한 것은, 보혜사이신 성령께서 영원토록 함께 하시기 위해 오셨다는 사실이다. 게다가 여기서는 은사들에 대해 언급하지 않고 성령님을 다만 보증으로서 소개할 뿐이다. 이 사실을 혼동하게 되면 은사를 주시는 분과 은사 자체를 혼동하게 된다. 성령님은 은사들을 "그 뜻대로 각 사람에게 나누어"(고전 12:11) 주시며, 은사들은 다만 몸의 유익을 위해서 주시는 성령의 나타남인 것이다. 이 사실들을 무의식적으로라도 혼동하는 것은 성령님의 인격성과 신성을 제한 또는 손상시키고, 또한 복되고도 거룩한 사귐을 통해서 다른 사람들에게 유익을 끼치도록 증거하는 증거의 능력을 약화시키게 된다. 또한 그리스도 안에서 쌓아두고 소망하며, 그 날에 우리의 것으로 나타날 것에 대한 전망이 흐려지게 된다. 달리 말해서, 은사를 나누어주시는 성령님은 비록 성령님이 은사를 통해서 나타나시긴 하지만 나누어주시는 은사 자체는 아니다. 또한 성령님은 나타나는 능력을 통해서 근본적으로 기업의 보증으로 역사하시긴 하지만, 능력(에너지) 자체는 아니시다. 예언의 은사의 경우에 사도 바울은 발람처럼 사람이 다른 사람들에게 전파한 후에 정작 자신은 버림을 당할 수 있음을 언급하고 있다(고전 9:27). 게다가 성령이 역사하시는 방법상 몇 가지 경우엔 그 특징상 세대적인 구분이 필요한 경우가 있다. 세대를 나누는 숫자와 기준은 각자 다를 수 있겠지만, 분명 구약시대 성도들 속에서 역사했고 또 특별한 권능으로 나타났던 성령의 특징은 신약시대와 같이 성령께서 신자들 속에 내주하시고, 또 기업의 보증으로 주어지는 것과는 달랐다. 인자가 영광을 받으시기 전에도 괄목할 만한 많은 기적들이 일어났고 사역에서 엄청난 권능이 나타났다. 그럴지라도 이러한 것들이 교회 안에 성령님이 내주하시는 역사의 직접적인 동기가 되는 것은 아니다. 왜냐하면 성령의 내주하심은 이전에는 존재하지 않았기 때문이다. 기업의 보증으로서 성령이 신자들 안에 거하시는 것도 마찬가지이다. 발람의 경우를 통해서 이미 살펴보았듯이, 구약성도의 경우엔 성령의 도구로 쓰임을 받았어도 버림을 받을 수가 있었다. 이것은 그들이 아직 후사가 되지 않았다는 것을 보여준다. 그들 속에 성령님이 거하시고 또 그들은 하나님의 일에 참여하긴 했지만, 그것은 신약시대와 같은 성령의 내주와 기업의 보증과 같은 개념은 아니었다. 이 주제에 대해서 좀 더 자세히 살펴보고자 한다.

86

갈라디아서에서 우리는 그리스도인들이 다 그리스도 예수 안에 있는 믿음으로 인해서 종이 아니요 아들이 된 사실을 볼 수 있다(갈 3:26). "너희가 아들인 고로 하나님이 그 아들의 영을 우리 마음 가운데 보내사 아바 아버지라 부르게 하셨느니라." (갈 4:6) 분명한 것은 성령님의 중생시키는 능력과 내주하심 사이에는 차이가 있다는 점이다. 후자는 전자의 결과이다. 성령님은 하나님의 아들이 된, 개인 안에 (그가 아들이기 때문에) 내주하신다. 우리는 그 차이를 은사와 은사를 주시는 분이 다름을 통해서 살펴보았다. 성령께서 마음에 들어오셨기 때문에 하나님을 아바 아버지라 부른다. 게다가 우리는 이 문제가 세대적인 특징을 가지고 있음을 볼 수 있다. 이는 어린아이인 동안은 종으로서 가정교사와 후견인 아래서 교육을 받아야만 했고, 기업을 이을 후사는 아니었기 때문이다. 비록 그들이 유업을 이을 자들이었지만, 아버지와 인격적인 교통을 나눌 수 있는 상태에는 이르지 못했다. 그들은 아직 성령을 받지 못한 상태였기에, 그것을 감당할 준비가 되지 않았다. 그럼에도 아들의 자리를 차지하는 것은 그들의 몫이었고, 지금 이 시대에 그들은 자신의 분깃을 얻을 수 있다. 그들은 아직 유업을 얻지 못했지만, 그에 대한 새롭게 된 지식을 소유하고 있으며, 장차 아버지의 집에서 풍성한 유업을 얻게 될 것이다.

87

사도 베드로는 "우리는 이 일에 증인이요 하나님이 자기를 순종하는 사람들에게 주신 성령도 그러하니라"(행 5:32)고 말했다. 우리는 이와 유사한 선언을 에베소서와 로마서에서 볼 수 있다. 로마서에서는 "누구든지 그리스도의 영이 없으면 그리스도의 사람이 아니라 또 그리스도께서 너희 안에 계시면"(롬 8:9-10)이라고 말하고, 그리고 에베소서에서는 "그의 성령으로 말미암아 너희 속 사람을 능력으로 강건하게 하옵시며 믿음으로 말미암아 그리스도께서 너희 마음에 계시게 하옵시고"(엡 3:16-17)라고 말하고 있다. 이 두 구절은 하나님과의 교통이라는 주제로 서로 연결되어 있다. 여기서 우리가 주목할 것은 이것은 믿음에 의해서 마음으로 하나님과의 교통을 나누는 개인적인 일이라는 점이다.

신자들이 하나님의 사랑의 확실성 안에서 누리는 사귐의 능력과 신자들이 장래에 일어날 일로 소망하는 것들은 서로 연결되어 있다. "소망이 부끄럽게 아니함은 우리에게 주신 성령으로 말미암아 하나님의 사랑이 우리 마음에 부은바 됨이니."(롬 5:5) "하나님의 약속은 얼마든지 그리스도 안에서 예가 되니 그런즉 그로 말미암아 우리가 아멘 하여 하나님께 영광을 돌리게 되느니라 우리를 너희와 함께 그리스도 안에서 견고케 하시고 우리에게 기름을 부으신 이는 하나님이시니 저가 또한 우리에게 인치시고 보증으로 성령을 우리 마음에 주셨느니라."(고후 1:20-22) 이것은 매우 충만하고도 복된 본문이다. 이 모든 것을 계획

하신 하나님은 신기한 능력으로 이루실 것이며, 우리의 영광스럽고 복된 머리이신 그리스도 안에서 우리를 세우시고, 우리로 하여금 그리스도와 함께 동일한 영광에 이르도록 우리를 사귐 가운데로 인도하시며, 하나님과의 사귐을 통해서 그리스도 안에서 약속된 모든 복된 약속들을 이루실 것이다. 이것을 통해서 영광을 받으시는 분은 하나님이시다. 그리스도와 함께 하는 이러한 복락을 나누기 위해서 우리는 은혜 속에서 자라나고 또 강하게 될 필요가 있다. 이를 통해서 우리는, 단순히 결과로서가 아니라 과정을 통해서 축복의 대상이 된다. 그리스도 안에서 약속된 모든 것은 하나님의 영광을 위하여 *우리를 통해서* 성취되어야 하기에, 그런 의미에서 우리의 것이다. 이제 하나님은 이러한 결과를 내기 위해서 우리를 견고하게 하신다. 우리는 이것을 어떻게 아는가? 어떻게 이것을 알 수 있는가? 영광이 아직 도래하지 않았으며, 우리가 그것을 소유한 것이 아닌데, 그것을 어떻게 즐거워하며 보증으로 누릴 수 있는가? 하나님은 성령으로 우리를 견고하게 하신다. 바로 성령님 자신이 이에 대한 우리의 확신이며 안전의 근거이다. 하나님은 우리에게 거룩하신 성령으로 기름을 부어주셨다. 이로써 "우리의 소망이 견고함은 너희가 고난에 참여하는 자가 된 것같이 위로에도 그러할 줄을" 알고 있다 (고후 1:7). 따라서 성령을 소유하고 있다는 것은 우리가 하나님께 속해 있고, 또한 하나님의 후사가 된 사실을 놀라운 방법으로 나타내주는 일종의 표지이자 인침인 것이다. "누구든지 그리스도의 영이 없으면 그리스도의 사람이 아니라." (롬 8:9) 따라서 우리 안에 내주하시는 성령님은 우리가 후사가 되었고, 또한 그 사실에 대한 보증으로 우리 마음에 거하시는 것이다. 성령의 능력을 통하여 소망이 확실하며, 우리가 아들들이 되었음을 알고, 유업을 상속받게 될 것을 기뻐하며, "많은 형제 중에서 맏아들"이신 그리스도를 닮은 자로서 나타나게 되는 것이다(롬 8:29). 성령의 기쁨 안에서 (물론 고난 가운데서도) 우리 영혼은 그리스도와 연합 속으로 들어감으로써 모든 기쁨과 평안을 맛보며, 장차 하나님의 약속이 그리스도 안에서 이루어짐으로써 나타나게 될 영광 속으로 더욱 침잠해 들어간다. 나는 여기에 기쁨만 있다고 말할 의도가 없다. "아버지께서 나를 사랑하신 것같이 나도 너희를 사랑하였으니." (요 15:9) 이것은 성령을 통하여 교통을 나눔으로써 맛보게 되는 축복을 가리킨다. 하나님과 함께 하는 사귐을 나눔으로써 영광이 나타나는 것은 우리의 분깃이다. "아버지께서…나를 사랑하심같이 저희도 사랑하신 것을 세상으로 알게 하려 함이로소이다." (요 17:23) 그러므로 그리스도인은 영광 중에 계신 인자와 동류(companions)일 뿐만 아니라 입양된 하나님의 아들들이며, 또한 형제들로서, 아버지의 왕국으로, 더 정확하게는 우리를 위해서 위대한 맏아들께서 마련해주신 아버지의 집으로 들어오게 된 기쁨을 영원히 누릴 사람들이다. 따라서 아들의 풍성하고도 시기심 없는 사랑은 (그래서 이 사랑은 신적인 사랑이다) 자기에게 주신 바 된 영광을 우리에게도 주시며, 우리 또한 이 영광 가운데 나타나게 될 것이다. 이 영광은 아버지께서, 우리 주님을 사랑하신 것처럼, 우리도 사랑하신 것을 세상으로 알도록 입증하는 것이다. 이러한 사랑이 또 있겠는가? 하나님 외에는 이러한 사랑을 알고 행할 수 있는 존재가 없었다. 우리 마음에 이러한 것들을 소유하게 된다는 것은, 진실로 이처럼 거룩한 사랑을 알고 있다면, 하나님이 우리 안에 계신다는 증거이다.

왜냐하면 "사랑 안에 거하는 자는 하나님 안에 거하고 하나님도 그 안에 거하시"기 때문이다(요일 4:16). 우리가 지금 알고 있는 이러한 것들은 바로 사용할 수 있는 것들이 아니라, 성령의 보증 가운데 있는 것들이다. 성령의 감동으로 사도 요한은 "우리가 보고 들은 바를 너희에게도 전함은 너희로 우리와 사귐이 있게 하려 함이니 우리의 사귐은 아버지와 그 아들 예수 그리스도와 함께 함이라 우리가 이것을 씀은 너희의 기쁨이 충만케 하려 함이로라"(요일 1:3-4)고 말했다. 이것은 성도가 된 사람들이 거해야 하는 매우 거룩한 성소에 해당한다. 이것이 가능하게 된 것은 오직 예수님의 피로써 값을 지불했기 때문이다. 그리스도 안에서 이처럼 놀라운 사역을 이루신 하나님은 이제 우리를 그 임재 앞에 거룩함에 흠이 없이 세우신다. 하나님의 은혜를 찬미할지라! (더욱 찬송할 것은 이 자체가 거룩하고 기쁨을 주는 것이기 때문이다.) 우리는 이것을 계시해주시는 성령님을 우리 속에 모시고 있다. 성령님은 신성하고 신령한 교통을 가능케 해주시고, 우리를 만물의 상속자로 인치시며, 그것을 기뻐할 수 있는 우리의 능력이 되어 주신다. 이것이 우리의 자리이며, 우리의 분깃이다. 오 나의 영혼아, 거기서 기쁨 가운데 거하며 그리스도를 기뻐할지어다.

여러분이 주목해야 할 것은, 사도 요한이 "그 아들 예수 그리스도"(요일 1:4)라고 말한 사실에 있다. 이것은 믿음의 표현일 뿐만 아니라, 우리의 복된 주님을 특징적으로 표현하는 방식이다. 세상의 구주 그리고 기름부음을 받은 자께서 우리를 아들됨 안에서 그리스도와 더불어 사귐을 나누고 하나로 연합되도록 이끄셨으며, 더군다나 우리에게 아들들로서 아버지와의 사귐을 나누는 교제를 허락해주셨다는 것이다. 우리는 그리스도 안에서 아들들이다. 이러한 생각에 반대되는 표현을 성경에서 찾아 볼 수 있다. "그 날에 너희가 내 이름으로 구할 것이요 내가 너희를 위하여 아버지께 구하겠다 [마치 아버지께서 당신을 사랑하시지 않는 것처럼] 하는 말이 아니니 이는 너희가 나를 사랑하고 또 나를 하나님께로서 온 줄 믿은 고로 아버지께서 친히 너희를 사랑하심이니라."(요 16:26-27) 이것은 그들이 믿었지만 아직 하나님과의 사귐의 충만을 경험하지 못한 것을 보여준다. 이러한 사귐은 (우리에게 양자의 영을 주심으로써) 아버지께서 보내신 성령을 통해서만 경험할 수 있는 것이었다. 그들은 이러한 사귐을 아직 경험해보지 못했다. 그러므로 하나님과의 사귐은 자체가 성도의 삶인 셈이다. 따라서 그리스도의 성육신 시기에 그리스도와의 연합이 이루어졌다는 생각은 교회의 매우 근본적인 기초를 파괴하는 것이며, 성령을 통하여 연합의 진리 안에서 하나님과의 사귐을 나누고 있는 성도들에겐 끔찍스러운 일이 된다.

89

이렇게 설명하고 있는 기쁨과 복됨은 다음 성경구절로 즉시 우리를 이끌어준다. "나를 믿는 자는 성경에 이름과 같이 그 배에서 생수의 강이 흘러나리라."(요 7:38) 여기서 다시 한 번 주목해야 할 것은, 이것은 개인적인 문제라는 점이다. 이것은 신자들 개인이 누리는 기쁨과 복됨을 말하고 있다. "이는 그를 믿는 자들이 받을 성령을 가리켜 말씀하신 것이라 (예수께서 아직 영광을 받지 않으셨으므로 성령이 아직 그들에게 계시지 아니하시더라)."(요 7:39) 이제 우리는 이 성경구절이 극도의 중요성을 가지고 있음을 알아야 한다. (우리는 앞으로 이것을 살펴볼 것이다.) 이 구절은 현재 세대에 부어주시는 하나님의 축복하심의 전체적인 특징과 및 상태와 연결되어 있다. 이러한 복은 다른 세대와는 달리 우리를 하나님 자신과의 교통 속으로 이끌어주신 것뿐만 아니라, 신자에게 신적인 생명과 예배의 능력으로서 성령님을 주신 사실을 포함하고 있다. 이 복은 다른 세대의 사람들이 누릴 수 없었던 최상의 복인 것이다.

이미 살펴본 요한복음 4장은 이 사실을 내포하고 있지만, 아버지를 예배하는 일은 이제 구약시대에 속한 일이 아니다. "우리 조상들은 이 산에서 예배하였는데 당신들의 말은 예배할 곳이 예루살렘에 있다 하더이다 예수께서 가라사대 여자여 내 말을 믿으라 이 산에서도 말고 예루살렘에서도 말고 너희가 아버지께 예배할 때가 이르리라."(요 4:20,21) 사마리아에 있는 산도 아니고 예루살렘에 있는 예배할 곳도 아니라, 각처에서 아버지 곧 영이신 하나님께, 예배할 수 있는 능력을 얻는 일이 일어날 것이다. 그것은 죽은 자를 다시 살리는 능력을 통해서 될 것이다. 이 살리는 능력은 우리 주님이 들어가신 영광 가운데서 뿐만 아니라 겸비 가운데서도 나타났다. 선물로 주신 사랑을 따라 겸비하신 주님을 통해서 입증되었다. 이제 예수께서 영광을 받으신 고로 성령님을 선물로 주시는 그 때가 임했다. 요한복음 3장과 7장은 이러한 일들을 내포하고 있었다. 우리가 이미 살펴본 대로 요한복음 3장은 왕국에 들어가는 문제를 포함하고 있고, 유대인들은 왕국의 지상적인 부분에 참여하지만 오직 거듭나게 하는 하나님의 영의 능력을 통해서만 명목상의 자녀들(유대인)이 왕국에 들어갈 수 있음을 보여준다. 왜냐하면 요한복음 3장에서 말하는 하나님의 나라는 하나님의 왕국이기 때문이다.

하지만 요한복음 7장은 예수님이 영광을 받으신 결과, 즉 부활 승천과 영광에 들어가신 결과로 우리가 성령님을 선물로 받게 되는 것을 말하고 있다. 불신앙 가운데 있었던 유대인들을 대표하는 주님의 육신의 형제들은 초막절에 주님으로 하여금 자신을 세상에 나타내라고 제안했다. 그에 대한 주님의 대답은 "내 때는 아직 이르지 아니하였거니와 너희 때는 늘 준비되어 있느니라"(요 7:6)였다. 초막절 제 팔 일째 되는 의미심장한 날 곧 그 절기의 큰 날(부활의 날, 새로운 주간의 절기, 새로운 시대의 시작을 가리키는 날)에, 예수님은 서서 외치셨다. 이스라엘 백성들은 광야를 통과하는 중에 저희를 따르는 신령한 반석에서 흘러나오는 물을 마셨고, (그 반석은 곧 그리스도이시다) 이제 약속의 땅에서 안식을 취하며 초막절을 지키기 위해 모였다. 따라서 예수님은 자신의 백성들을 영광을 받으신 그들의 머리로서 자신에게로 연합시키시면서, 그들을 하나님의 영으로 충만케 하심으로써 그들의 배에서 생수의 강이 흘러나도록 하신다. 이것은 단지 주님에게서 그들에게로 성령이 오시는 것을 말하지 않고, 그들에게서 성령님이 생수의 강처럼 흘러나오는 것을 가리킨다. 여기 성령님은 신자들이 장차 받게 될 것으로 언급되고 있다. 게다가 "그 배에서" 흘러날 것으로 말씀하고 있다. 이 구절은 참으로 복된 표현이다. 이것은 성경에서 속사람의 생각, 느낌, 상태 등을 가리키는데 사용하는 단어이다. 여기에 이처럼 복된 복이 소개되고 있다. 이전에 선지자들에게 역사했던 성령님과 지금의 성령님의 역사하심과의 근본적인 차이가 여기에 있다. 성령을 소유하는 일은 이제 그리스도와의 연합에 터 잡고 있으며, 결과적으로 영구적인 것이며, 성령님이 내주하고 있는 사람에 대한 보증을 의미한다. 성령님을 소유하고 있는 신자는 그 머리되신 주님과의 연합을 통해서 머리되신 주님이 계시하고 있는 모든 영적 세계의 실제와의 사귐 속으로 들어오게 된 사람이다.

이러한 연합은 신적인 본성(또는 신의 성품)을 소유하게 된 일과 연결되어 있다. 새로운 본성을 받게 됨으로써, 신자 속에는 새롭게 사랑의 강물(streams of love)이 흐르고, 또한 사랑의 마음, 생각, 감정, 기쁨, 슬픔, 흥미, 위안, 두려움, 그리고 소망을 갖게 된다. 이러한 것들이 이제 새로운 세대의 성도들이 누리는 분깃이다. 이와 더불어 신자 속에 내주하시지만 또한 별개로 독립적으로 역사하시는 성령님이 가지고 있는 에너지의 힘에 의해서, 그리고 성령님이 신자의 능력이 되어 주시는 이 세대의 질서와 계시를 따라서 성령님은 자신이 들은 바를 말씀하신다. 여기서는 우리 속에 있는 육신의 존재로 인해서 생기는 성령과의 싸움에 대해서는 언급하지 않겠다. 다만 중요한 내용은 이렇게 보증으로 성령을 주신 것은 예수님이 영광을 받으신 일, 그러므로 (과거의) 완전한 승리와 (미래의) 충만한 소망과 연결되어 있다는 점이다. 이것은 하늘에 속한 사람의 미래적인 영광을 증거해 준다. 따라서 아직 영광에 들어가지 않은 그들 속에 성령님이 내주하시는 일이 가능한 것이다. 이 사실은 장차 사람이 영광 가운데 나타나는 일에 대한 완벽한 증거가 된다. 왜냐하면 예수님이 총체적인 전쟁에서 승리하시고 지금은 보좌에 앉아계시기 때문이며, 아버지께서 주님을 신성한 의(in divine righteousness) 속으로 영접하셨기 때문이다. 게다가 의로운 사람이신 주님이 통과한 모든 환경은 그렇게 앞서 가신 주님을 따르도록 성도들에게 본이 되게 하고, 또 참된 기독교에 대한 지식을 형성하는 토대가 되도록 하셨다. 성령님은 성도들을 이러한 그리스도의 길을 따르도록 모든 시련 가운데로 이끄신다. 이것이 그리스도인이 걸어가야 할 신앙의 길이다. 그러므로 성령님은 이러한 길에 있는 그리스도인들에게 온전한 동정의 영으로, (지금은 영광 가운데 계시지만, 하나님에 의해서 이미 극도의 참혹함, 슬픔과 굴욕을 경험하신 분이신) 그리스도의 영의 동정심을 가지고 역사하신다. 이제 예수님의 증인으로서 성령님은 그 속에 내주하고 계신 그리스도인들을 이러한 모든 환경 속으로 인도하신다. 이러한 모든 환경은 그리스도인들을 영광으로 인도하기 위한 시련과 인내를 요하는 길이다. 이것은 영광 가운데 나타나게 될 아버지의 사랑의 증거이기도 하다. 따라서 이러한 사랑은 광야에서 신적인 신선함을 주는 강처럼 흘러나와 그들의 마음을 적시며 흘러넘친다. 이는 그들이 예수님과 연합되었으며, 천상적이고도 복된 강물이 그들의 마음을 신선하게 했기 때문이다. 바짝 마른 땅과 같이, 사막과 같이 이 강수를 들여 마심으로써, 그들은 이제 푸른 초장의 나무처럼 싹을 내고 곧 신선케 하는 과실을 맺을 것이며, 교회의 위대한 머리되신 주님은 거기서 기쁨과 희락을 찾게 될 것이다. 그들의 기쁨 또한 그러한 사귐을 통해서 충만하게 될 것이다. 이러한 생수의 강을 영접하는 곳마다 생수의 강이 그 속에 있게 된다.

91

 의심할 바 없이 주님은 유대인들이나 육신의 형제들 또는 세상 가운데서 어느 누구에게도 자신을 드러내지 않았고, 오히려 후에 믿는 사람들에게 바라고 소망하던 축복을 주고자 의도하셨다. 이것은 믿음의 문제이기에, "누구든지 목마르거든 내게로 와서 마시라"라고 말씀하셨다. 이 복은 누구든지 믿음의 사람들에게 주시는 축복이다. 그렇다면 우리는 물어야 한다. 무엇에 근거해서 또 어디로서 이 생수의 강이 흘러나오는 것일까? 생수의 강이신 성령님은 영광을 받으신 예수 그리스도로 말미암아 아버지에게서 보내심을 받았으며, 신자 속에 성령님이 오신 것은 우리 죄를 감당해주신 책임 있는 위대한 구주, 예수님께서 영광에 들어가신 사실을 선언하며, 또한 이 사실은 이 모든 일에 대한 증거가 된다. 우리 주님이 들어가신 모든 영광과 그분의 위격 안에서 나타난 이 모든 일은 하나님 보좌 우편에 앉음으로써 성취되었다. (이 사실은 우리가 그리스도께서 계신 그대로 보고 또 그분과 같이 될 것에 대한 우리의 소망의 근거이다.) 게다가 우리는 그곳에 계신 주님과 사귐을 가지는데, 이는 장차 이 땅에 영광 중에 나타나실 때 입으실 영광에 기초한 것이 아니라, 지금 아버지의 보좌에 앉아서 입고 계신 영광에 근거한 것이다. 우리는 장차 아들들로서 그 날에 주님의 영광을 보게 될 것이지만, 교회는 주님을 지금 아버지의 보좌에 앉아 계신 분으로 안다. 장차 주님이 입으실 영광이 있다. 주님과 인자로서 가지고 계신 주님 자신의 영광이 있다. 모든 눈이 영광스러운 주님을 뵙게 될 것이다. 하지만 지금 성령님이, 교회로 하여금 주님을 알도록 계시해주시는 주님이 입으신 영광이 있다. 이제 영화롭게 되신 인자로서 주님은 지금 아버지와 하나이시다. 주님이 인자로서 입고 계신 영광은 아버지와 함께 가지게 된 영화(요 17:5)이며, 또한 그 자체로 창세 전에 아버지와 함께 가졌던 영화이다. 하지만 지금 주님은 사람으로서 영광을 입고 있으며, 성령님은 그 몸의 지체들인 우리에게, 그 뼈 중의 뼈요 살 중의 살이 된 우리에게 그 영광을 나타내시며, 주님과의 사귐 속으로 이끄신다. 이것은 우리 마음에 우리가 소망해야 할 대상을 선명하게 해주고, 소망의 능력을 강하게 해준다. 성경은 "우리가 성령으로 믿음을 좇아 의의 소망을 기다리노니"(갈 5:5)라고 말한다. 그러한 의(로움)이 보좌에 앉아 계신 그리스도 안에서 우리를 위해 확립되었다. 이는 우리의 죄를 담당하신 주님이 영광 가운데 계신 아버지에게로 가셨기 때문이다. 그러한 의(로움)의 보상과 결국이 바로 주님이 들어가신 영광인 것이다. 따라서 우리는 이 영광이 바로 우리가 소망하는 우리의 분깃이며, 장차 우리가 얻게 될 복락인 것을 본다. 왜냐하면 그 의가 지금 우리의 것이 되었기 때문이다. 그리스도 안에서, 그 영광은 이미 우리의 것이다. 비록 아버지와 하나를 이룬 것은 다만 그리스도 뿐이지만, 교회는 그리스도 안에서 영화롭게 되었음을 알고 있다. 이렇게 신성한 영광의 근원이 드러났다. 이제 그리스도께서 아버지 안에 있고, 우리가 그리스도 안에 있으며, 또한 우리 안에 그리스도께서 계신다. 따라서 그리스도께서 영광 가운데 나타나시는 그 날에는 우리 안에 그리스도께서, 그리스도 안에 아버지께서 계신 것이 드러날 것이며, 우리는 하나됨 안에서 온전하게 될 것이다.

이러한 내용들이 아버지의 보좌에 계신 인자가 입고 있는 영광에 대한 이유와 근거는 될 수 있지만, 이것들이 생수의 강이 가지고 있는 의미의 전부는 아니다. 초막절이 그 땅에 대한 약속의 성취에 대한 것이듯이, 솔로몬이 "주께서 주의 종 내 아비 다윗에게 허하신 말씀을 지키사 주의 입으로 말씀하신 것을 손으로 이루심이 오늘날과 같으니이다"(왕상 8:24)라고 말한 것처럼, 이는 그리스도께서 만물의 후사로서, 하나님의 아들로서, 인자로서, 그리고 다윗의 아들로서 친히 모든 약속을 이루신 그 사실을 기념하는 것에 대한 것이다. 성경이 "하나님의 약속은 얼마든지 그리스도 안에서 예가 되니 그런즉 그로 말미암아 우리가 아멘 하여 하나님께 영광을 돌리게 되느니라"(고후 1:20)고 말한 것처럼, 그리스도는 하나님의 모든 약속을 이루셨다. 우리가 지금까지 살펴본 내용들은 그리스도 안에서 나타난 하나님의 영광에 대한 것이었다. 이제는 우리를 통해서 하나님의 약속이 이루어질 차례이다. 따라서 그리스도는 약속들을 취하셔서, 자기 피로써 정결케 하고 거룩케 한 자녀들을, 공동 후사로서 세우기 위해서 아버지의 사랑의 증인이 되도록 약속들을 제시하신다. 그리스도께서 영화롭게 되신 사람으로서 (하나님의 아들로 선포되심으로써) 만유의 후사가 되신 것처럼, 생수의 강이신 성령님을 통해서 이러한 신적인 지식과 교통 속으로 자녀들을 이끄신다. 그러므로 성경은 "우리를 너희와 함께 그리스도 안에서 견고케 하시고 우리에게 기름을 부으신 이는 하나님이시니 저가 또한 우리에게 인치시고 보증으로 성령을 우리 마음에 주셨느니라"(고후 1:21,22)고 말한다. 따라서 하나님의 보좌에 사람으로서 앉아 계신 예수님의 영광을 드러내주실 뿐만 아니라, 장차 영광 중에 나타나실 때에 입으실 영광도 보여주심으로써, 그 날에는 모든 만물이 복을 받을 뿐만 아니라 우리 또한 축복을 상속하게 하실 것이다. 그러므로 그 날에는 땅이 복을 받고, 그 땅은 그리스도 안에서 우리의 기업이 될 것이다. "여호와께서 이르시되 그 날에 내가 응답하리라 나는 하늘에 응답하고 하늘은 땅에 응답하고." (호 2:21) 하나님의 씨로서 또 하나님의 위대한 목적으로서 그리스도에게 약속된 것은 무엇이든지 그리고 하나님의 영광이 빛을 발하게 될 것은 무엇이든지 오직 그리스도를 통해서만 그러한 영광이 시작되고 나타나고 빛을 발하게 된다. 이는 만물이 다 그리스도를 위하여 창조되었기 때문이다. 우리를 통해서 나타나게 되는 영광도 마찬가지이다. 이러한 영광의 나타남은 하늘로서 오신 주님, 둘째 아담을 통해서 나타난 광대하고 충만한 복됨으로서, 모든 피조물을 향한 아버지의 사랑의 발현이며 또 모든 악을 정복하고 모든 피조세계를 기업으로 삼으시는 축복의 증거이다. 성령님은 이 모든 것을 소망 가운데서 바라보게 해주시는 기쁨이다. 이 모든 것들은 그리스도 안에서 우리에게 주신 약속들이다. 지금 우리는 만물이 아직 그리스도에게 복종한 것을 보지 못하고 있지만, 영광과 존귀로 관 쓰신 그리스도를 본다(히 2:8,9). 그리스도는 만물을 붙들고 계시며, 모든 창조물보다 먼저 나시고, 또한 죽은 자 가운데서 먼저 나신 분으로서 교회의 머리가 되신다. 우리는 이러한 그리스도 안에 있으며 성령에 참여한 자로서, 이 모든 것들을 소망 가운데 즐거워한다. 그러한 모든 것들은 아버지의 사랑과 축복의 증거이며, 생수의 강이 신자들 속에서 그리스도의 영광을 아는 지식을 통해서 속에서 흘러나옴으로써, 즉 내주하시는 성령님에 의해서 누리는 기쁨이다. 그러한 기쁨이 시작되면, 생수의 강이 흘러넘치게 된다. 사람의 마음으로는 이것을 가히 짐작할 수 없다. 다만 그러한 기쁨이 속에서 시작될 때에만 알 수 있다.

93

이것은 참으로 우리 마음을 즐겁게 해주는 생각이다. 이제 우리는 광범위한 의미에서 성경의 약속들을 취해야만 한다. 하늘과 땅에 있는 모든 것, 그 모든 것이 그리스도와 함께 한 후사들의 소유이다. 그리스도는 그의 십자가의 피로 화평을 이루사 만물 곧 땅에 있는 것들이나 하늘에 있는 것들을 자기와 화목케 하셨다(골 1:20). 하나님과 화목되었다니 이 얼마나 충만한 축복인가! 이스라엘 민족이 광야를 통과할 때 반석에서 생수가 흘러나왔다. 그들이 땅을 차지했을 때, 더 이상 생수는 없었다. 생수는 더 이상 공급되지 않았지만, 생수는 죽은 자 가운데서 먼저 나신 자를 위해서 예비되었다. 이 얼마나 하나님의 은혜와 하나님 안에 있는 소망을 높이는 아름다운 그림인가! 사막이 백합화같이 피고 무성하게 될 것이며, 하나님의 은혜를 통해서 이스라엘은 그 유업을 차지하게 될 것이다. 따라서 이스라엘이 사막을 통과하게 될 때 이스라엘을 위해서 새롭게 되고 기쁘게 해 줄 생수의 강이 흘러나게 될 것이다. 이스라엘은 사막을 통과하면서 새롭게 될 것이다. 따라서 출애굽기 15장에는 이 사실이 모세의 노래 속에 아름답게 표현되어 있다. 모세가 홍해를 건넌 후에, 자기 하나님을 위하여 처소를 준비하고자 하는 마음으로, 자기 조상의 하나님을 높이고자 하는 마음으로, "주께서 그 구속하신 백성을 은혜로 인도하시되 주의 힘으로 그들을 주의 성결한 처소에 들어가게 하시나이다"(출 15:13)라고 찬송했다. 하나님에게 있어서 이스라엘은 이미 주의 성결한 처소에 들어간 것이다. 우리도 마찬가지이다. 그리고 이어서 "주께서 백성을 인도하사 그들을 주의 기업의 산에 심으시리이다 여호와여 이는 주의 처소를 삼으시려고 예비하신 것이라 주여 이것이 주의 손으로 세우신 성소로소이다 여호와의 다스리심이 영원 무궁하시도다"(출 15:17-18)라고 찬송했다. 구속받은 민족으로서 이스라엘 백성들이 소망 가운데 들어갈 처소는 가나안이었다. 가나안 땅은 엄격하게 말하자면 요단강 안쪽에 있다. 따라서 모세는 두 지파와 반 지파가 요단강 건너편에 정착하고자 했을 때 반대했다. 이후에 나머지 지파만이 이스라엘의 자손으로 불리게 된다. 이것은 교회도 마찬가지이다. 아브라함에게 주신 약속은 애굽의 강에서 큰 강에 이르기까지 전부를 포함하고 있다. 곧 광야와 메마른 땅이 이스라엘 민족에게 기쁨이 되고 사막이 백합화같이 피어 즐거워하며 주의 영광과 저희 하나님의 아름다움을 보게 되는 날이 오고 있다. 하나님이 자신을 위하여 처소를 삼으시려고 예비하신 성소는 그들이 들어가게 될 땅이다. 이 얼마나 놀라운 축복인가! 지금 성도들도 마찬가지이다. 신약시대의 성도들은 하늘에 자신의 자리를 가지고 있으며, 그들은 영으로 또 소망 가운데서 지금 그 사실을 알고 있다. 비록 악한 영들이 잠시 동안이지만 하늘에서 점령하고 있는 복이며, 장차 거대한 전쟁을 통해서 영원히 내쫓길 때까지 차지하고 있는 자리이긴 하지만, 그리스도인들은 그 복을 자신의 것으로 알고 있다. 따라서 그리스도인들은 요단강 너머 하늘에서 자신의 거처와 자신의 자리(their place and their seat)를 가지고 있다. 이 얼마나 복된 기업인가! 이것은 그리스도께서 하늘에서 그리스도인들을 위해 마련하신 영광이며, 또한 아버지 하나님의 영광이자 그분의 소유가 된 사람들의 영광이다!

94

비록 세상과 만물이 하나님의 백성들의 기업이지만, 지금은 다만 순례자요 나그네처럼 세상을 광야처럼 통과할 뿐이다. 그들이 영혼의 구속을 받은 순간, 그들은 애굽이 주는 안식도 없고 종살이 하는 동안 먹었던 "생선과 오이와 참외와 부추와 파와 마늘들"(민 11:5)도 더 이상 먹을 수 없었다. 비록 세상은 그들에게 사막과 광야가 되었고, 물을 내지 않는 건조하고 황량한 땅이 되었지만 사실 그들은 세상을 자신의 소유로 얻도록 거기서 불러냄을 받은 것이었다. 그 땅은 그들의 소유이지만 다만 사막에 불과했다. 하지만 그들은 그곳에서 주님 앞에서 절기를 지키도록 불러냄을 받았다. 그렇지만 그들은 모세가 율법을 받고자 산에 올라가 있는 동안, 금송아지 앞에서 절기를 지키고자 했다. 율법을 받는 일이 믿음의 마음 안에 있는 것을 변경시키지 않았다. 이스라엘 민족이 그렇게 인도함을 받았듯이, 신약의 성도들도 또한 자신들이 하나님 앞으로 인도된 것을 (이미 영으로 하늘에 들어간 것을) 영으로 알고 있을 뿐만 아니라, 그들은 예수님이 그곳에 계신 것을 발견하게 되었다. 그곳에 계신 그리스도를 발견함으로써 그들은 만물이 자신들의 기업임을 발견하고, 심지어 자신도 그곳에 이미 있음을 알게 되었다. 그들은 하늘로서 오는 것으로만 양식을 취할 수 있고, 하늘에 속한 것으로만 인도받으며, 반석에서 나오는 것으로만 마시고, 오히려 자신들 속에서 흘러나오는 하나님의 강물(the river of God)을 마신다. 이렇게 예수 안에서 그들은 자신의 기업을 알고 있다. "(만물이) 다 너희의 것이요 너희는 그리스도의 것이요 그리스도는 하나님의 것이니라."(고전 3:22-23) 광야는 이제 다만 통과해야 할 대상일 뿐이다. 광야에 하나님의 백성들을 위한 것은 아무 것도 없다. 그럼에도 모든 것이 다 그들의 것이다. 이스라엘 민족이 광야를 통과하고 있었을 때 생수가 그곳에 있었듯이, 마찬가지로 교회가 세상을 통과할 때 세상은 그들의 기업이고, 생수의 강이 그 마음에 있다. 그들은 자신들이 구속함을 받고 또 화목되었음을 노래했다. 구속의 역사는 완성되었지만 피조 세계가 능력 가운데 구속 받는 것은 아직 마쳐지지 않았다. "주께서 그 구속하신 백성을 은혜로 인도하시되 주의 힘으로 그들을 주의 성결한 처소에 들어가게 하시나이다."(출 15:13) "그 아들 안에서 우리가 구속 곧 죄 사함을 얻었도다…이제는 그의 육체의 죽음으로 말미암아 화목케 하사 너희를 거룩하고 흠 없고 책망할 것이 없는 자로 그 앞에 세우고자 하셨으니."(골 1:14, 22) 강물이 광야를 소생시킬 때, 인자가 실제적으로 세상을 자기의 기업으로 취하실 때, 성령이 쏟아 부어질 것이다. 그때 어찌 기뻐하며 즐거워하지 않을 수 있겠는가? 그렇다. 그러한 기쁨이 하나님의 백성과 예수님을 지금 믿는 신자들의 마음을 가득 채우고 있다. 그렇다면 신자가 광야에 있다고 해서, 어찌 기뻐하지 않을 수 있으며, 꽃을 피울 수 없단 말인가? 그렇다. 그 배에서 생수의 강이 흘러나기만 한다면, 그런 일이 얼마든지 일어날 수 있다. 종종 메마른 사막의 모래가 물을 들여 마시고, 물을 돌려주지 않고 다만 뜨거운 증기만 내뿜고 불모의 땅으로 만들어버릴지라도, 하나님의 손이 땅에 닿고, 또 하나님의 씨앗들이 심겨지는 곳마다 땅이 소생케 되고 싹이 움틀 것이다.

95

나는 이 주제가 개인적인 특징을 가지고 있음을 언급했고, 이 사실을 주목하는 것이 중요하다고 말했다. 왜냐하면 이것이 바로 황폐함과 악이 만연한 이 세상에서 (물론 세상에는 공공의 선한 역사도 있지만) 우리를 구원하는 원리이기 때문이다. 신약시대의 성도들에 대해선 "반석에서 나오는 물 또는 일반 강물에서 길어 올린 생수를 마실 것이다"라고 말하지 않고, "그 배에서 생수의 강이 흘러나리라"고 말하고 있다. 이것은 성령님의 내주와 성령님을 소유하는 일이 개인적인 문제임을 말해준다. 요한복음은 그 사실을 지속적으로 다루고 있다. 요한복음은 결과에 대한 것 보다는 무엇이 본질이며 또한 본질을 이어주는 것이 무엇인가를 우리에게 알려준다.

이처럼 이 세대에서 성령의 내주하심이 가지고 있는 독특한 특징과 성격에 대해 살펴볼 내용이 또 있다. 그것은 그리스도의 높아지심의 결과로 생긴 것이다. 바로 성령님께서는 그리스도께서 이루신 모든 일에 대한 증인의 자리에 있다는 것이다. 성령님은 인격적으로 그리스도께서 이루신 사역의 결과를 소유하고 있으며, 우리는 그로 인해서 그리스도와 연합을 이루고 있다. 결과적으로 이것은 이전의 그 어떤 증거와는 다른, 참으로 복된 진리이다. 이 진리는 전에는 계시된 적이 없는 하나의 비밀이었고,

이것이 증거되었을 때 그들은 이러한 증거가 필연적으로 가지고 있는 기쁨을 다 이해하지 못했다. 베드로전서 1장에서 말한 것처럼, 성도들은 이 모든 일에 증인이 되어야 했음에도 그렇게 할 수 없었다. 이것은 성령의 역사를 통해서, 심지어는 세세토록 살아 계신 그리스도의 영을 통해서 맺는 열매와도 차이가 있다. 왜냐하면 천상에서 세세토록 사시는 그리스도, 영화롭게 되신 사람이신 그리스도, 그리고 그리스도와 더불어 신자들이 하나를 이루는 일에 대해서, 이전에는 증거되지 않았을 뿐 아니라, 증거될 수도 없었기 때문이다. 그리스도는 신자들의 기쁨을 위해 이 모든 일을 이루셨으며, 이 모든 일의 합법적인 기쁨과 근거와 자격을 마련해주셨다. 이 일은 예수께서 모든 일을 마치시고, 영광 중에 승천하신 후에, 다시 성령님을 보내주신 후에야 가능할 수 있었다. 성령님은 그리스도와 신자들을 연합시키고 신적인 사귐을 나누는 일을 가능케 하시는 능력이시다. 이 모든 일은 예수께서 구속의 역사를 마치고, 사람으로서 영광 가운데 들어가시기 전에는 존재하지 않았다. 그러므로 우리는 "(예수께서 아직 영광을 받지 못하신 고로 성령이 아직 저희에게 계시지 아니하시더라)"는 구절을 읽게 된다. 사실, 그리스도와 교회가 한 몸으로 연합된 것은 아직 드러나지 않았고, (그리스도께서 하나님 안에 감추어 계신 것처럼) 하나님 안에 감추어진 비밀이었으며, 오직 믿는 자에게 주신 성령에 의해서만 알고 기뻐할 수 있는 것이었다. 물론 이외에 다른 역사를 통해서나, 또는 다른 영을 통해서 사람이 구원받을 수 있는 길이 있는 것은 아니다. (참 신자는 이런 일이 가능하지 않다는 것을 알고 있다.) 이는 오직 한 분 하나님의 영이 계시기 때문이다. 하지만 하나님의 영께서는 그때에

(그분께서 계속해서 증거하고 또 영향을 끼쳐온) 제자들에게 신자가 부활하신 예수님과 연합을 이룬다거나, 영화롭게 되신 사람이신 그리스도와 실제적으로 하나되었음을 현재적인 일로 증거할 수는 없었다. 하지만 지금은 다르다. 성령님은 신자의 영혼에 영광 가운데 계신 예수님과의 연합을 현재적인 일로 증거하신다. 그리스도와의 연합은 이전에는 결코 존재하지 않았다. 만일 누군가 그것이 사실이라고 주장할지라도, 나는 그 당시 제자들은 예수님과의 연합 가운데 있지 않았으며, 오늘날 우리처럼 지금은 영광 중에 계신 예수님을 결코 알 수 없었다고 말하고 싶다. 사실 그 당시 예수님은 아직 영광을 받지 못하셨고, 따라서 성령님은 아직 신자들의 마음 안에 (예수님과의 연합에 근거해서) 자신의 거처를 삼지 않았다. "(예수께서 아직 영광을 받지 못하신 고로 성령이 아직 저희에게 계시지 아니하시더라.)"(요 7:39) 성령님의 강림과 그리스도와 연합된 사람 속에 성령님의 내주하심은 우리 주님이 사람으로서 영화롭게 되신 것에 대한 증거이기 때문이다. 이것은 결코 거짓말해본 적이 없고, 능히 약속을 지킬 수 있는 신실한 사람의 약속의 확실성에 근거해서 자유를 얻기를 소망하는 것과 실제적인 자유를 얻는 것이 다름과 같은 차이를 가져온다. 둘 다 확신을 가질 수 있지만, 그렇다고 같은 것은 아니다. "그러므로 아들이 너희를 자유케 하면 너희가 참으로 자유하리라."(요 8:36) 이 구절은 우리를 위해 예비된 진리의 말씀이며, 우리가 없다면 이 구절은 결코 온전해질 수가 없다. 이 구절은 최소한 "여자가 낳은 자 중에 세례 요한보다 큰 이가 일어남이 없도다 그러나 천국에서는 극히 작은 자라도 저보다 크니라"(마 11:11)는 말씀의 의미를 이해하는 단서를 제공해

준다. 바로 그리스도의 사역의 완성의 결과로, 그리고 그리스도와 신자의 연합에 대한 증거로, 신자 속에 그리고 신자와 더불어 함께 하시는 성령님의 임재가 그에 대한 이유인 것이다. 게다가 내가 이해하는 바로는, 바로 이것이 총회와 그 이름이 하늘에 기록되어 있는 장자들의 교회와 그리고 온전케 된 의인의 영들과의 차이점이기도 하다. 이스라엘의 자손들은 주님의 약속을 믿어야 했고, 야곱이 보여준 대로, 또 요셉이 자기 해골을 메고 올라갈 것을 이스라엘 자손으로 하여금 맹세케 한 대로 그렇게 행했다(창 50:24). 분명 그들은 이러한 믿음을 행사했지만, 그럼에도 "주께서 그 구속하신 백성을 은혜로 인도하시되 주의 힘으로 그들을 주의 성결한 처소에 들어가게 하시나이다"(출 15:13)라고 말할 수는 없었다. 왜냐하면 이스라엘 백성들의 구속의 역사가 마치지 않았기 때문이다. 그들은 애굽에서 나와서 홍해를 건넜을 때, 그들이 비록 양식도 없고, 물도 없는 황량한 광야로 나왔을 뿐이지만, 그럼에도 그들은 여호와를 찬송하는 노래를 부를 수 있었다. 그들은 구속받은 백성이었기 때문이다. 이제 전체적인 부분을 살펴보자.

97

나는 계속해서 이 부분을 오랫동안 설명해 왔다. 그 이유는 많은 사람들이 구원 얻는 방식은 동일한데도 어떻게 상태는 그렇게 다를 수 있는지 이해하는 것을 어렵게 생각하기 때문이다. 거듭났지만 많은 사람들이 "유업을 이을 자가 모든 것의 주인이나 어렸을 동안에는 종과 다름이 없어서 그 아버지의 정한 때까지 후견인과 청지기 아래"(갈 4:1-2) 있기 때문에, 자유도 없고 아버지와의 친밀한 마음의 사귐도 없고, 아버지의 뜻을 헤아리지 못하는 것과 같다.

그리스도와의 연합과 아버지와 아들로서 사귐을 갖는 것과 그리고 (아버지 앞에서) 그리스도의 자리가 무엇인지 아는 것은 이러한 성령님의 내주하심이 가져다주는 주요한 특징이다. 비록 지금 우리가 만물이 아직 저에게 복종한 것을 보지 못하고, 다만 영광과 존귀로 관쓰신 주님을 보는 것은 우리로 장래의 영광의 자리에 들어갈 것을 내다보면서 기뻐하도록 하기 위한 것이다. 우리는 주께서 우리를 형제라 부르시기를 부끄러워 아니하시는 것을 알고 있다(히 2:11).

따라서 로마서 8장에 보면, 성령의 내주야말로 이 세대의 특징 가운데 가장 중요한 특징임을 알 수 있다. 따라서 사도 바울은 성령님의 도덕적인 역사에 대해 설명하고, 또 몸을 다시 살리시는 것에 대해 언급했으며, 개인적으로 내주하시는 성령이 친히 우리 영으로 더불어 우리가 하나님의 자녀인 것을 증거하시는 것에 대해 언급한 후에, 그렇다면 자녀는 또한 후사 곧 하나님의 후사이고 그리스도와 함께 한 후사로서 우리가 그와 함께 고난을 받는다면 또한 함께 영광을 받게 될 것으로 말하고 있다. 이렇게 해서 우리는 전체적인 그림을 얻게 되었다.

자녀들이자, 장자들의 총회인 이스라엘은 광야에 들어가게 되었다. "여호와의 말씀에 이스라엘은 내 아들 내 장자라."(출 4:22) 그 다음, 그들처럼 하나님의 후사들인 우리 앞에는 가나안이 있다. 가나안은 하나님의 땅이기 때문이다. 이스라엘에 대한 하나님의 권리는 강의 이 끝에서 저 끝까지 이른다. 가나안과 광야, 하늘과 땅이 있다. 임마누엘의 땅에서 그들은 그리스도와 함께 한 후사들이다. 이와 같이 우리가 고난을 받는 것은, 이 세상을 광야처럼 통과하기 때문이다. 이제 성령님은 이 모든 것을 통해서 두 가지 특징을 제시하신다. 바로 영광과 고난이다. 영광은 자녀이자 또한 공동 후사로서 우리에게 속해 있다. 우리는 영광을 소망 가운데 소유하고 있다. 우리의 영적 시야가 희미해진다면 우리는 이 사실에 부주의해질 수가 있고, 우리 마음은 세속화될 것이다. 반면에 밝아진다면, 우리는 광야를 통과하는 동안 필요한 만나와 물과 인내만 필요할 것이다. 안식에 들어가기를 갈망하면서 거기에 필요한 하나님의 뜻에 순복하는 일만 있을 것이다. 우리의 영혼이 실제로 하늘에 있는 영광에 머물면서, 에스골의 포도로 우리 영혼을 기쁘게 할 때, 세상에선 오직 사망뿐이지만, 우리 영혼은 소망의 향기와 소망의 비전으로 가득하게 된다. 우리가 하늘에 속한 마음을 가지고 있기에, 하늘에 속한 것이 진정으로 우리에게 하늘에 속한 것이 될 때, 우리는 주의 영광을 보게 될 것이다. 주님의 눈은 항상 그곳에 머물러 있다. 그 땅은 산과 계곡 사이를 흐르는 강물에 의해서 물을 공급받는 땅이며, 아버지 나라의 중심에 자리 잡은 곳이다. 하나님의 계시를 가져다주시는 성령님은 우리로 하나님의 충만 속에 거하고 싶은 마음을 일으키신다. 거기에서 우리는 장차 얻을 기업과 그리스도와의 사귐과 영광을 나름대로 어림잡아 보기 시작한다. 이제 만물을 충만케 하시는 예수님 안에서 신적인 기쁨의 달콤한 향기를 맡으며 거기에 거하며, 그렇게 하는 것을 더욱 원하게 된다. 이러한 영적인 세계를 열어주시는 분은 성령님이시다. 이 모든 것의 실제를 가져다주시는 성령님의 임재는 하늘과 땅을 기쁨으로 채우며 악을 소멸시킨다. 그래서 우리는 고난도 함께 받아야 되는 것이다. 이러한 영광 안에 거하는 것, 하나님의 자녀들이 영광의 자유에 이르기를 바라는 것, 온 피조세계를 화목시킨 영으로 세상을 보는 것, 그리고 하나님의 아들들의 나타남을 기다리는 것은 지금 피조물이 허무한데 굴복하고 또 썩어짐의 종노릇 하는 것으로 인해 함께 탄식하며 함께 고통하는 것을 우리에게 더욱 그리고 구체적으로 느끼게 해준다. 우리의 몸 또한 이 피조세계의 일부를 이루고 있기에, 이 사실이 영혼의 탄식을 보다 민감하고 보다 공감적으로 느끼게 한다. 이제 우리는 이러한 피조물의 탄식을 영광 안에 있는 우리의 자리를 알고 거기에 거함으로써 알게 된다. 피조물의 탄식이 몸으로 느껴진다. 왜냐하면 우리는 아직 구속함을 받지 못한 우리의 몸으로 피조세계와 연결되어 있기 때문이다. 그렇다고 이것이 악으로 충동을 받는 이기적인 감정은 아니다. 우리 안에서 역사하시는 성령의 중보 기도는 하나님의 뜻에 따라 드려진다. 우리 안에 내주하시는 성령님은 (근본적인) 악을 드러내시는데, 이것은 단순히 인간에게 고통을 가하는 악이 아니라 하나님만이 헤아릴 수 있는 악으로서, 악 가운데 있는 사람들 안에 거하면서 악을 즐겨하게 하는 실체로서의 악이다. 그러한 사람들은 자신의 몸으로 악에 참여한다. 그리하여 모두가 다 탄식 가운데 있다. 이로써 우리가 경험적으로 알게 되는 피조물의 탄식은 이기심에 의한 고통에서 오는 것이 아니라, 우리 안에 내주하시는 성령님에 의해서 악을 감지하게 된 결과로 오는 것이다. 따라서 이성과 지성을 가진 우리이지만, 우리가 마땅히 빌 바를 알지 못하는 때에라도, 우리 마음을 살피시는 하나님이 우리 속에 내주하시는 성령의 생각을 아신다. 이렇게 성령님은 하나님의 뜻대로 중보하신다. 따라서 다른 보혜사이신 성령님은 우리 마음 안에서, 그리고 우리 마음을 통해서 썩어짐의 종노릇 아래서 신음하고 있는 세상에 살고 있는 육체를 가진 우리에게 양자될 것, 곧 몸의 구속의 필요를 느끼게 하신다. 성령님은 영광을 통해서 이 사실을 교훈하실 뿐만 아니라 하나님의 뜻에 따라서 필요를 알게 하신다. (그래서 성경은 "우리가 아나니"라고 말하고 있다.) 이를 통해서 성도들은 더욱 넓고 더욱 깊은 사귐을 가질 수 있도록 준비되며 장차 나타날 영광에 소망으로 참여하게 된다.

99

이러한 것들을 체험하는 것에 대해서 좀 더 살펴보자. 성령 안에 있을 때, 우리의 기쁨은 충만하며, 하늘에 속한 것들의 향취는 더욱 새롭게 다가오게 되며, 우리가 걷는 길은 쉬워진다. "주는 영이시니 주의 영이 계신 곳에는 자유함이 있느니라." (고후 3:17) 모든 것을 빛으로 밝히는 하나님과의 교통이 있고, 우리는 하나님과 교통을 나누며 그 가운데서 거하면서 걷는다. 모든 것이 그 안에서 빛을 발한다. 성령님은 모든 충만을 나누어주시는 능력이시다. 하지만 우리가 광야에 이르게 되면, 거기에는 훈련이 있고 어려움이 있다. 마음은 시험을 받게 된다. 모든 것이 저항을 받는다. 그것이 광야이다. 광야에서 안식을 누리고자 하면 우리는 계속해서 광야에 머물게 된다. 어쩌면 우리 마음은 애굽 (세상)을 그리워하며 돌아가고픈 마음이 들지도 모른다. 광야에서 안식을 얻고자 한다면, 우리에 대해 신실하신 주님으로부터 징계를 받을 것이다. 문제가 있을지라도 마음이 하나님 보시기에 합당하다면, 모든 것을 아시는 하나님이 그 가운데 일하시는 것을 보게 될 것이다. 문제가 다 해결된다는 뜻이 아니다. 그 보다는 더 좋은 것이다. 믿음이 더욱 온전해질수록, 그 사실을 더욱 분명히 보게 된다. 내가 더욱 알수록 나의 마음과 생각은 더욱 가나안에 머물게 되고, 그렇게 되면 나는 광야가 무엇인지 더욱 이해하게 될 것이다. 그렇게 되면 나는 하나님을 더욱 경배하고 찬양하게 되며, 그럴수록 우리는 광야의 맛을 느낄 수 있게 된다. 내가 베푸는 인자함은 광야가 맺게 해준 인자와 자비이다. 나의 양식은 광야를 위한 양식이다. 구름은 나를 가나안 땅까지 인도해줄 것이고, 가나안 땅에서 나는 더 이상 길을 안내해줄 구름이 필요치 않게 된다. 그곳은 영이 은혜를 통해서 빛을 발하는 곳이며, 하나님을 풍성하고도 깊이 있게 체험하는 곳이며, 또한 소망이 부끄럽지 않은 곳이다. 하나님의 사랑이 우리에게 주신 성령으로 말미암아 마음에 쏟아 부어졌기 때문이다. (광야를 통과하면서 연단된) 우리 심령의 인내를 통해서 하나님의 성품의 깊은 부분을 배우게 된다. 만일 믿음이 60만 명의 반역의 무리를, 마치 자신이 낳은 자식처럼 감당해내어야만 했다면, 깊이 있는 하나님과의 사귐을 통해서 어찌 하나님의 인내의 깊음, 하나님의 목적의 지혜, 하나님 사랑의 온전함의 극치를 배우지 않을 수 있단 말인가? 그 결과는 축복이다! 시작부터 끝을 아시는 하나님은, 현재 우리를 둘러싼 상황 가운데서 우리가 마음으로 탄식하는 동안, 하나님은 그 모든 것을 사용해서 미래 소망의 확실성을 마음에 보여주시면서 그 모든 것을 인해서 기뻐하게 해주신다. 이제 우리 안에는 하나님의 섭리를 친밀하게 알게 된 경험을 통해서 영적인 마음이 형성되고, 세상에 속한 것들과 우리를 묶고 있던 끈이 끊어짐으로써 (이것은 현재 세상 일에 몰입되어 있는 사람들에겐 이상하게 보일 수 있다.) 장차 나타날 영광을 어림잡을 수 있는 영적 혜안이 열리면서, 우리 속에 있는 생명은 하늘에 속한 것들과의 방해 없는 사귐 속으로 자라나게 된다! 이 일은 우리 속에서 세상 대신에 실제적으로 하나님을 선택하게 해주는 광야를 필요로 한다. 이 말은 즉시 가나안 땅으로 들어갈 준비가 된 갈렙과 여호수아처럼 될 필요가 없다는 뜻이 아니다. 우리는 아낙 자손들로 인해 두려워하기 보다는 에스골의 포도송이를 통해서 격려를 받아야 한다. 왜냐하면 그것들은 우리를 그곳으로 부르신 하나님의 은혜와 능력의 표시이기 때문이다. 그것들은 하나님의 땅의 포도송이들이다. 주님은 우리를 그곳으로 들어가게 하시는 일에 능하신 분이시다. 이것은 우리와 함께 하시는 하나님의 방법이다. 우리가 믿음으로 이 포도송이를 맛볼 때, 우리의 마음이 그와 같을 때, 우리는 어려움을 능히 떨치고 (어려움은 있지만) 일어설 수 있다. 우리가 영적인 사람이 될 때 모든 어려움은 복되신 하나님을 경험하게 해주는 도구가 된다.

100

하나님의 목적은 우리 자신을 위한 것이라기보다는 하나님 자신을 위한 것이다. 하나님은 항상 자신의 뜻대로 일하신다. 그것이 사실은 우리의 완전한 복이다. 왜냐하면 하나님의 목적은 우리로 하여금 그리스도와 공동후사로서 하나님의 아들의 형상을 본받도록 해주기 때문이다. 우리를 통해 하나님께 영광을 돌리게 되는 것이다. 이제 그 받으신 고난으로 순종함을 배우신 우리의 복된 주님을 통해서 우리는 광야에서 온전케 되는 길을 보게 된다. 비록 아무도 감각할 수 없을지 모르지만, 아버지의 정하신 길의 신적인 완전함을 보면서, 그들도 결국은 (그 앞에 있는 즐거움을 위하여 십자가를 참으사 하나님 보좌 우편에 앉으신 주님처럼) 하나님의 영광에 이르게 될 것이다. 이것은 참으로 안식과 생기를 주는 확실하고 복된 생수와 같다.

"예수께서 권능을 가장 많이 베푸신 고을들이 회개치 아니하므로 그 때에 책망하시되." (마 11:20) 여기에 참으로 슬프고도 통탄할만한 일이 있었다. 이제 예수님을 영접하지 않은 사람에게는 슬픔도 없고, 도움을 받을 수도 없다. "라헬이 그 자식을 위하여 애곡하는 것이라 그가 자식이 없으므로 위로받기를 거절하였도다." (마 2:18) 라헬에게 주신 말씀은 이것이다. "나 여호와가 말하노라 너의 최후에 소망이 있을 것이라." (렘 31:17)

이제 예수님을 바라보자. "그 때에 예수께서 대답하여 가라사대 천지의 주재이신 아버지여 이것을 지혜롭고 슬기 있는 자들에게는 숨기시고 어린아이들에게는 나타내심을 감사하나이다 옳소이다 이렇게 된 것이 아버지의 뜻이니이다 내 아버지께서 모든 것을 내게 주셨으니 아버지 외에는 아들을 아는 자가 없고 아들과 또 아들의 소원대로 계시를 받는 자 외에는 아버지를 아는 자가 없느니라." (마 11:25-27) "수고하고 무거운 짐진 자들아 다 내게로 오라 내가 너희를 쉬게 하리라 나는 마음이 온유하고 겸손하니 나의 멍에를 메고 내게 배우라 그러면 너희 마음이 쉼을 얻으리니."(마 11:28-29) (이스라엘 백성들을 위하여 반석을 치니 물이 나온 것처럼) 십자가에서 모진 고난과 고통을 당하신 반석이신 예수님으로부터 생수의 강이 어떻게 흘러나왔는지를 보라! 이런 일은 이전에는 결코 없었다. 생수의 강은 그 깊은 곳으로부터 흘러나왔다! 주님 자신의 영혼을 충만하게 했던 생수가 분출되어 나왔다. "내 아버지께서 모든 것을 내게 주셨으니…(그러므로 내가 아버지를 계시할 수 있으니)…다 내게로 오라." 주님의 피곤한 영혼은 "내가 헛되이 수고하였으며 무익히 공연히 내 힘을 다하였다"(사 49:4)고 토로하실 수 있으셨다. 하지만 광야에서 생수를 내었던 것처럼, 주 예수님을 찬송할지라! 교회를 새롭게 하고, 교회가 이 세상을 통과하는 동안, 마침내 가나안에 이르러 생수를 더 이상 필요로 하지 않을 때까지, 생수를 공급하실 것이다. 우리가 아들이 아닌가? 우리는 실로 영적으로는 가련한 상태 가운데 있지만, 실상은 우리 주님의 높아지심(승귀, exaltation) 안에 감추어져 있다. "나를 믿는 자는 성경에 이름과 같이 그 배에서 생수의 강이 흘러나리라."(요 7:38) 하나님의 성령이 계신 곳에는, 목마름, 열매 맺지 못함, 인내하지 못함 등은 없고 다만 풍성한 열매 맺음만 있다. 왜냐하면 우리는 지금 예수님 안에 있는 무한한 충만성과 연합되어 있기 때문이다. 모든 완전함이 거기에 있다. 그러므로 "감사하나이다"와 "화 있을진저"가 동시에 터져 나오게 된다.

101

우리 안에서 이러한 생수가 더욱 순수하게 흘러나오는 데에는 많은 과정이 요구된다. 우리 육신이 역사하고, 우리 의지가 역사한다면, 그것들을 내려놓을 때까지 우리 앞에는 생수가 주는 순수의 광채와 충만에 대한 인식은 있을 수 없다. 육신은 신령한 것과 교통이 일어나지 않으며, 인간의 의지는 거기에 참여할 수가 없기 때문이다. 우리가 "감사하나이다" 또는 "우리가 환난 중에도 즐거워하나니"에 실제적으로 이르기 전에는 "내 아버지께서 모든 것을 내게 주셨으니"라고 말할 수 없다. 이 모든 것들은 예수님 안에서 다 우리의 것이지만, 이 모든 것들을 실제적으로 체험할 수 있는 영적인 상태가 있다. 이것은 내적으로 깊은 역사이며, 또한 하나님의 역사다. 여기에 이르면 우리 속에 있는 생수의 강이 흘러 넘치게 될 것이다. 이 생수의 강은 모두가 하늘에 속한 것들이다. 우리가 단순하게 하늘에 속한 사람이 될 때, 생수의 강은 흘러넘칠 것이다. 나는 곤고한 사람이기에, 하나님의 축복의 수원에서 더욱 넘치는 신선케 하는 생수가 흘러나가야 한다. 하나님이 인내 가운데서 그렇게 하시는 것을 볼 때, 얼마나 경이로운 사랑인가! 우리는 항상 "감사하나이다"라고 말할 수 있다.

우리는 여전히 썩어짐의 종노릇 가운데 있지만, 사람 속에는 인간적인 의지가 발동한다. (그러므로 예수님의 탄식은 순수한 슬픔에서 나온 것이었다. 왜냐하면 그것은 모두가 하나님의 뜻에 따른 것이었기 때문이다. 하지만 우리의 경우는 다르다.) 우리 안에서 여전히 역사하고 있는 이러한 의지는 굴복되어야 한다. 하지만 성령이 계신 곳에는, 하나님이 사랑 안에서 (우리를 향해) 모든 것을 보시며, 사랑 안에서 특별한 과정을 진행하신다. 따라서 인간적인 의지는 깨어지고, 모든 탄식은 (우리가 무엇을 어떻게 기도해야 할지 모를 때에도) 성령의 온전한 중보기도로 화하게 된다. 마음을 살피시는 하나님이 성령의 생각을 아시기 때문이다. 이로써 우리는 위안을 얻는데, 하나님 안에 안식하게 되면, 하나님은 그 너머에 있는 광채를 보여주신다. 하나님을 향한 참된 탄식은, 우리 영을 곤고하게 하고, 쇠약하게 하며, 무엇을 기도했는지 인식하지 못할지라도, 항상 성령의 간구를 통해서, 그 이상으로 응답을 받으며, 그리스도 안에 있는 우리에 대한 하나님의 목적의 완전함에 따라 열납된다. 그러므로 "성심으로 나를 부르지 아니하였으며 오직 침상에서 슬피 부르짖으며"(호 7:14)라는 책임 추궁을 받을 수 있다. 하지만 이러한 하나님을 향한 탄식은 죄의 결과가 아니기에, 이것은 하나님을 향한 자기의(self-will)의 발현이 결코 아니다. 오히려 이것은 복된 생각이다! 그러한 것이 기쁨과 슬픔 가운데서 하나님과 교통하는 것이다. 나는 우리 안에서 일어나는 하나님을 향한 이러한 탄식이, 한편으론 가련하기도 하지만, 그럼에도 참으로 복되고, 가장 신뢰할 만하면서도, 가장 복된 것이라고 믿어 의심치 않는다. 그러한 탄식은 충분히 표현될 수는 없지만, 그럼에도 영광스러운 축복을 가져다줄 것이란 사실을 알 수 있다. 나는 그러한 것들이 예수님이 하신 최고의 사역과 최고의 말씀에 앞서 일어나는 것을 볼 수 있었다. 우리 주님의 마음 속에 들어온 광야의 인식은 성령의 감동(the sympathy of the Spirit)을 불러 일으키면서, 광야를 신선한 장소로 적시기에 충분한 생수의 강을 만들어내었다. 이제 성령님은 우리 안에서 그러한 역사를 하신다. 이러한 생각은 마음에 감동을 일으킨다. 복되고도 하늘에 속한 영이신 성령님이 우리의 마음에 계셔서, 우리 머리되신 주님과의 연합을 통해서 이 모든 것들을 기쁨으로 누리게 하시며, 하나님의 순례자들이 이 광야 같은 세상을 지나는 동안 목마름을 해갈해주신다. 하나님과 우리 사이의 메신저이신 성령님은 우리의 탄식을 하나님의 뜻에 따라 측정하시고, 하나님의 거룩한 백성들 속에 내주하시면서 그들에게 그리스도의 측량할 수 없는 은혜와 축복을 나누어 주신다. "우리 주 예수 그리스도를 변함 없이 사랑하는 모든 자에게 은혜가 있을지어다."(엡 6:24)

102

여기까지 우리는 복된 성령님에 대한 일반적인 특징, 즉 성령님의 특징적인 생명력 있는 사역들에 대해 살펴보았다. 이것은 그다지 교회와 연관된 것은 아니었다. 요한복음 3장, 4장, 7장은 우리에게 다음과 같은 주제에 대한 명확한 교훈을 주었다.

103

첫 번째, 허물과 죄로 죽었던 영혼을 다시 살리는 역사 또는 생명을 주는 역사이다.

두 번째, 우리 속에서 영생하도록 솟아나는 샘물을 주시는 역사이다. 따라서 은혜의 풍성함을 드러냄으로써 아버지를 알게 하시고, 사랑의 하나님을 예배하는 하는 자들을 찾으실 뿐만 아니라 우리로 신령과 진정으로 하나님을 예배할 수 있게 하심으로써, 우리를 찾으신 은혜를 알게 하신다. 우리는 믿음으로 각 민족으로부터 나와서 하나님과의 사귐 속으로 들어왔다. "우리의 사귐은 아버지와 그 아들 예수 그리스도와 함께 함이라."(요일 1:3) 다른 말로 하자면, 우리는 하나님의 영을 통해서 우리 믿음에 계시된 아들과 하나로 연합된 가운데 있다. 이것은 은혜의 선물로 된 일이다.

세 번째, 우리 속에서 흘러나오는 생수의 강으로서 우리를 신선케 하는 역사이다. 이것은 인자께서 들어가신 영광과 연결되어 있다. 그러므로 영광의 보증으로서 예배의 능력 그리고 새롭게 하는 능력, 그리고 그리스도 안에 있는 사람에게서 돋보이도록 나타나는 영광스러운 간증과 영광을 가지고 있다. 그럼에도 주님과 연합된 신자는 주님이 이처럼 큰 초막절에 자신의 임재를 세상에 나타나실 때까지 나타날 영광을 기다리고 있어야 한다.

이 세 개의 장들 가운데 첫 번째인 요한복음 3장은 하나님 나라에 들어가려면 거듭나야 할 것을 제시하고는, 한 품위 있는 유대인과의 대화가 끝나고 있다. 따라서 "성령으로 난 사람은 다 이러하니라."(요 3:8) 십자가 또는 인자의 들림은 모든 현재적이고 지상적인 관계를 마감하고서, 아직 소개되지 않은 하늘에 속한 것들을 가져왔다.

두 번째 요한복음 4장은 유대를 떠나 갈릴리로 가는 길에 사마리아를 통과하시는 주님이 버림받은 족속 가운데 가장 가치 없는 한 영혼에게, 하나님 아들의 겸비(겸손)의 결과로 하나님의 선물을 보여주시면서, 아버지의 이름과 더불어 은혜로 인해 감동을 받은 신령한 예배를 소개하신다. 이로써 복음 세대가 소개되고, 그렇게 예배, 아들됨, 그리고 기쁨의 시대가 열리게 된다.

세 번째 요한복음 7장에서 우리는 충만한 사랑을 세상에 흘려 보내는 것을 발견한다. 우리는 장차 예수님이 영광 중에 나타나실 때 나타날 영광의 증인들이다. 아직 우리는 영광에 들어가지 못했지만, 이미 참여하고 있다. 장차 우리에게 나타날 영광은 마치 생명이 죽은 자들 가운데서 나오는 것과 같을 것이다. 그래서 그 당시 주님의 육신의 형제들은 믿지 않았다. 요한복음 4장은 생생한 하나님과의 교통하는 능력과 그것을 특별히 신약성도의 특권으로 소개하는 점에서 더욱 포괄적이고 보편적이라고 할 수 있다. 이것은 "우리 주 예수 그리스도의 아버지"라는 이름으로 드리고 있는 에베소서 3장의 사도 바울의 기도와 일치를 이루고 있다. 요한복음 7장은 에베소서 1장에서 드리고 있는 기도와 일치를 이루고 있는데, 여기서는 교회를 포함하고 있다. 이는 현재적인 교통보다는 미래적인 소망에 중점을 둔 기도로서, "우리 주 예수 그리스도의 하나님"이라는 이름으로 드려지고 있다. 따라서 이 기도는 주님을 몸의 머리로서, - 사도 바울이 증거하는 내용을 보면, 그는 주님을 많은 형제들 가운데서 으뜸이시며(Firstborn), 죽은 자들 가운데서 먼저 나신 자(Firstborn)이시고, 또한 몸인 교회의 머리로서 - 바라보게 해준다. 주님은 신적인 본성을 가진 아들로서가 아니라, 의로우신 사람으로서 머리가 되셨고, 이제 만유의 후사로 세우심을 받으셨다. 변함없이 신적인 본성을 가진 아들이시지만, 또한 인자로서 하나님 아버지와 하나되기까지 친밀한 사귐을 가지셨다. 영광 중에 나타나시는 것은 하나님의 계획에 따른 것이다. 주님이 세상을 향해 교회와 더불어 영광의 자리에 앉으실 때, 교회는 그 몸으로서, 만물 안에서 만물을 충만케 하시는 주님의 충만으로 나타나게 될 것이다.

104

우리는 요한복음에서 요한복음의 결론으로서 다른 모든 세대보다 더 높은 계시인 주 예수 그리스도의 위격에 대한 증거를 볼 수 있다. 여기서 내가 강조하고픈 것은 요한복음 5장은 하나님의 아들이 가진 절대적인 생명을 주는 권능과 비교해서 율법이 사람을 회복시키는 능력에 있어서 절대적으로 무능하다는 점을 보여주고 있다는 것이다. 왜냐하면 율법은 마치 죄의 질병으로 인해 완전히 파멸된 환자에게 다시 힘을 내어 일어서도록 강요하기 때문이다. 따라서 인간 영혼이 회복되는 과정에서 율법은 전적으로 무용지물이다. 게다가 율법은 하나님의 아들을 밀어내려고 한다. 하지만 이제 모든 심판하는 권세가 주님의 손에 주어졌다. 그분을 거절한 모든 사람들을 심판하는 권세가 인자이신 주님에게 맡겨진 것이다. 이는 모든 사람으로 하여금 아버지를 공경하는 것같이, 아들도 공경하도록 하기 위한 것이다.

요한복음 6장은 주님에게 합당한 것, 즉 거절당하신 주님의 자리와 제자들의 자리를 보여준다. 첫 번째, 요한복음 6장은 시편 132편 13-15절, "여호와께서 시온을 택하시고 자기 거처를 삼고자 하여 이르시기를 이는 나의 영원히 쉴 곳이라 내가 여기 거할 것은 이를 원하였음이로다 내가 이 성의 식료품에 풍족히 복을 주고 양식으로 그 빈민을 만족케 하리로다" 는 말씀을 성취하시는 주님의 모습을 보여준다. 이 구절은 말세에 시온이 하나님의 영원히 쉴 곳이 될 때 부어주시는 이스라엘이 받게 될 축복을 가리킨다. 그리고 나서 주님은 억지로 임금 삼으려는 백성들의 열망을 거절하시고, 다만 선지자로서 자신의 제사장적 중보사역을 실행하기 위해서 높은 산으로 오르신다(요 6:15). 이 때에 제자들은 바다에서 역풍을 만나 앞으로 나아고자 하지만 제자리에만 맴돌면서 매우 고전하게 된다. 즉시 예수님은 모든 시련과 난관을 밟고서 제자들에게 오셔서 합류하신다. 그러자 그들이 가고자 한 땅에 이르게 되었다. 이처럼 주어진 이 세대를 위해서 정해진 영적 질서와 환경에 대한 작은 그림을 통해서, 예수 그리스도의 겸손과 또한 그리스도의 교회를 위한 대제사장적인 사역을 엿보게 되며, 또한 교회의 양식과 생명의 힘을 공급하시는 주님의 모습을 보게 된다. 따라서 우선 예수 그리스도의 하늘에서 내려오심과 성육신이 "만나"와 "하늘에서 내린 참 떡"으로 묘사되어 있다. 그 다음에, 자신을 희생하심으로써 생명을 주신 일을 생명의 떡을 우리에게 주신 것으로 묘사되어 있다. 따라서 신자들은 그리스도의 살을 먹고 그분의 피를 마심으로써, 그리스도로 인하여 살아가게 된다. 그리고 마지막으로 "그러면 너희가 인자의 이전 있던 곳으로 올라가는 것을 볼 것 같으면 어찌 하려느냐?"는 질문으로 요한복음 6장은 끝나게 된다. 우리가 이미 살펴보았듯이, 이것은 요한복음 7장의 서론에 해당한다. 이 부분은 인자가 세상에 자신을 나타내실 때가 아직 이르지 않았으며, 인자로서 주님이 얻으신 영광에 대한 증인으로서 성령님을 아직 신자들이 선물로 받지 못한 사실에 대한 배경을 제공해준다. 게다가 요한복음 7장이 가지고 있는 특징들의 기반을 설명하고 있다. 다시 반복해서 말하지만, 이것은 요한복음이 성령에 대해서 우리에게 가르치고 있는 순서를 보여준다.

105

우리 하나님의 영의 역사와 연관된 또 다른 중요한 요소가 있다. 그것은 성령님의 통일성 있는 역사 즉 그리스도의 몸과 관련해서 일하시는 성령님의 역사에 대한 것이다. 성령님은 몸의 하나됨을 유지하는 방향으로 일하시고, 또 그 하나됨을 핵심으로 일하실 뿐만 아니라, 다양한 은사를 허락하심으로써 일하신다. 따라서 성령님이 그리스도의 몸된 교회 안에 임재하시는 것과 신자 개인 안에 내주하시는 것에는 차이가 있다.

전체적인 은혜의 경륜 속에서 이러한 차이점을 인식하는 것은 매우 중요하다. 하나님의 영은 신자에 대해선 그 속에 거하시는 위대한 보혜사이시지만, 세상에 대해선 책망하며 증거하시는 하나님의 증인이시다. 물론 세상은 성령님을 받지 못한다.

이러한 차이점은 그리스도께서 하늘에 들어가서 서있는 상대적인 특징에 근거하고 있다. 첫 번째, 아버지와의 관계에서 아들로서 그리고 우리와의 관계에서 우리를 양자 삼아 많은 아들들이 된 우리와 맺고 계신 관계이다. 두 번째, 하나님과의 관계에서 몸인 교회의 머리로서 그리스도의 충만인 몸된 교회와 맺고 계신 관계이다. 우리는 성경이 이것들을 모두 분명하게 그리고 구별하여 말하고 있는 것을 확인할 수 있다. 한편으로 주 예수님은 아버지와 거룩한 관계를 유지하시면서도 양자됨에 의해서 우리를 그 친밀한 관계 속으로 이끄신다. 다른 한편으로, 그리스도께서는 자신의 인성에 속한 인간적인 성품과 그에 따른 그리스도의 직분과 연결된 관계 속에서, 하나님을 자신의 하나님으로 표현하고 계신다. 이 둘 사이의 차이점은 찬송 받으실 우리 주님이 이 세상을 떠나가심으로써 시작되었다. 그리스도께서는 구속을 완성하심으로써, 구원받은 사람들을 아버지와의 관계 속에서 자신의 형제로 삼을 수 있게 되었을 뿐만 아니라, 양자됨에 의해서 자기 아버지 집에서 그들을 흠 없는 아들들로 세울 수 있게 되었다. 이제 주님은 몸된 교회에서 머리의 위치를 차지하고 계신다. 전에 땅에 속한 왕국에서 육체를 입고 계실 때에는 자신을 만지지도 못하게 했고, 또 경배하지도 못하게 하셨다. 왜냐하면 아직 아버지께로 올라가지 못하셨기 때문이었다. 이제 승천에 의해서 자신의 영광의 충만을 나타낼 수 있게 되었고, 이제 그처럼 높은 영광에 뿌리와 근원을 가지고 있는 아버지의 나라가 영광 가운데 임할 수 있게 되었다. 자신의 친구들(제자들)을 역사상 최초로, 아들과 형제의 자리에 올릴 수 있게 되었다. 그리고 그들에게 "내 형제들에게 가서 이르되 내가 내 아버지 곧 너희 아버지, 내 하나님 곧 너희 하나님께로 올라간다 하라"(요 20:17)고 말씀하셨다. 이처럼 두 가지 관계를 설정하심으로써, 주님은 자신의 제자들을 자신의 자리(위치, 신분)에 올리신 것이다.

106

그리고 나서 주님은 자신이 이루신 사역의 진실과 효력을 능력 가운데 나타내시고자 높은 하늘에 오르셨다. 이렇게 해서 죄를 제거한 피의 가치 뿐만 아니라 아버지 앞에서 그리스도의 위격의 영광도 빛나게 되었다.

요한복음에서 하신 주님의 진술은 실상은 내가 이미 언급했던 차이점에 기초하고 있으며, 다른 많은 성경구절들이 이 사실을 뒷받침하고 있다. 예수님이 세상을 떠나 아버지께로 가시고, 또 우리를 아버지와 아들과 함께 하는 사귐 가운데 두시고, 또한 주님이 높은 곳에서 우리를 위해 대언하고 계시는 이 모든 것은 분명 신약 시대의 특징들에 대한 새로운 계시이다. 이것과 연결된 또 다른 중요한 요소가 있는데, 곧 그리스도께서 취하신 위치와 연관이 있다. 그리스도는 하나님의 영광, 곧 아버지의 영광의 계시자이시다. "나를 본 자는 아버지를 보았거늘."(요 14:9) 장차 그리스도는 아버지의 영광 가운데서 나타나실 것이다. 지상에 계시는 동안 그리스도는 하나님이 육신으로 나타나신 분이셨다. 따라서 그리스도는 "하나님의 영광의 광채시요 그 본체의 형상" (히 1:3)이시다. 그리스도께서 소유하신 영광은 또한 아버지의 독생자의 영광, 곧 아들의 영광이었고, 또한 "아버지 품속에 있는 독생하신 하나님이 나타내"신 영광이었다(요 1:18). 성경은 이에 대해 "아버지께서는 모든 충만으로 예수 안에 거하게"(골 1:19) 하셨고, 선하신 뜻 가운데 "(그리스도 안에) 신성의 모든 충만이 육체로 거하"도록 하셨다고 말한다(골 2:9). 따라서 우리는 주 예수님의 위격을 보면서, 모든 면에서 하나님의 영광이 나타난 것을 보게 된다. 이제 그리스도는 하나님 안에 감취어 있다. 이것이 바로 그리스도께서 지금 취하고 계신 위치이다. 따라서 성령님은 그리스도께서 들어가신 영광에 대한 증인이시며, 그리스도께서 얻으신 영광의 발현으로서 세상에 보내심을 받은 것이다. 그리스도의 영광은 아직 이 땅에 가시적으로 나타나지는 않았지만, 천상에서는 영광과 존귀로 관을 쓰심으로써 영화롭게 되셨다. 따라서 성령님은 세상을 향해 그리스도께서 얻으신 영광스러운 직분(His title)에 대한 보증이자 증거가 되신다. 지상에 있는 교회는 이러한 그리스도의 영광으로 가득한 처소이자 이 영광을 맡은 보관소이다. "그가 내 영광을 나타내리니 내 것을 가지고 너희에게 알리겠음이니라 무릇 아버지께 있는 것은 다 내 것이라 그러므로 내가 말하기를 그가 내 것을 가지고 너희에게 알리리라 하였노라."(요 16:14-15)

107

이제 하늘로서 보내심을 받은 성령님은, 그리스도께서 우리를 위해 하늘에서 아버지 앞에서 하시는 일의 증인이시며, 또한 세상을 향해 하나님의 부르심의 소망이 무엇이며 성도 안에서 하나님의 기업의 영광의 풍성을 증거하시는 그리스도의 직분(His title)을 소개하시는 메신저이시다. 이러한 일들을 아는 기쁨과 증거는 현재적인 성령의 사역들 가운데 많이 혼합되어 있기는 하지만 구분되어 있는 것도 사실이다. 예를 들어서, 그리스도 안에서 아버지 앞에서 아들로서 서있는 나의 지위는 나의 마음을 충만하게 하고, 나를 이러한 일의 증거와 증인으로 만들어준다. 만일 주님이 이것을 전달하기에 능한 은사를 주심으로써 함께 하신다면, 교회에겐 축복과 위로가 된다. 기쁨을 만끽하고 있는 나의 영혼에게서 흘러나오는 능력은 이것을 적절히 표현하도록 해준다. 왜냐하면 성령님은 이러한 역사 가운데 활동하시기 때문이다. 그러므로 성경은 이것을 "그 배에서 생수의 강이 흘러나리라"(요 7:38)고 말하고 있다. 이러한 경험들은 각자마다 다를 수 있다. 이는 사람마다 이러한 것들이 자기 영혼에 나타나는 모습은 다르지만 그러한 것들을 누리고 경험하기 때문이다. 이러한 경험들을 다른 사람들에게 전달하는 은사를 받지 못했을 수 있지만, 깊이 있게 체험하는 것은 가능하다. 이 두 가지(영적인 경험과 이 경험을 표현하는 은사)는 서로 연결되어 있기는 하지만 별개의 것이다. 이러한 경험을 증거할 수 있는 은사를 가진 사람은 그리스도의 복된 것들을 (말로 표현하는 일 뿐만 아니라) 듣는 일에 더욱 풍성한 기쁨을 만끽하는 것을 목격하곤 한다. 그리스도 안에 있는 신령한 복들을 인식하고 누리는 일은 그것을 말로 표현할 수 있는 능력에 기여한다. 그러므로 나는 이 두 가지 요소가 서로 혼합되기도 하지만, 서로 구분되는 것임을 분명히 하고자 한다. 주님이 허락하시면 이 둘을 구분할 수 있을 것이다.

요한복음의 전반부 본문들을 보면 확연히 구분되는 특징이 있는데, 그것은 보내심을 받은 성령님은 생명의 능력, 교통의 능력, 그리고 상호소통의 능력으로 소개되고 있다는 점이다. 요한복음의 후반부 본문들과 다른 성경의 본문들은 성령님이 보내심을 받아 이 세상에 오시는 이유에 대해서 특별히 언급하고 있는데, 왜냐하면 제자들은 그리스도께서 세상을 떠나 부재하심으로써 생기는 상황을 현재적인 사실로 받아들여야만 했기 때문이다. 따라서 성령님은 하나님 안에 감추이게 될 그리스도의 신비로 인해 초래하게 되는 새로운 관계의 유지자로서, 또 다른 보혜사로서 보내심을 받은 것이다. 아버지와 아들과 함께 하는 생명의 교통과 인자가 영광에 들어가게 된 일에 대한 전달 등은 복된 실상이면서도 서로 다른 별개의 사안이다. 하지만 이 두 가지 사안은 제자들이 새로이 맞이하게 된 세대에 대한 계시나 또는 그러한 세대들이 내포하고 있는 새로운 관계에 대한 전시(display)도 아니다. 물론 보다 성숙한 영혼들에겐 그렇게 다가올 수도 있다. 이 의미는 요한복음의 마지막 장에서 처음으로 소개되고 있다. 우리는 이것을 또 다른 견지에서 누가복음의 마지막 부분에서 발견할 수 있다.

108

이것은 요한복음에서 제자들에게 한 다음과 같은 진술을 통해서 소개되었다. "그러나 일찍 내가 유대인들에게 너희는 나의 가는 곳에 올 수 없다고 말한 것과 같이 지금 너희에게도 이르노라."(요 13:33) 그리고 그 다음 장에서 주님은 제자들에게 위로의 말씀을 하신다. "너희는 마음에 근심하지 말라 하나님을 믿으니 또 나를 믿으라 내 아버지 집에 거할 곳이 많도다 그렇지 않으면 너희에게 일렀으리라 내가 너희를 위하여 처소를 예비하러 가노니 가서 너희를 위하여 처소를 예비하면 내가 다시 와서 너희를 내게로 영접하여 나 있는 곳에 너희도 있게 하리라 내가 가는 곳에 그 길을 너희가 알리라."(요 14:1-4) 분명 제자들이 처한 상황에서 주님이 함께 있는 것보다는 떠나가시는 것이 더 좋은 일이었다. 물론 제자들은 주님이 가시는 곳과 가시는 길을 알고 있었다. 이것은 주님이 설명하신 것처럼, 그들이 아버지를 알았고 또 주님을 알았기 때문에 일어난 일이었다. 예수님은 아버지 안에 계셨고, 예수님 안에는 아버지가 계셨다. 따라서 주 예수님의 위격을 알고, 또 아버지와 주님의 하나됨을 아는 지식, 곧 주님은 아버지 안에 있고 또 아버지는 주님 안에 있음을 아는 지식은 제자들로 하여금 신앙의 새로운 지평 안으로 들어가게 했다. 이처럼 제자들이 예수님을 아는 생생한 지식을 통해서 새롭게 들어가게 된 복된 신앙의 지평이 이렇게 선포되었다. 하지만 이렇듯 새로운 신앙의 지평이 소개되었지만 그 실제를 누릴 수 있는 능력은 아직 주어지지 않았다. 다만 믿음의 목표로서, 아들을 통해서 아버지를 아는 것이 소개되었고, 또 주 예수님의 높아지심으로 인해서 세상에 하나님의 영광이 나타나는 것이 소개되었을 뿐이다. 그리고 주님은 축복을 받는 방법으로서 아버지께 대한 순종을 천명하시면서, 제자들에게 보혜사를 보내시고자 중보자의 자리를 차지하신다. 또 다른 보혜사이신 성령님은 주님이 하셨던 것처럼 제자들을 떠나지 아니하실 것이며, 영원토록 그들과 함께 하실 것이다. 이것이 바로 제자들이 처음부터 들었던 것으로써, 곧 아버지와 그 아들 예수 그리스도와 함께 하는 사귐의 능력이다. 우선 아버지와 아들이, 그리고 아들과 아버지가 함께 하는 사귐이며, 그 다음에 아버지와 아들 모두와 함께 하는 사귐이다. 이러한 사귐은 제자들 속에 내주하시는 성령님, 곧 보내심을 받은 보혜사를 통해서 가능하다. 제자들은 주님이 가시는 곳에 갈 수 없었기에, 주님이 다시 오셔서 그들을 자기 아버지 집으로 데리고 가실 때까지 성령님을 보내셔서 그들 속에 거처를 삼게 하신 것이다.

109

요한복음 14장은 우리에게 축복을 주는 장이다. 이 장은 아들을 통해서 아버지와 아들을 아는 지식에 이르게 해준다. 순서상 아들에 대한 순종이 먼저 온다. 우리는 그리스도의 중보를 통해서 능력으로 내주하시는 보혜사를 경험한다. 신자 속에 성령께서 임재하신 결과로서 제자들은 주님이 아버지 안에 계셨듯이 자신들이 주님 안에 있고 또 주님은 자신 안에 계신 것을 알게 된다(요 14:20). 이것은 (신자를 향한) 그리스도의 중보사역 보다 훨씬 더 나은 축복이며, 또한 이러한 성령의 내주하심은 중보사역의 결과이다. 이것은 아버지와 아들이 와서 신자들 속에 거처를 만드신 결과로 더해진 것이다(요 14:23). 요한복음 14장에서는, 중보의 효력에 대해서 제자들이 얼마나 알고 있었는가와 상관없이 그리스도는 중보자의 자리 이상으로 나아가지 않는다. 그러므로 그리스도는 제자들에게 아버지께서 성령을 자신의 이름으로 보내실 것과 성령님은 주님이 하신 모든 말씀과 교훈들을 생각나게 할 것에 대해서만 언급하신다.

이 요한복음 14장은[4] 우리가 누리는 현재적인 축복의 근거를, 아버지, 아들, 그리고 성령의 자리를 제시한 후에 그 기초부터 놓고 있다. 이것은 요한복음의 나머지 장들과는 상당히 차별화되는 특징이다. 믿음의 대상으로 그리스도의 위격과 그리스도의 중보에 대해서 소개하고 있다. 요한복음 15장에서, 우리는 이 땅에서 조차도 이스라엘이 참 포도나무가 아니라, 그리스도께서 참 포도나무이심을 본다. 그리스도의 공생애 동안, 이스라엘은 그 사실에 대한 증인이 되어야 했다. 그들은 충분히 그 사실을 목도했다. 머리로서 하늘로 오르신 후에, 성령님이 오셨다. 이는 천상에 계신 그리스도로[5] 말미암아 보내심을 받았기 때문이다.

110

이제 요한복음 14장에서, 중보자의 이름으로 성령을 보내시는 분은 아버지가 아니다. 그리스도의 영광과 연결되어서, 그리스도의 영광을 증거하기 위하여, 아버지에게서 나오시는 보혜사를 아버지께 구하여 보내시는 이는 바로 주 예수님이시다. 이 사실을 여기서 주목하는 것은 중요하다. 이 사실과 연관된 내용들은, (하나님을 그의 하나님, 그리고 우리의 하나님으로 부르시는) 주 예수님과의 관계 속에서 이 땅에서 펼쳐지게 될 성령님의 역사와 매우 밀접한 관계가 있다. 인자로서, 은혜를 인해서 자신을 영광 가운데 우리와 연합시키셨지만, 주님은 결코 모든 세대에 걸쳐 최고의 영광스러운 신분인 아들의 신분을 버리신 일이 없다. 지극히 높으신 주님이 봉사와 순종 때문에 가장 낮은 자리에 앉으신 것은, 모든 세대 가운데 최고최상의 원리에 기초한 것이었다. 그러한 행동들이 의미하는 바는 제자들도 그 낮은 자리에서 능력을 얻도록 하기 위한 것이었다. (성령의 증거는 제자들로 하여금 그 자리를 얻도록 하기 위한 것이다.) 여기 요한복음 14장에서 그리스도는 여전히 그 자리를 유지하고 계시면서, 그러한 목적을 위해서 성령님을 보내고자 하신다. 이것은 성령님을 보내시는 가장 중요한 목적이다. 성령님은 아버지께서 자신이 자녀 삼으신 모두를 (그리스도와의 연합의 결과와 증거에 의해서) 아들의 위치에 두기를 바라신다는 사실을 증거하신다. 그리스도와 더불어 우리 자신이 아들의 자리에 서 있는 것은 은혜로 말미암은 것이다. 이러한 은혜의 역사는 개인적으로 아버지 앞에서 아들들이 되는 것이 아니라, 하나님 앞에서 머리되신 주님과 한 몸으로 연합되는 것을 의미한다.

이 차이를 주목하는 것이 중요하다. 왜냐하면 능력을 받아 사용하는 것은 그 능력이 흐르는 그리스도의 몸된 교회의 상태에 의존하고 있기 때문이다. 몸이 머리와 연합되지 않았다면, 보내심을 받은 성령의 증거는 있을 수 없다.

이것이 교회의 상태와 연관된 특징이다. 그리스도 안에 있는 교회의 지위는 모든 세대 위에 뛰어난 것으로, 하나님 아버지와의 관계에서 아들의 지위를 차지하는 것이다. 교회는 때가 되면 주어진 사명을 통해 그 모습을 나타낼 참이었다. 이 땅에 대한 새로운 세대의 모든 책임을 단체적인 몸을 통해 감당하게 될 것이다. 따라서 요한복음에 계시된 복음은 창세기보다 먼저 시작되었고, 다양한 세대가 가지고 있는 서로 다른 모습들의 배경을 잘 이해할 수 있게 해준다. 창세기에는 "태초에 하나님이 천지를 창조하시니라"(창 1:1)고 되어 있고, 요한복음에는 "태초에 말씀이 계시니라"(요 1:1)고 되어 있다. 이 말씀에 의해서 만물이 창조되었다. 따라서 교회는 그 존재 또는 실존과 그 천상적인 충만성을 이 모든 주권을 가진 존재에게서 찾게 되며, 그 존재 목적이 인자(the Son of man)가 거절당한 결과에 기인하고 있음을 보게 된다. 인자께서는 모든 자연적인 세대 가운데서 의로운 면류관으로서 높임을 받으셔야만 했지만, 그렇지 못했다. 하지만 부활하신 후 모든 세대 위에 뛰어난 위치를 차지하신 주님은 구속함을 받은 교회(the redeemed Church)를 자신과 연합시키셨고, 아버지와 아들의 관계 가운데 두심으로써 (그리스도와 차별 없이) 동일한 사랑을 받는 특권의 자리에 앉게 하셨다. 성령님은 이 사실에 대한 증인과 능력으로서 하나님의 보내심을 받으신 것이다. 이러한 성령님의 사역과 역사는 모든 세대 위에 가장 뛰어난 것이며, 그토록 높이 오르신 그리스도에 대한 증거를 중심으로 하고 있다. 이 점이 여기서 사도 요한이 강조하고자 하는 바이다. 이제 머리 되신 그리스도와 몸된 교회의 나타남은 (뿐만 아니라 그리스도와 연합된 교회가 가진 영광의 나타남도) 교회의 순종과 이 땅에서 그 사실을 드러내는 신적인 도구로서의 적합성에 달려 있다. 높이 오르신 머리되신 주님이 입으신 찬란한 영광과 그 사실을 아는 것과 그리고 영화를 입고 계신 주님과의 연합의 확실성은 구분되어야 한다. 그럼에도 몸된 교회와 그 머리되신 그리스도는 지상에서 전개되며 또한 인간에게 책임이 있다는 하나의 세대적인 문제가 아니라 영속성을 가진 계시의 문제임을 알아야 한다. 이 사실을 입증하기 위해 영광이 나타났고, 이러한 영광은 모든 세대 위에 빛을 발하고 있다. 이는 그 머리되신 그리스도와 및 연합된 몸으로서의 교회 때문이다. 게다가 이러한 사실로 인해서 기쁨과 영광을 인식하는 문제는, 성령님이 교회 안에서 그리스도의 영광을 증거하시는 영속적인 사실에 달린 것이 아니라, 교회의 순종과 그 일관성에 달려 있다. 따라서 요한복음 15장에서 주님은 "내가 아버지의 계명을 지켜 그의 사랑 안에 거하는 것같이 너희도 내 계명을 지키면 내 사랑 안에 거하리라"(요 15:10)고 말씀하고 있다. 아들이 아버지의 사랑 안에 거하심에는 아무 문제가 없다. 하지만 지상에서 전개되는 새로운 세대는 지상에서의 순종여부에 모든 것이 걸려 있다. 그리스도에게는 완전한 순종이 있었고, 그 결과는 아버지의 사랑 안에 온전히 거하는 것으로 나타났다. 우리에게는 지속적인 실패가 있을 수 있지만, 그에 따른 결과가 나타날 것이다.

111

우리는 성령님의 증거가 예수 그리스도의 영광에 대한 것임을 이미 살펴보았다. 아들의 이름으로 아버지에게 의해서 보내심을 받은 성령님은 아버지와 아들과의 연합과 교통케 하는 능력이 되시며, 제자들로 하여금 그 두 가지 축복을 충만히 누리게 해주는 원동력이시다. 성령님을 통해서 신자는 아버지와 아들의 임재를 기뻐할 수 있다. 높임을 받으신 사람이신 아들에 의해서 아버지께로부터 보내심을 받은 성령님은 그리스도의 영광의 증인이시며, 또한 아버지께서 이제 거룩하신 분이시지만 거절당하신 그리스도를 얻게 된 사실을 증거하는 분이시다.

112

이미 살펴본 특징들을 통해서, 우리는 요한복음 16장에서 말하고 있는 성령님과 우리에게 제시된 증거가, 신약성도들이 소유하게 된 확고한 분깃이며 또한 그리스도께서 들어가신 영광에 대한 절대적인 증거임을 보게 될 것이다. 이 사실이 교회의 근간을 이루며, 또한 교회를 떠받치는 기둥 역할을 한다. 교회가 받은 축복을 기쁨으로 누릴 수 있는가 여부와 그 기쁨의 정도는 온전히 순종에 달려 있긴 하지만, 그렇다고 순종여부가 교회의 근간이 되지는 않는다. 성령님은 완전한 하나님의 아들이신 그리스도의 순종을 아버지께서 받으신 사실과 그리스도의 위격의 영광에 대한 증인이시다. 이를 통해서 하나님 우리 아버지 앞에 서 있는 우리의 현재적인 신분을 확립했다. 이것이 교회의 자리이다. 교회는 하나님의 아들이신6) 예수님을 거절한 세상과는 달리, 은혜로 말미암아 성령님의 역사를 통해서 이 자리를 소유하고 있다. 따라서 주 예수님을 순종하는 제자들이 증거의 도구이 긴 하지만, 이러한 것들이 증거에 앞서 우선적으로 고려해야 할 사항으로서 제시되었다. 우선적 고려사항이란 바로 세상을 책망하시는 성령님의 증거이다. 성령님은 그리스도의 영광의 증인으로서 이 세상에 오셨다. 다시 말해서, 이 세대 안에서 영속적으로 힘 있게 역사하시는 능력으로서 이 세상에서 자신의 임재를 통해서 증거하시는 성령님이 가지고 있는 절대적인 특징은 바로 성령님께서는 하나님 앞에서 온 세상을 정죄하기 위해서 오셨다는 사실에 있다. 왜냐하면 세상은 아버지께서 세상을 사랑하심으로써 세상에 보내신 아들을 거절했기 때문이다. 하나님은 예수님을 향해서 "이는 내 사랑하는 아들이니"(막 9:7)라고 말씀하셨다. 하지만 세상 사람들은 그분을 쫓아내었다. 세상 사람들이 그리스도에게 한 일, 즉 "그는 멸시를 받아서 사람에게 싫어 버린 바"(사 53:3) 된 일에 대해서 아무도 이의를 제기할 사람이 없다. 하나님의 모든 은혜와 사람의 모든 의로움이 하나님의 아들에게서 나타났다. 그럼에도 세상 사람들은 마땅히 흠모해야할 그리스도에게서 아무런 아름다움을 보지 못했다. 주님이 나타내신 은혜와는 달리 세상은 그리스도와 아버지 하나님에 대한 적대감을 드러낼 뿐이었다. 그들은 복되고도 온전한 주님의 행실을 보고도 까닭 없이 그분을 미워했던 것이다.

113

요한복음 17장에서 주님이 아버지께 기도하시는 것은 이러한 엄숙한 근거에서 하는 것이다. 자녀들을 위하여, 주님은 거룩하신 아버지의 돌봄을 요청하고 계신다. 그리고 세상에 대하여, 주님은 의로우신 아버지의 심판을 호소하신다. 주님과 세상은 이제 서로에 대하여 적대적인 관계에 놓여 있다. "의로우신 아버지여 세상이 아버지를 알지 못하여도 나는 아버지를 알았사옵고 저희도 아버지께서 나를 보내신 줄 알았사옵나이다." (요 17:25) 복되신 하나님의 아들께서 하늘로 들어가신 결과로 보내심을 받은 성령님은 세상이 아들을 믿지 않는 치료할 수 없는 죄 가운데 빠져 있음을 입증하고 계신다. 세상은 불신의 죄 외엔 없다. 세상은 죄악 가운데 있다. 세상에 의(로움)은 없다. 홀로 의로우신 분이 거절을 당하고 쫓겨 났으며 죽임을 당했다. 하나님은 그것을 막지 않으셨고, 예수님도 그러한 세상을 향해 저항하지 않으셨다. 왜냐하면 그보다 더 큰 목적을 이루시려는 뜻이 있었기 때문이다. 죄의 증거는 너무도 분명했으며, 부인할 수 없을 만큼 확연했고, 세상은 회복불가능 상태에 빠져있었을 뿐만 아니라, 죄의 정점에 있었다. 세상은 은혜로우신 주님의 존재 자체를 혐오했기에, 사람의 의로움을 하나님 앞에서 주장할 수가 없었다. 이 세상에 있는 사람에게선 의를 찾아볼 수 없었다. 오직 죄만이 있을 뿐이었다. 하나님은 의로운 사람이시며 하나님의 아들이신 주님을 높은 하나님의 보좌로 영접하셨고, 정죄받은 세상으로 하여금 그렇게 겸손으로 오신 주님을 더 이상 볼 수 없게 하셨다. 이 사실은 예수님이 하늘에 계신 결과로, 이 세상에 보내심을 받은 성령님의 존재에 의해서 확증된다. 아직 시행되지는 않았지만 심판은 세상이 정죄받았음을 입증한다. 왜냐하면 사람들을 충동하여 그리스도를 대적하게 했던 사탄은 이제 세상에 의해서 임금으로 군림하고 있다. 하지만 사탄은 이미 심판을 받았다. 나머지 사람들은 심판의 날을 기다리고 있다. 따라서 성령님의 존재는 이 모든 일을 통해서 세상을 책망하며, 여기서 그리스도께서 들어가신 천상의 영광을 증거한다. 성령님은 바로 그리스도를 거절한 세상을 향해서 증거하신다.

제자들에게 성령님은 축복 자체이다. 성령님은 그들을 모든 진리 가운데로 인도하신다. 여기서 모든 진리란 성령님이 오시기 전까지 그들이 증거할 수 없었던 진리, 곧 그리스도의 영광과 연관된 진리를 가리킨다. 성령님이 오신 결과, 그들이 알고 또 붙들고 있던 모든 것이 무너졌다. 성령님은 그들을 모든 실제적인 진리로 인도했을 뿐만 아니라, 장래 일(또는 장차 될 일)을 보이셨다. 그것은 바로 교회가 가진 축복, 교회가 소유하고 있는 축복과 세상에 대한 하나님의 섭리였다. 아버지께서 가진 모든 것은 다 그리스도의 것이다. 성령님이 세상에 대해서, 그리고 제자들과 더불어 하시는 역사는 그리스도의 영광을 증거하는 것이다. 만일 은혜로 말미암아 사람이 세상에 대한 증거를 받아들인다면, 그 증거에 순복한다면, 그래서 세상을 버리고 제자들과 함께 그리스도를 따른다면, 그 사람은 성령님의 보다 진보된 사역의 대상이 될 것이며, 아버지께서 소유하신 만물의 계승자(또는 후사)이신 그리스도를 영광스럽게 해드리기 위해서 인도하시고, 계시하시는 성령님의 도구가 될 것이다. 이것이 바로 제자들 속에 영원토록 함께 하시는 보혜사 성령께서 교회가 휴거되어 하늘에서 그리스도의 영광을 누리고, 또 세상이 실제적으로 심판을 받을 때까지, 지상에 있는 교회가 미리 맛볼 수 있도록 계시하시는 (그 정도가 어떠하든지) 그리스도의 영광에 대한 보혜사의 사역과 봉사인 것이다. 장차 하늘에서는 이러한 주제들에 대해서 성령님의 증거가 필요치 않을 것이다. 물론 그곳에서도 성령님은 여전히 천상의 축복을 누릴 수 있도록 신자에게 주신 영원한 능력이시다. 그곳에서는 하나님의 영광이 그들과 함께 하게 될 것이다.

114

성령님의 존재는 하나님 앞에서 영광 중에 계신 그리스도의 영광과 연관이 있다. 이것을 위해서 성령님은 종으로서 일하시면서, 자신에 대해 말씀하시는 것이 아니라, 오직 자신이 듣는 것을 말씀하신다. 무슨 도구를 사용하시든지, 이것이 주제이며 능력이다. 성령님은 이러한 그리스도의 영광을 증거하는 봉사에 신실하시다. 그렇게 하셔야만 한다. 이는 그리스도께서 영광을 받으시는 것이 지극히 합당하기 때문이다. 이 사실이 그리스도의 영광을 증거하는 사역의 당위성을 제공한다. 교회는 최선을 다해서 이 사역을 감당해야 한다. 이것이 교회의 기쁨이다.

이 모든 것을 위해서 성령님은 높은 곳에 오르신 그리스도를 대신하여 보내심을 받았으며, 따라서 땅에 있는 그리스도의 대리자로 설명되고 있다. 이렇게 성령님과 그리스도의 위격은 서로 구분되고 있다. 그리스도의 위격의 영광은 복음서의 중요한 주제이다. 복음서는 세상을 그리스도를 거절한 존재로, 제자들을 은혜로 그리스도를 영접한 존재로 그리고 있다.

요한복음 20장에서 성령을 주신 일은 이미 말해온 특징들의 결과이다. 요한복음 20장 전체는 이 세대의 특징을 간략하게 보여주는 그림과 같다. 이는 교회의 머리와 연합된 몸에 대한 계시가 아니라, 아버지께서 그리스도를 보내신 것처럼 성령님을 보내시는 그리스도의 위격에 대한 계시이다. 그리고 부르심을 받은 제자들이 수행해야 하는 사역의 핵심과 제자들이 선교를 수행하는데 필요한 능력을 주시는 부활하신 그리스도의 모습이다. 그리스도는 아버지께로 가셨을 뿐만 아니라, 자신이 아버지와 함께 창세 전에 가졌던 영광의 자리에 앉으셨다. 그리고 보혜사를 이 영광의 증인으로서 보내셨다. 이를 통해서 성도들에게 아들됨의 자리를 확고히 하고, 그 안에서 그리스도와의 사귐을 나눌 수 있도록 하셨다. 이제 그리스도의 아버지는 제자들의 아버지이시다. "너는 내 형제들에게 가서 이르되 내가 내 아버지 곧 너희 아버지, 내 하나님 곧 너희 하나님께로 올라간다 하라."(요 20:17) 그리스도는 몸된 교회의 머리의 자리를 받아들이심으로써, 몸된 교회의 주님으로서 모든 영적인 자원을 몸된 교회에 공급하신다. 그리스도는 이 부분에 있어서 이중적인 특징을 가지고 있다. 즉 그리스도는 주님이시면서, 자신에게로 연합된 몸의 머리이시다. 하지만 성령님은 창조 때부터 지금까지 모든 하나님의 역사에서, 하나님의 뜻을 수행하는데 합당하고도 적합한 수행자이시다.

115

몸의 머리로서, 주 예수님은 교회를 자신과 더불어 영광을 나누는 존재로 높이신다. 게다가 주 예수님은 이 모든 일에 있어 하나님의 능력을 베푸시는 일의 주관자이시다(엡 1:19-23을 보라). 그리스도는 하나님의 힘의 강력으로 죽은 자 가운데 다시 살리심을 받았기에 하나님의 능력의 수혜자이시지만, 그럼에도 여전히 주님이시다. 주 예수님이 하나님의 능력을 받으신 것이 사실이긴 하지만 (왜냐하면 주 예수님이 자신을 낮추시고 사람이 되셨지만, 하나님은 그를 지극히 높이셔서 모든 이름 위에 뛰어난 이름을 주셨기 때문이다.) 모든 신자는 예수님이 참 하나님이시며 영생이시라는 사실에 주 예수님을 믿는 믿음의 근거를 가지고 있다.

빌립보서 2장은 이 위대한 진리를 자세히 설명하고 있다. 이 복된 진리는 (그리스도께서 가지고 계신 참된 신성과 그리고 본질적으로 하나님 되심에서 나오는 가치를 포함해서) 자신을 낮추사 우리를 위해서 사람이 되시고 죽기까지 순종하심으로써 지극히 높임을 받으사 모든 입으로 주라 시인하도록 높임을 받으셨다는 사실이다. 이것은 그리스도께서 받으신 영광에 근거하고 있다. 이 글의 주제가 성령의 임재에 관한 것이기 때문에, 이 빌립보서 본문에 대해서는 더 이상 자세히 설명할 필요까지는 없을 것 같다. 하지만 이 본문은 자신을 높이고자 했으며 그래서 죽기까지 불순종했던 또는 불순종으로 인해 죽음에 이르렀던 첫째 아담과 많이 대비되고 있음을 말하지 않을 수 없다. 반면에 둘째 사람이신 주님의 역사를 보면, 주님은 자신을 높여 무슨 명성을 얻고자 하지 않았던 것을 보게 된다. 그래서 주님에게 죽음은 사람으로서 아버지 하나님을 절대적으로 신뢰하고 또 절대적인 순종의 결과로 지극히 높임을 받는 길이었다. 그러므로 하나님은 그리스도를 지극히 높이셨다.

범죄한 첫 사람 아담은 자신의 불순종의 결과로 쫓겨났다. 사실 아담은 자신을 높이되 엘로힘의 자리까지 높이고자 했다. 그러므로 이제 우리는 새 사람, 둘째 아담, 새로운 인류의 머리로서 예수님의 높아지심(the exaltation of Jesus)이라는 위대한 교리를 가지게 되었다. 이것은 시편 8편의 사람으로 하여금 "주의 손으로 만드신 것을 다스리게 하시고 만물을 그 발 아래"(시 8:6) 두신다는 예언의 성취이다.

그리스도께서 가지고 계신 만물을 붙드는 신성한 능력과 만유의 후사로서 가지신 아들의 직분은 여기서 다루지 않겠다. 이 주제는 골로새서 1장에서 볼 수 있다. 골로새서는 이중적인 머리되심을 다루고 있는데, 곧 모든 창조물의 머리되심과 교회의 머리되심이다. 이 주제는 우리가 지금까지 살펴본 성령님을 선물로 주신 일과 연결되어 있다. 성경에 계시되어 있는 성령의 역사와 능력은 별도의 것처럼 독특한 특징들을 가지고 있기 때문에 두 종류의 성령님이 있거나, 아니면 성령님이 한번에 주어지는 것이 아닌 것처럼 혼돈을 일으킬 수 있다. 한 분 성령님은 아버지와 더불어 그리스도의 아들됨의 보장과 능력(the pledge and power of Sonship)이시다. 다른 말로 하자면, 성령님은 그리스도의 주되심의 보증인(the effectuator)이시며, 그리스도의 선물의 분량에 따라 모든 지체들로 하여금 사역하도록 해주는 활력(the animating energy)이시며, 또한 온 몸을 하나로 연합시키는 권능이시다. 우리는 그리스도께서 다시 살아 부활하신 것은 보지만, 아직 영광을 얻으신 것은 보지 못하고 있다. 그럼에도 그리스도께서는 성령님을 우리에게 보내셨다. 사실 그리스도께서 영광을 받으시기 전까지는 그리스도의 주되심(Lordship)의 증인으로서 성령님을 보내실 수 없었다. 우리는 개인적인 축복에 해당하는 성령님이 주신 은사가 무엇이든지, 그 은사를 잘 활용할 수 있도록 영혼들을 준비시키고, 또 은사를 활용할 수 없을 때조차도 성령으로 충만한 하나님과의 교통과 사귐을 나눔으로써 우리에게 주신 축복을 누릴 수 있다. 이 두 가지는 별개의 사안이다. 전자는 영혼의 이해와 기쁨으로 연결되어 있기 때문에, 성령의 이전 역사들과 그리스도인의 은사 활용과는 차이가 있다. 즉 성령님이 오시기 전에는 "주 여호와가 말하노라"는 식으로 개인적으로 말씀을 받았던 선지자들은 또 다른 말씀을 받아야 했다. 참 그리스도인이 은사를 활용하는 경우 (그 순간에는 성령의 교통을 통해서 그 실제를 깨닫지 못하는 중에 사역할 수도 있긴 하지만) 그는 경험을 통해서 자신의 소유가 된 것으로, 또한 하늘에서 오신 성령님의 보증을 통해서 알게 된 것들로 사역한다.

116

이제부터는 이 주제와 관련된 성경 본문들을 찾아서 살펴보고자 한다. 이 경우 성령님은 양자의 영이 아니라 능력의 영이시다. (양자의 영을 받은 아들들은 그들 속에 역사하시는 성령님의 임재로 말미암아 하나님의 뜻을 따라 섬길 수 있는 능력을 가지고 있다.) 이러한 성령님의 임재는 단체적인 성격을 띠고 있다. 즉 성령의 역사에 있어서 공동체적인 특징을 나타낸다. 비록 그리스도의 몸에 속한 개인들에 의해 은사가 나타나는 것이긴 하지만, 좀 더 적절하게 표현한다면 성령께서는 몸의 지체로서의 개인들에게 능력으로 역사하신다. 결과적으로 만일 은사가 몸을 위해 적절히 사용되지 않는다면 (몸의 덕을 세우는 것이 은사의 목적이다) 비록 성령님이 주신 은사로 판명되었어도, 그 은사의 사용은 억제되어야만 한다. 성령님이 주신 특별한 은사는 그리스도의 영광, 곧 그리스도와 함께 하는 교회의 영광을 위하여 성령님의 전체적인 다스림과 통제 아래 복종되어야 한다. (성령의 능력은 그러한 그리스도의 영광을 위하여 사용되도록 개인들에게 허락되었기 때문이다.) 이는 그렇게 주어진 능력이 그 능력을 주신 은혜의 목적을 떠나서 사용되는 것은 불가하기 때문이다.

이러한 목적으로 우선적으로 인용하고자 하는 성경본문은 누가복음 24장이다. 거기서 그리스도는 영광 가운데 높임을 받으신 분으로 소개되어 있고 세상과 모든 사람들은 다 이 땅에 있다. 여기 누가복음에서는 마태복음처럼 "가서 모든 족속으로 제자를 삼아…"와 같은 명령이 없다. 다만 "죄 사함을 얻게 하는 회개가 예루살렘으로부터 시작하여 모든 족속에게 전파될 것"이 소개되어 있다. 이 내용은 제자들에게 처음으로 소개되고 있다. 베드로는 사도행전에서 행한 처음 설교에서 이 사명을 언급하고 있으며, 바울은 이것을 이방인들에게까지 확대시킨다.

누가복음에서 주님의 말씀은 우선 "너희는 이 모든 일의 증인이라"(눅 24:48)는 것이었다. 그리고 나서 "볼지어다 내가 내 아버지의 약속하신 것을 너희에게 보내리니 너희는 위로부터 능력을 입히울 때까지 이 성에 유하라"(눅 24:49)는 것이었다. 그 후에 주님은 제자들을 떠나 하늘로 올리가셨다.

117

　베드로의 첫 번째 설교를 살펴보자. "이 예수를 하나님이 살리신지라 우리가 다 이 일에 증인이로다 하나님이 오른손으로 예수를 높이시매 그가 약속하신 성령을 아버지께 받아서 너희 보고 듣는 이것을 부어 주셨느니라."(행 2:32,33) 그리고 나서 베드로는 시편 110편의 다윗의 증거를 인용한 후에 "그런즉 이스라엘 온 집이 정녕 알지니 너희가 십자가에 못 박은 이 예수를 하나님이 주와 그리스도가 되게 하셨느니라"(행 2:36)고 선언한다. 유대인들은 이 증거를 거절함으로 인해 마태복음의 지상대명령을 제껴 놓았다. 이 지상대명령에서는 예루살렘이 옛날부터 내려오는 수도로서의 지위에 의해서 체계적인 복음전도의 공식적인 중심이 되며 이방인은 여전히 이방인으로서 대우를 받게 된다.7)

　여기서 성령의 은사가 제시되고 있는 방식, 즉 모든 신자들에게 성령이 주어지고, 또 교회를 형성하도록 하신 특징은 매우 중요하다. 예수님은 아버지께서 약속하신 것을 보내셨다. 이것은 매우 중요한 진리이다. 하지만 어떠한 성격을 띠고 보내어진 것인가? 성령님은 제자들이 위로부터 능력을 덧입도록 보냄을 받으셨다. 우리는 성령께서 세상에 처음 모습을 드러낸 사례를 통해서 이러한 특징을 볼 수 있다. 이는 아버지와 아들들 간의 사귐을 위한 것이 아니었다. 물론 성령님은 사귐을 위한 능력이 되신다. 성령의 은사를 주신 가장 중요한 목적은 그리스도의 주되심을 높이는데 있다.

지금 우리는 누가복음과 사도행전에서 표현되고 있는 독특한 특징들에 대해 살펴보고 있다(눅 24:48,49, 행 2:32-36). 이제는 사도 베드로를 통해서 표현된, 성령께서 예수님을 증거하시면서 사용하고 있는 용어들을 살펴보자.

"이스라엘 사람들아 이 말을 들으라 너희도 아는 바에 하나님께서 나사렛 예수로 큰 권능과 기사와 표적을 너희 가운데서 베푸사 너희 앞에서 그를 증거하셨느니라 … 이 예수를 하나님이 살리신지라 우리가 다 이 일에 증인이로다 하나님이 오른손으로 예수를 높이시매 그가 약속하신 성령을 아버지께 받아서 너희 보고 듣는 이것을 부어 주셨느니라 … 그런즉 이스라엘 온 집이 정녕 알지니 너희가 십자가에 못 박은 이 예수를 하나님이 주와 그리스도가 되게 하셨느니라 하니라."(행 2:22, 32-36)

118

이 본문 전체를 통해서 우리가 분명히 알 수 있는 것은 우리의 찬송과 경배를 받으시기 합당하신 주님, 빌립보서에서 본 것처럼 자신을 낮추시고 죽기까지 복종하신 주님이 사람으로서 소개되고 있다는 것이다. 사람이신 예수님이 주와 그리스도가 되셨다. 이 사실은 우리가 살펴볼 성령님의 역사 및 성령님의 능력과 직접적으로 연결되어 있다. 그렇지만 이것이 전부는 아니다. 이 본문은 앞으로 전개될 성령님의 역사가 가지고 있는 전체적인 특징을 다 소개하고 있지는 않다. 우리는 이미 첫 번째 요소에 대해서 다루었다. "성령이 말하게 하심을 따라…하나님의 큰 일"을 증거했던 제자들은 온 세상에 사람이신 그리스도의 주되심을 선포했다. 사람들의 소동으로 인해 혼란스러운 분위기가 연출되었지만 유대인들에게 증거된 말씀은 모두에게 효력이 있는 것이었다. 유대인들은 죄 사함을 얻기 위해서 주 예수의 이름으로 세례(침례)를 받아야만 했고, 그리하면 성령을 선물로 받을 수 있었다. 왜냐하면 이 약속은 그들과 그들의 자녀와 모든 먼데 사람 곧 주 하나님이 얼마든지 부르시는 자들에게 하신 것이기 때문이다. 그리고 누구든지 기쁘게 말씀을 받은 사람들은 세례(침례)를 받았고, 그렇게 삼천여명이 더해졌다. 교회가 형성되었고, 주께서 그렇게 구원받는 사람을 날마다 더하셨다.

예루살렘에서 시작되어 하나님이 택하신 증인들을 통해 온 세상에 전파된 증거는 사람이신 그리스도 예수의 주되심에 대한 것이었다. 교회는 이 증거에 의해서 형성되었고, 주님은 그렇게 (이스라엘의 남은 자들을) 구원하심으로써 사람들을 교회에 더하셨다.

여기서 우리는 택함 받은 증인들에 의해서 선포되고 있는 그리스도의 높아지심과 주재권에 기초한 성령의 역사를 볼 수 있다. 이러한 성령의 역사는 교회의 기초를 놓는 것이며, 또한 교회를 형성하는 기둥이 되는 것이다. 이러한 특징이 모든 설교에 배어 있었다.

교회가 모일 때, 주님은 날마다 구원받는 사람들을 더하셨다. 이 본문에는 신자들이 가진 최고의 특권이 나타나 있다. 곧 신자에게 주신 성령님이 신자가 가진 최고의 특권이다. 우리는 믿을 때 하나님에 의해서 약속의 성령으로 인침을 받는다. 신자는 이렇게 계시된 자신의 분깃을 양자의 영을 통해서 자신의 새 사람에게 새기게 된다.

이제 성령의 사역은 그리스도의 능력에 대한 풍성한 증거를 통해서 나타난다. 이러한 성령의 역사에는 예수님의 재림에 대한 기대, 이스라엘이 회개를 통하여 새롭게 되는 때가 도래할 것, 그리고 세상 군왕들이 성령의 증거를 거절하게 될 것 등을 포함하고 있다(행 3장 참조). 그럼에도 제자들은 교회 안에서 역사하는 그리스도의 능력과 축복, 심판에 대한 확신을 가지고, 예수님의 부활과 높아지심, 그리고 그리스도의 증인으로서 예수님의 부활과 높아지심에 대한 그들의 증거가 거절되고 끊임없는 반대에 부딪힐 것을 각오해야 했다. 성령님은 그리스도를 순종하는 자들에게 주어졌다(행 5:32). 사도행전 6장부터는 교회의 부분적인 실패의 상황을 대비하여 성령의 능력이 나타나고 있는 현장을 볼 수 있다. 그리고 사도행전 7장에서는 새로운 증거를 가지고 성령으로 충만해진 스데반이 성령의 주권적인 권세 아래서, (민족적으로) 성령을 거스려 성령의 증거를 거절한 유대인들을 향하여 심판을 선포하는 것을 볼 수 있다. 유대인들의 역사는 그들이 하나님의 지상 체계의 중심이었던 예루살렘에서 성령의 증거를 거절하고 나서 교회가 하늘에 들어가는 것이 소개됨으로써 막을 내리게 된다. 여기에는 또한 세상을 떠나 중간 상태에 있는 성도의 영에 대한 언급이 나타나 있다. 스데반은 죽기 전에 예수님을 거절한 불행한 백성들을 향해 중보 기도를 드렸다. "주여 이 죄를 저들에게 돌리지 마옵소서."(행 7:60) 성령님은 이렇게 역사하심으로써 예수님을 주(主)로 소개하신다. 유대인들에게서 거절을 당하시고 십자가에 달리셨을 때, 주님은 예수로서 그리고 아들로서 자신을 아버지께 의탁하셨다.

119

이러한 진리들에 익숙한 사람들에 의해서 자주 발견되는 것은, 이 일을 통해서 지상 조직의 중심이요 또한 교회의 중심지였던 예루살렘이 흩어지게 되었다는 사실이다. 마태가 받았던 지상대명령도 그 본래의 사명을 잃어버리게 되었다. 메시아로서 그들 가운데 겸비한 모습으로 오신 하나님의 아들을 거절한 것처럼, 그리스도의 높아지심에 대한 성령의 증거를 민족적으로 거절한 유대 백성들과 그 통치자들 때문에, 예루살렘은 더 이상 백성들을 모을 수 있는 중심지로서의 기능을 상실하게 되었다.

그 결과로 교회는, 사도들을 제외하고는 흩어지게 되었다. 여기서 한 가지 부연하자면, 성령의 인격적인 임재가 나타나는 독특한 방식이 모든 역사 가운데 어떻게 나타났는지 제시되고 있다는 것이다. 아나니아는 성령님께 거짓말을 했으며 성령을 속이고자 했다. 사도들은 그리스도의 부활과 높아짐의 증인들이었고, 또한 하나님을 순종하는 자들에게 주신 성령님도 그러했다. 주님이 약속하신 대로 "성령으로 충만한 것"이, 우리가 사도행전에서 발견하는 매 경우마다, 그들이 증거하는 말의 능력과 원천이었다. 따라서 인격적으로 제자들과 함께 하시는 또 다른 보혜사이신 성령님은 그들의 마음에 매우 실제적인 존재였다. 아들께서 그들과 함께 계셨던 것처럼, 약속하신 대로, 성령님은 이제 그들과 함께 하셨다. 아들은 아버지의 사랑을 보여주셨고, (이제 우리는 양자의 영이신 성령에 의해서 이것을 더욱 분명히 이해하게 되었다) 성령님은 세상에 의해서 버림을 받고 죽임을 당하신 인자이신 예수님의 주권을 제자들에게 충만하게 계시하셨다.

120

이제 새로운 세대의 전체적인 윤곽과 형태가 소개되었다. 순종적인 제자인 아나니아를 도구로 해서 사울은 회심 후에 성령을 받게 되고, 다메섹에서 그리스도를 증거하기 시작한다. 이제부터 이방인들도 성령을 받게 되는데, 이것은 베드로를 도구로 해서 일어났다. 사도행전 11장, 12장, 그리고 13장은 이러한 성령의 임재와 능력이 가지고 있는 독특성이 무엇인지 보여주고 있다. 게다가 할례자의 사도인 베드로에게 천사의 사역을 통해서 하나님의 계시가 임한다. 성령을 선물로 받는 것이 하나님께서 이방인들을 받으셨다는 표시가 되었다.

사울의 부르심과 회심을 통해서 새롭고 복된 원리가 소개되었다. 그 원리는 다음과 같은 주의 말씀에 의해서 사울의 마음에 새겨졌다. "사울아 사울아 네가 어찌하여 나를 핍박하느냐?" 다른 말로 하자면, 그리스도와 교회의 하나됨과 동일성에 대한 것이다. 사도 바울이 부르심을 받은 것은 파격적인 일이었지만, 하나님의 합당한 때에 부르심을 받아 탁월한 증인과 교사가 되었다. 사실 다른 서신서들에서 유사한 진리들이 있을 수 있지만, 바울의 글 외에는 "그리스도의 몸인 교회"에 대해선 거의 찾아

볼 수 없다. 바울은 자신의 복음을 통해서 그 진리를 소개하도록 특별한 소명을 받은 것으로 보인다. 성령께서는 그리스도의 영광의 능력과 그리스도와의 연합에 대한 지식을 드러내기 위해 역사하신다. 분명한 것은 성령께서는 그리스도의 주되심을 토대로 해서 각각의 지체들 가운데서 역사하시는 다양성과 전체 몸 안에서 하나됨이 서로 조화되도록 역사하신다는 점이다. 각 경우마다 "양자의 영을 받았으므로"라는 사실이 성격상 최고 수준과 가장 축복된 특징으로 나타나게 된다. 비록 우리는 동일한 하나님의 영을 받았음에도 - 이 사실이 성도 개인들에게 참된 기쁨이다 - 우리가 가진 기쁨은 각각 독특한 개인적인 색채를 띄게 되는데, 이것은 하나님과의 사귐을 통해서 더욱 강화되는 특징을 가지고 있다. 이 하나님과의 사귐은 아버지와 함께 하는 것이기에 우리의 기쁨이 되며, 게다가 이 사귐은 우리가 아들들로서, 그 복되신 하나님의 아들이시며 많은 형제 가운데 중에서 맏아들이신 예수 그리스도와 함께 하는 사귐이다.

그리스도의 주되심과 영광, 만물의 머리이신 그리스도와 교회의 연합에 대한 통일된 증거는 매우 중요한 주제이다. 교회가 받은 축복과 그러한 연합으로 인하여 얻게 된 교회의 기업과 아울러 이러한 연합의 근거는 특별히 에베소서에서 발견할 수 있으며, 에베소서에서 우리는 교회의 축복과 기업을 보게 된다. 그리고, 하나님의 경륜과 및 창세 전에 가지고 계셨던 하나님 경륜의 원리들과 그 나타남에 대한 일반적인 순서는 고린도전후서에 나타나 있다. 따라서 고린도전후서는 여기 이 땅에서 전개되어 가는 교회의 내적인 경륜을 통해서 교회의 경영에 대한 사도적인 지침을 담고 있다고 할 만하다.

121

고린도전후서 몇 개의 장에 걸쳐 제시되어 있는 성령의 공적인 경륜을 다루기에 앞서, 그 주제와 관련된 말씀의 가르침을 살펴보고자 한다. 성경에는 일반적으로 교회의 기업에 대해서 말하고 있는 몇 개의 본문들이 있다. 부활은 성결의 영에 의해서 예수님을 하나님의 아들로 선포하는 계기를 마련했다. 예수님은 육체로는 다윗의 씨에서 나셨지만, 전적으로 다른 생명, 영, 그리고 에너지를 가지고 계신 하나님의 아들이었다. 게다가 그분의 부활은 즉각적으로 이처럼 영광스러운 특징과 증거였다. 이는 부활이 사망에 대한 승리였기 때문이다. 그분 안에 있었던 생명과 성결에 따르면, (비록 죄를 제거하기 위해 죽으셔야만 했지만) 사망 안에 갇혀 있는 것은 있을 수 없는 일이었다. 이처럼 부활과 구속의 역사를 완성시킨 권능과 승리에 의해 획득한 자유를 통해서 사람을 (이전에는 사람이 결코 이를 수 없었던) 생명의 새로운 상태 가운데서 완전한 자유와 성화를 통하여 하나님 앞에 설 수 있게 했다. 예수님은 이제 새로운 가족의 머리, 죽은 자 가운데서 부활한 첫 열매, 몸된 교회의 머리가 되셨고, 만물 가운데 으뜸의 자리를 취하시고, 부활 안에서, 지금은 아들로서 자신의 자리를 차지하셨다. 따라서 우리의 의로움(justification)은 사실 아들들로서 우리의 지위와 동일한 것이 되었고, 부활한 자로서 (특성상 부활의 성격을 가진 성결을 입은 채) 하나님 앞에서 자녀의 신분에 의해서 주어졌다. 그러므로 사도 바울이 그리스도 예수를 육체대로 알았다면, 그렇다면 주님을 그 이상으로 알기 어려웠을 것이다. 하지만 사도 바울은 그리스도를 이러한 부활의 특징으로, 즉 새로운 창조, 곧 하나님의 새로운 가족의 머리, 둘째 아담으로 알았기에 우리에게 살려 주는 영(the quickening Spirit)으로 소개되실 수 있었다(고전 15:45). 이 살려 주는 영이 우리의 영혼이 죄 가운데서 첫 아담 안에서 영적으로 죽어 있었을 때 우리를 살리신 것이다.

교회의 의로움(the justification of the Church, 교회의 칭의)이 성령님에 의해서 계시되었다. 사도 바울은 이 주제를 로마서 6장에서 죽음과 부활을 다루면서 시작한다. 그리고 나서 율법과 연관해서 로마서 7장에서 다룬다. 율법은 우리 속에 있는 "본성" 또는 "육신" 때문에 주어진 것이었다. 그리고 영적인 이해와 새로운 의지가 양심에 작용함으로써 생기는 문제에 대한 율법의 작용을 다룬다(롬 7장을 읽으라). 로마서 8장에서 바울은 성령의 임재가 우리의 도덕성과 간증에 미치는 영향을 다룬다. 이처럼 강력한 변화와 거룩한 자유의 근원에 대해 진술한 후에, 그리스도 예수 안에 있는 생명의 성령의 법 안에서, (그리스도를 죽은 자 가운데서 다시 살리신 그 동일한 권능으로 우리에게 생명의 호흡을 불어넣으셨고, 따라서 우리는 그 부활의 모든 결과에 참여하는 자 되었다. 하나님은 율법이 할 수 없는 일을 하셨다. 곧 육신에 있는 죄를 정죄하시고, 속죄의 역사로 말미암아 우리에게 은혜를 주셨다.) 사도 바울은 이러한 새로운 본성 안에 있는 성령의 능력과 특징이 무엇인지를 우리에게 교훈하고 있다.

육신 안에 있는 사람과 대조적인 특징을 가진 것이 하나님의 영이다. 이 새로운 사람의 형태와 특징을 가진 것이 그리스도의 영이다. 완전한 해방의 역사를 일으키는 능력과 힘에 의해서 그리스도를 죽은 자 가운데 다시 살리신 것은 하나님의 영이다. 이처럼 높은 수준의 도덕성과 영성을 갖게 하는 원천이, "이 사망의 몸에서 누가 나를 해방시키랴?" (롬 7:24)는 질문에 대한 응답으로 우리 안에서 해방의 역사와 참된 기독교 영성을 갖추게 해 주는 능력의 영으로 소개되고 있다.

로마서 8장에서 우리는 새 사람 안에서 가지고 있는 관계에 대한 교리가 도덕적 특성 및 능력과 더불어 소개되어 있는 것을 볼 수 있다. 즉 누구든지 "하나님의 영으로 인도함을 받는 그들은 곧 하나님의 아들" 이다(롬 8:14). 아들이면 "또한 후사 곧 하나님의 후사요 그리스도와 함께 한 후사니 우리가 그와 함께 영광을 받기 위하여 고난도 함께 받아야 될 것이다." (롬 8:17) 여기서 탄식은 우리 속에 있는 악에 대한 하나님의 심판 때문에, 다시 무서워하는 종의 영 때문에 일어나는 탄식이 아니라, 악이 가지고 있는 영향력을 우리가 인식하고 있기 때문에 일어나는 탄식이다. 왜냐하면 우리는 아들이고, 그렇기에 안전하며, 우리 자신이 후사임을 알고 있기 때문이다. 우리는 모든 피조물이 탄식하는 것을 알고 있다. 우리 또한 그 일부를 이루고 있다. 그럼에도 우리는 몸 안에서, 장차 모든 피조물이 해방될 것과 영광스러운 기업의 복됨을 아는 지각을 가지고, 그리고 피조물에 대한 동정심을 가지고서 하나님께 탄식을 표한다. 성령에 의하여 촉발된 이러한 슬픔 가운데서 그리스도와 함께 고난을 받으면서 이에 대한 실제적인 치료책으로 무엇을 구해야 할지 모르는 상황 속에서도, 다만 성령 안에서 그 감정을 표현하는 것이다. 이렇게 할 때 성령님은 두 가지 직무로써 역사하신다. 하나는 우리로 더불어 행하시는 역사이다(롬 8:16-21). 우리가 아들들이며 또한 후사로서 이 사실을 기뻐하며, 몸 안에 있지만 그럼에도 여전히 피조물 가운데서 연약함 가운데 있기 때문에 우리의 연약을 도우시는 성령의 역사이다. 다른 하나는 우리 안에서 행하시는 역사이다(롬 8:26-27). 성령님은 우리 안에서 동정심을 불러 일으키면서 슬픔의 표현으로 탄식하게 하신다. 이는 마음을 감찰하시는 하나님이 성령의 생각을 아시기 때문에 성령님이 하나님의 뜻대로 우리를 위하여 간구하는 일을 하시기 때문이다.

이와 동일한 진리를 조금 언급하고 있는 갈라디아서는 우리에게 이 진리의 기초에 대해 말해준다. 우리는 지금까지 우리가 아들이며 공동후사, 곧 그리스도와 함께 한 후사임을 살펴보았다. 성령님은 그 완성하신 구속에 대한 인(印)으로서 즉시 주어진다. 이로써 아들들은 성령의 인(침)을 가지고 있다. 성령의 인침은 그들 속에 있는 아들됨의 증거이며, 그들이 그리스도와 함께 소유하고 있는 기업에 대한 보증이다. 이것은 그리스도의 영광과 그리스도의 위격과 연결된 장래 일에 대한 계시를 통해서 알려진다. 이것은 에베소서 1장 2-14절에서 소개되어 있다.

123
하나님의 모든 약속들이 후사이신 그리스도께 속해 있다는 진리를 교훈하고 있는 또 다른 흥미로운 본문이 있다. 그것은 고린도후서 1장 20, 22절이다. "하나님의 약속은 얼마든지 그리스도 안에서 예가 되니 그런즉 그로 말미암아 우리가 아멘 하여 하나님께 영광을 돌리게 되느니라." 하나님의 모든 약속은 그리스도 안에 있다. 따라서 하나님은 그리스도 안에서 우리를 견고케 하셨고, 우리의 지식과 확신과 기쁨을 위하여, 우리에게 기름을 부으시고, 우리에게 인치시고, 또한 보증으로 성령을 우리 마음에 주셨다. 요한일서 2장 27절의 구절처럼 기름 부음을 통해서 우리는 이것을 안다. 에베소서 1장처럼 성령의 인침을 받았으며, 마음에 성령의 보증을 가지고 있다. 따라서 우리는 이제 하늘에 속한 신령한 복을 알고 있으며, 기대감으로 기뻐한다. 이는 우리가 그것을 위해 성령으로 인침을 받았기 때문이다.

이 부분은 이미 다루었기 때문에, 더 이상 언급하지 않고자 한다. 하지만 성령의 계시에 대한 지식과 성령의 계시를 받는 방법, 그리고 성령의 계시를 받아들이는 수용과 연관되어 있는 간과해서는 안되는 또 다른 관련 본문이 있다. 우리는 찬송 받으실 보혜사와 이 모든 것들을 알게 하시는 하나님의 능력에 전적으로 의존되어 있다. "하나님이 자기를 사랑하는 자들을 위하여 예비하신 모든 것은 눈으로 보지 못하고 귀로도 듣지 못하고 사람의 마음으로도 생각지 못하였다 함과 같으니라." (고전 2:9) 사람의 마음은 결코 이러한 것들을 생각할 수 없다. 하지만 하나님은 성령을 통해서 자기 성도들에게 이것들을 계시하신다. 그들은 하나님에게서 온 영을 받았기에, 알 수 있다. 그들은 성령께서 가르치시는 말씀으로 말하고, 전달한다. 신령한 일은 신령한 전달자를 통해서 전해지는 법이다. 그들은 더욱 영적으로 분별하는 사람들이다. 그들은 하나님의 영을 통해서 신령한 일들을 알고, 전달받으며, 또한 수용한다.

이에 대한 병행 구절들을 살펴보면, 몸의 하나됨 안에서 역사하시는 성령의 공동체적인 역사에 대해서 볼 수 있다. 그리스도의 주되심에 대한 증거와 그리스도의 높아지심의 특징에 대해서는 이미 이스라엘을 향해 증거한 베드로의 설교를 통해서 살펴보았다. 이에 더하여 우리는 그리스도와 교회의 하나됨에 대한 추가적인 진리도 살펴보았다. 그리스도와 교회의 하나됨의 진리는 바울의 특별한 사역의 핵심 내용이었고, 이것은 바울을 향한 다음과 같은 질문과 더불어 왔다. "사울아 사울아 네가 어찌하여 나를 핍박하느냐?" 이것은 첫째 아담의 죄가 "네가 어디 있느냐?"(창 3:9)는 두려운 질문과 함께 드러난 것과 같다. 성령의 사역이 가져다 주는 은혜의 경륜은 바로 그리스도께서 사울에게 하신 말씀 위에서 시작되었다. 성령님은 어떤 제자들을 통해서 증거되셨고, 이로써 교회가 모이게 되었다. 그렇다면 교회는 성령의 공동체적인 간증과 증거를 위한 매개물(vehicle)이 되어야 한다. 교회가 서있는 이러한 지위에 대한 계시와 및 이러한 계시를 통해서 그리고 교회의 지위에 대한 인식 및 실제성 위에 교회가 세워지는 것은 예루살렘에 있는 교회가 흩어짐으로써 시작되었고, 또한 (주님에 의해서 부르심을 받고 능력을 받아 즉시 전파했으며, 잠시 동안 사역의 일선에서 물러났던) 사도 바울에 의해서 안디옥 교회를 중심으로 사역을 일으키면서 시작되었다. 안디옥에서 바울은 그리스도께서 그를 부르신 사역으로 따로 세움을 받게 된다. 이것은 열두 사도들처럼 예수께서 육체로 계실 때에 부르신 부르심에 의한 것이 아니라, 제자들 가운데 역사하시는 성령의 권위 있는 인도하심에 의한 것이었다. 바울은 요한복음 15장 27절에서 언급하고 있는 증언와는 아무 관계가 없다. 바울의 사역은 그리스도의 영광을 보고, 또 그리스도의 입술의 말씀을 듣고 전달하는, 성령의 사역이다. 따라서 바울의 사역은 다른 사도들처럼 주님이 지상에 계실 때에 사역의 동반자로서 주님의 높아지심과 주되심의 증거를 하는 사역이 아니었다. (하나님은 이미 지상에서도 예수님을 주와 그리스도가 되게 하심으로써 높이셨다.) 바울의 사역은 영광 가운데서 자신이 보았던 그리스도의 주되심으로부터 시작해서, 예수님은 하나님의 아들이었으며 지금은 하나님의 우편에까지 높이 되신 것에 대한 증거와 전체 몸의 하나됨, 즉 유대인과 이방인의 하나됨에 대한 증거였다. 따라서 (항상 그리스도의 주되심을 선포하며 거기에 종속되는 그리스도에 대한 증거가 뒤따르는) 성령의 역사들은 하나님의 역사하심에 따라서 전체 몸의 하나됨을 강건하게 하는 것으로 작용할 수밖에 없다.

124

고린도전서 12장에서 우리는 다음과 같은 구절을 보게 된다. "형제들아 신령한 것에 대하여는 내가 너희의 알지 못하기를 원치 아니하노니 너희도 알거니와 너희가 이방인으로 있을 때에 말 못하는 우상에게로 끄는 그대로 끌려갔느니라 그러므로 내가 너희에게 알게 하노니 하나님의 영으로 말하는 자는 누구든지 예수를 저주할 자라 하지 않고 또 성령으로 아니하고는 누구든지 예수를 주시라 할 수 없느니라."(고전 12:1-3) 이 말은 누구든지 성령으로 행하는 사람은 성령님에 의해서 행하는 특징이 나타난다는 의미이다. 이는 예수께서 악한 자가 아니라 주님이심을 증거하는 이가 성령이시기 때문이다.

이러한 증거와 더불어 은사의 다양성에 대한 말씀이 주어진다. 은사가 다양하다는 것은 많은 영들이 있다는 것이 아니다. 은사는 여러 가지나 성령은 같다. 직임 또한 여러 가지이지만, 주님은 같다. (많은 주들이 있는 것이 아니다. 예수님만이 주님이시다.) 역사는 여러 가지나 모든 것을 모든 사람 가운데서 역사하시는 하나님은 같다. 많은 신들이 있는 것이 아니라 모든 것을 역사하시는 한 분 하나님이 계신다.

125

여기서 제시하고 있는 내용은 삼위일체(성부, 성자, 그리고 성령)에 대한 것이 아니다. 물론 우리는 성경의 여러 부분에서 교회가 지상에 있는 동안 교회 안에서 역사하시는 하나님, 주님, 그리고 성령에 대하여 언급하고 있음을 발견한다. 게다가 우리가 혹시라도 성령님이 하나님이 아니신가 오해하지 않도록 이 구절들을 더하고 있다. "이 모든 일은 같은 한 성령이 행하사 그 뜻대로 각 사람에게 나눠 주시느니라 몸은 하나인데 많은 지체가 있고 몸의 지체가 많으나 한 몸임과 같이 그리스도도 그러하니라 우리가 유대인이나 헬라인이나 종이나 자유자나 다 한 성령으로 세례를 받아 한 몸이 되었고 또 다 한 성령을 마시게 하셨느니라."(고전 12:11-13)

여기서 우리는 두 가지 포인트를 생각해야 한다. 그리스도의 주되심과 은사가 활용되는 섬김의 영역에서 나타나는 능력에 대한 것이 하나이고, 여러 지체들을 통해서 다양한 기능으로 역사하시는 성령님과 전체 몸의 하나됨에 대한 것이 다른 하나이다. 모든 일을 모든 사람을 통해서 일하시는 하나님의 역사는 몸의 다양한 기능들을 통해서 나타나며, 전체 몸에 기여하는 것으로 나타난다. 이는 모든 지체들의 봉사는 전체 몸의 유익을 위한 것이기 때문이다.

이 점으로부터, 우리는 우리에게 제시된 성령의 직무(ministration)의 질서를 배우게 된다. 이에 대한 추가적인 말씀들을 앞으로 살펴볼 것이다.

우선, 그리스도께서 주님이심을 증거하는 것이 최우선적인 증거이다. 더 정확하게 말하자면 예수님이 주님이시다는 것이다. 이것이 위대한 기본적인 진리를 이루고 있다. 모든 것이 여기에 종속된다. 성령님 또한 이 진리에 종속적이시다. 이것은 성령님이 복되게 증거하시는 위대한 증거이다. 이것은 사도 바울로 하여금 "우리에게는 한 하나님 곧 아버지가 계시니 만물이 그에게서 났고 우리도 그를 위하며 또한 한 주 예수 그리스도께서 계시니 만물이 그로 말미암고 우리도 그로 말미암았느니라"(고전 8:6)고 고백하게 했다.

바울은 은혜로운 신실함 가운데 그 사실을 증거했고, 이후에 모든 입술로 예수 그리스도는 주라 고백하도록 함으로써 하나님 아버지께 영광을 돌리게 했다.

바로 여기에 모든 은사의 책임이 결과적으로 달려 있다. 우리는 주 그리스도를 은사를 통해서 섬기는 종들이다. 다음의 구절을 보라. "너희는 주 그리스도를 섬기느니라"(골 3:24), "이같은 자들은 우리 주 그리스도를 섬기지 아니하고 다만 자기의 배만 섬기나니"(빌 16:18). "예수 그리스도의 종 바울"은 사도의 영광스럽고도 충성된 이름이다. 게다가 바울은 주님을 "주 곧 의로우신 재판장"(딤후 4:8)으로 보았다. 자기 육체에 있는 가시를 제거해달라고 "주께"(고후 12:8) 세 번이나 간구했다. "주 안에서 부르심을 받은 자는 종이라도 주께 속한 자유자요 또 이와 같이 자유자로 있을 때에 부르심을 받은 자는 그리스도의 종이니라."(고전 7:22)

126

성령의 은사들은 주님을 위해 사역하도록 주어진 것이며, 은사 사용에 대해서는 개인적으로 그 책임을 그리스도께 지고 있다. 반면에 무역(장사, 사업)과 같은 달란트를 가지고 있는 사람은, 몸 안에서 자신이 서있는 질서를 따라서, 몸의 머리되신 주님의 마음에 복종하는 가운데서 그것을 사용해야 하는 책임을 가지고 있다. 이것은 전적으로 개인적인 책임과 자유에 맡겨져 있다. 오직 주님께만 그 책임을 진다. 사도들에게 보고할 책임은 없다. 물론 사도들에게 의존할 수도 있고, 도움을 받을 수도 있지만, 사도들에게 보고할 책임이 있는 것은 아니다. 이는 주님의 권위가 모든 권위에 절대적으로 우위에 있고, 또한 사도의 권위

보다 더 크기 때문이다. 이것을 조심스럽게 분별하지 않는다면, 사람들과 다투게 되고 사도들은 자신의 자리를 유지할 수 없게 된다. 더 탁월한 은사 때문에 사도는 인도하고, 이끌고, 지도하고, 주님에게서 온 계시로 인해서, 교회에 (주의) 계명을 전달하지만, 지극히 작은 지체가 그리스도 주님께 지고 있는 직접적인 책임에 대해서는 아무리 작은 정도라도 또는 티끌만큼도 관여할 수가 없다. 오직 주님만이 하나님의 기업에 주인이 되시며, 또한 자신을 포도나무로 신자들은 가지로 설정할 수가 있다. 사도들은 성도의 기쁨을 돕는 자일 뿐이며, 교회의 덕을 세우는 일에 권위를 받은 것이지, 그들의 믿음을 주관하는 권세를 받은 것이 아니다. 그럼에도 주님에게서 온 은사로서 권위는 책임이 더욱 막중하다. 만일 사도가 어느 지체에게 성령으로 상담을 해주었는데, 사도의 권면을 무시한다면 그 지체에게 화가 있을 것이다. 사도가 주의 계명을 계시해주었다면, 신자는 그 계명을 순종하는 문제에 대해서 주님께 직접적인 책임을 지게 된다. 이 경우, 우리는 다음의 구절을 염두에 두고서 그 사람을 대해야 한다. "남의 하인을 판단하는 너는 누구뇨 그 섰는 것이나 넘어지는 것이 제 주인에게 있으매 저가 세움을 받으리니 이는 저를 세우시는 권능이 주께 있음이니라."(롬 14:4)

하지만 분명히 기억해야 하는 사실은 이것은 개인에게 주어진 권한에 속한 문제가 아니라는 것이다. 개인에게 주어진 권한과 같은 것은 없다. 인본주의적인 관점에서는 사람에게 주어진 자신의 뜻대로 할 수 있는 권리, 다른 사람의 간섭에 의해서 방해받지 않을 수 있는 권리가 있다. 하지만, 기독교는 이러한 생각을 전적으로 배제시킨다. 이러한 생각에 어느 정도 타협을 한다면 그럴듯한 모양새는 갖출 수 있을지도 모른다. 왜냐하면 은혜는 다른 의견을 가진 사람의 생각을 허용하고 있기 때문이다. 하지만 그러한 권리마저도 우리는 하나님 앞에서 책임을 감당해야 한다. 나 자신이 하나님 앞에서 책임을 감당해야 하는 일에 대해서 그것을 침해할 권한을 가진 사람은 아무도 없다. 기독교가 이 부분을 밝히고 있는 빛에 따르면 내가 힘쓸 일은 다른 사람의 의지(뜻)를 간섭하는데 있는 것이 아니라, 다만 무슨 일이 있어도 하나님의 뜻에 순종하는데 있다. "사람보다 하나님을 순종하는 것이 마땅하니라."(행 5:29) 이렇게 하나님의 뜻을 행하게 되면, 고난이 따라 올 수 있다. "선을 행함으로 고난받는 것이 하나님의 뜻일진대 악을 행함으로 고난받는 것보다 나으니라 그리스도께서도 한 번 죄를 위하여 죽으사 의인으로서 불의한 자를 대신하셨[다]."(벧전 3:17-18) 만일 우리가 하나님의 뜻을 잘 받들고 고난을 견딘다면 이것은 하나님이 받으실만한 제사가 될 것이다. 하지만 인간들이, 인성 안에서, 일반적으로 이 일을 잘 할 수 있다고 할 것 같으면, 기독교는 뿌리부터 부정되어야 한다. 왜냐하면 기독교는 인간 본성을 전적으로 타락한 것으로 선언하고 있고, 인간의 의지의 작용을 죄에 의한 것으로 규정짓고 있기 때문이다. 그렇기 때문에 우리는 "성령의 거룩하게 하심으로 순종함과 예수 그리스도의 피 뿌림을" 얻은 것이다. 따라서 교회 안에서 모든 사람이 말할 권리가 있다는 생각은 결코 그리스도인의 마음에 용납되어서는 안된다. 성경적인 기독교에는 그러한 여지가 조금도 없다. 참된 기독교는 인간의 의지가 타락했기에 악하다는 기본 진리를 전제로 해서 시작되었다. 성령님은 주권적으로 역사하시며, 그 뜻대로 각 사람에게 나눠주실 권한이 있다. 따라서 성령님의 목적에 복종할 책임이 모두에게 있다. "각 사람에게 성령의 나타남을 주심은 유익하게 하려 하심이라."(고전 12:7) 각 신자에게 은사를 주신 데에는 목적이 있으며, 성령의 능력은 이러한 은사들이 모든 사람의 유익을 위하여 사용되도록 지도하는 일에 나타난다. 이 사실이 고린도전서에 잘 나타나 있다. 비록 은사가 성령님에 의해서 주어지고, 또 그리스도의 마음을 따라 활용되는 것은 사실이지만, 각 사람에게 또는 각 사람 안에 주어진 은사가 성령 자체는 아니다. 따라서 은사는 몸된 교회 안에서 그 주어진 목적대로 활용되어야 한다. 따라서 방언의 대상이 없는 곳에서 방언의 은사를 사용하거나 드러내는 것은, 사도의 설명에 따르면 어린아이들이 저지르는 어리석은 일이 된다. 은사는 유익하게 하고자 하는 목적으로 주어졌다. 따라서 가장 사모할 만한 은사로서 예언하는 자들의 영은 예언하는 자들에게 제재를 받는다(고전 14:29-33). 이것을 보지 못하거나, 성령님이 주신 사람 속에 있는 성령의 은사들을 혼동하는 일은 많은 혼란과 무익한 논쟁을 낳게 된다. 은사들은 제한받을 수 있고, 또 사도적인 규칙에 복종해야 한다는 것이 마치 불가능한 일처럼 생각되어 왔다. 하지만 이렇게 하는 것은 은사에 대한 성경의 원리에서 떠나는 것이거나, 또는 육신의 소욕과 인간의 의지, 더 심하게 말해서 대적의 기만에 속는 일이 된다.

127

신자 개인 속에 내주하실 뿐만 아니라 특히 교회 안에 운행하시는 성령님은 사람 속에서 성령의 능력을 나타내심으로써 말씀으로 인도하시고 지도하시며 또한 지시하시는 일을 하신다. 성령님은 이 모든 일을 말씀을 통해서 역사하신다. 성령으로 인도를 받는 사람의 행실은 말씀에 의해서 지시를 받으며 인도를 받고, 그 모든 일에 성령의 능력이 나타나고 적용된다. 이것은 책임을 요하는 일이다. 무슨 능력이 나타나든지, 성령의 역사는 전체 몸의 일치로 귀결된다. 주어진 능력의 행사는 사람의 의지적인 작용이면서도 전혀 사람 속에 있는 것과는 상관없는 일이 된다. 이것은 오류나 실패가 있을 수 없는 가장 좋은 사례이다. 무한한 은혜와 지혜 안에서 하나님의 아들이 사람이 되셨을 때에도, 주님께서는 성령의 능력을 의지하셨고 이에 따라 절대적이고 이상적인 완전을 성취하셨다. "자기를 낮추시고 죽기까지 복종하셨던 것이다." 심지어는 기적을 행하실 때에도 주님은 이 원칙을 떠나지 않으셨다. 아버지 하나님의 뜻이 아니면 돌을 떡덩이가 되게 하는 일도 거절하셨다. 이것은 대적이 주님으로 하여금 빠져들게 하려는 시험이었다. 이것을 위해서 그분의 능력을 행사하는 일은 어쩌면 무죄한 의지의 행사라고 부를 수 있었다. 하지만 주님은 온전한 순종 가운데 머무셨고, 대적은 좌절감을 맛보아야 했다. 주님은 하나님의 뜻을 행하는 것으로 만족하셨다. 주님은 하나님의 계명을 지키셨고, 하나님의 사랑 안에 머무셨다. 만일 그 안에서 신성한 위격의 주님께서, 자신이 아버지를 사랑하고 있음을 보이셨고, 자신의 고난 속에서, 그러므로 아버지께서도 그분을 사랑하심을 나타내셨고, 거기에 더하여 "아버지께서 내게 하라고 주신 일을 내가 이루"었다고 하신 것은 주님의 완전함이었다. 주님의 복되고도 완전한 순종의 삶과 아울러 아버지를 향해 "(이 땅에서) 아버지께서 내게 하라고 주신 일을 내가 이루어 아버지를 이 세상에서 영화롭게 하였사오니"라는 말씀은 참된 것이었다. 예수님을 찬송할지라! 우리 주님은 이 모든 일을 통해서 영화롭게 되셨다!

128

이제 우리가 주의해야 할 약간의 차이점이 존재한다. 하늘과 땅의 모든 권세를 소유하실 수 있는 권능의 자리에 예수님이 오르신 것은, 예수님께서는 단순히 자신을 낮추신 겸비함으로 완전한 순종을 보이셨을 뿐만 아니라 높아지심과 권세를 소유하고 계시다는 사실을 보여준다. 이렇게 예수님의 위치(position)의 승격은, 이러한 권능의 그릇으로서 제자들의 위치 또한 승격시켰지만, 그리스도의 증인으로서의 책임에는 아무 영향을 미치지 않았다. 오히려 책임의 영역은 그로 인해 더욱 커지게 되었다. 제자들에게 맡겨진 권능이 더욱 커졌기 때문에, 그리스도의 주되심과 연관해서 제자들의 책임 또한 커진 것이다. 제자들은 그리스도의 영광을 위해서, 그리고 사랑 안에서 세상을 향한 증거와 교회의 덕을 세우기 위해서 권능을 사용해야 한다. 말씀은 그에 대한 모든 질서와 규칙을 제공한다.

129

이것은 성령을 소멸치 말라거나 예언을 멸시치 말라는 명령에 적용되는 것이 아니라, 교회의 머리되신 주님께 대한 책임과 의무에 해당된다. 하나님께서 그러한 것들을 사용하시기를 기뻐하신다면, 그것들은 교회 안에서 가장 단순하면서도 가장 겸손한 형태로 나타나야 한다.

그 모든 권한과 권리는 하나님의 것이다. 이를 위해서 하나님은 그것들이 가지고 있는 특징이 하나님께 속한 것임을 나타내신다. 반면에 책임은 인간의 것이다. 은사는 책임의 문제를 동반한다. 주 예수 그리스도 아래서 은사를 책임 있게 사용해야 한다. 이러한 책임은 근본적으로 주님과 개인적인 문제에 속하며, 다른 사람들의 책임에 관여하지 못한다. 사람은 두 주인을 섬길 수 없다. 하지만 교회 내에서 그리스도의 마음을 따라서 은사를 사용하게 된다면, 성령님이 교회 안에서 은사 사용의 능력이 되어 주실 뿐만 아니라, 기록된 말씀이 그 안내서이자 표준이 된다. (은사를 활용하는 부분에서) 성경이 차지하고 있는 자리에 주목하라. 성경의 많은 부분에서 사도들은 그리스도의 마음을 드러내고자 했다. 그들은 자기 속에 능력의 자리를 가질 수 없었지만, 하나님의 지혜를 품을 수 있었고, 바로 이것이 신약성경에서 말하는 그리스도의 마음이었다. 우리는 계시가 가지고 있는 이러한 특성을 구분해야 한다. 다른 특성을 가지고 있는 사도적 직무에 대해서는 이후에 살펴보고자 한다.

우리가 주목해야 하는 몇 가지 요점들이 고린도전서 12장에 기록되어 있다.

고린도전서 12장에서는 성령, 주님, 그리고 하나님에 대해서 말하고 있다. 처음 두 가지, 성령과 주님은 이러한 사역의 관계와 능력을 보여주며, 하나님은 우리에게 이 모든 것이 참으로 하나님의 권능과 역사에 따른 것임을 설명하고 있다. 그리고 나서 동일한 언어로 (성령님은 어떤 의미에선 그리스도의 주되심을 증거하는 강력한 도구로 역사하시면서 봉사의 자리에 계시지만, 그럼에도 우리는 성령님의 신성을 인지해야 한다.) 성령님께 이 모든 능력과 역사를 돌리고 있다. 이 점을 분명하게 하고 나서, 사도 바울은 몸의 하나됨과 연관된 주제를 시작하고 있다. 이제 그리스도께서 (그리스도의 몸 또한) 신성한 역사의 주제로 부각되고 있다. 우선적으로 이것은 그 모든 신성한 역사의 열매다. 이는 우리가 다 한 성령으로 세례(침례)를 받아 한 몸이 되었기 때문이다. 고린도전서 12장의 전체적인 주제는 이렇게 하신 하나님의 계획에 있다. 그리스도께서 유일한 머리이시며, 우리는 서로 의존적인 존재이다. 전체 영역이 하나의 그림처럼 제시되고 있다. 이것은 단순히 성령께서 세상 또는 개인들을 책망하시거나 또는 교회를 모으시는 사역을 의미하지 않는다. 이제 성령의 중요한 사역은 그리스도의 몸 안에서의 사역이다. "이제 하나님이 그 원하시는 대로 지체를 각각 몸에 두셨으니"(고전 12:18), "오직 하나님이 몸을 고르게 하여"(고전 12:24), "하나님이 교회 중에 몇을 세우셨으니 첫째는 사도요"(고전 12:28), "너희는 그리스도의 몸이요 지체의 각 부분이라."(고전 12:27)

130

따라서 우리는 몸의 공동체적 일치성 안에서, 그리고 다양한 지체들이 가진 다양한 은사들을 통해서 일하시는 성령의 역사들을 볼 수 있다. 성령님은 다양한 지체들을 하나되게 하시며, 하나됨의 능력이 나타나도록 역사하신다. 또한 그리스도의 주되심에 복종하게 하시며, 그리스도의 마음으로 교회를 지도하시고, 사랑 안에서 서로 덕을 세우도록 하시며, 세상을 향해 복음을 증거하는 사역을 하게 하신다. 하나님은 그 원하시는 대로 몸에 이러한 지체들을 두셨다.

그 다음에는, 맡겨진 권세를 활용하는 일에 그리스도의 마음을 전달하시는 성령의 사역이 소개되어 있다. 특히 다른 어떤 은사보다 사랑이 가진 탁월성을 언급한 후에 성령의 사역을 소개하고 있다. 사랑은 하나님이셨고 또 하나님을 증거하며, 본질적인 축복 안에서 완전을 이루도록 서로를 묶어주는 끈이다. 이러한 것들이 능력 있는 증거다. 이것은 실로 악을 능가하는 힘이다. 사랑은 여전히 그 악의 한 가운데서 섬긴다. 악은 지속되지 않을 것이며, 언젠가 멈추고 지나갈 것이다. 사랑의 목적을 위해서 은사들을 사용하느냐의 여부가 그리스도의 마음과 은혜에 의해서 은사들을 사용하는가에 대한 참된 시험이 되었다. 그렇지 않다고 할 것 같으면, 그것은 개인의 묘기에 불과한 일이 된다. 교회의 덕을 세우는 것이 모든 은사 사용의 원칙이 되어야 하며, 거기에는 개인의 권리가 존재하지 않는다. 이는 은사들이 마땅히 그리스도의 마음을 따라야 하기 때문이다.

이 사실은 세상을 향해 증거하는 일에 적합한 사람과 교회의 덕을 세우는 일에 적합한 사람의 은사 사이의 차이점을 보여준다. 방언은 교회를 위한 은사가 아니라, 믿지 않는 사람들을 향한 표적이었다. 따라서 방언의 은사를 가진 사람은 불신자들에게 말하는 것이기 때문에, 통역하는 은사를 가진 사람이 없다면 교회 안에서 방언으로 말해서는 안된다. 이는 교회가 덕세움을 얻지 못하기 때문이다. 따라서 방언은 통역하는 사람의 존재 여부에 종속적인 일이어야 한다. 따라서 "표적(signs)"이나 "기적(miracles)"은 말씀에 의해서 확증되어야 한다.

방언의 은사는 전도를 위한 매우 독특하면서도 성격이 강한 은사이다. 아담이 지은 죄의 결과는 바벨탑 사건에 대한 심판으로 인해 언어가 혼잡하게 되었다가, 오순절 성령의 역사로 유대민족을 향하여 다양한 방언으로 하나님의 큰 일을 선포하게 된 사건에 이르기까지 길게 걸쳐져 있다. 이것은 이스라엘 나라 밖의 사람들을 향한 적극적인 사역의 기초를 이루었으며, 기독교에 매우 핵심적인 요소라고 할 수 있다. 방언은 유대인과 이방인, 모두에게 독특한 성령의 역사였으며, 그리스도의 영광과 머리되심과 이 은혜를 증거하는 수단으로 주어졌다. 기적은 유대인 가운데 나타났다. 심지어는 언약을 떠난 사람들 가운데서도 나타났으며, 최초로 국가 시스템이 확립되었을 때에도 나타났다. 유대 지역에서 선지자들은 언약을 갱신했으며, 자신들의 예언을 확증했고, 믿음을 재확인했다. 율법에 대한 그들의 설교는 새로운 비전을 필요로 하지 않았고, 다만 율법을 향한 의무를 강조했을 뿐이다. 하지만 방언은 이방 세계를 향해 뻗어가는 기독교 시대에 더욱 적합한 것이었다. 그러므로 성령의 경이로운 나타남은 이러한 세상의 필요를 충족시키기 위한 것이었다.

131
그러므로 "방언, 기적, 그리고 신유"는 교회에서 은사를 받은 사람들에 의해서 사용되어야 했지만, 세상을 향해 그리스도의 주되심을 선포하는데 주된 목적이 있었을 뿐, 그리스도의 높아지심의 은혜를 통해서 다시 살리는 능력으로 소생함을 입어 하늘에 오른 교회를 향한 것은 아니었다. 이것이 방언과 연관된 일반적인 특징이었다. 교회가 받은 축복의 고유한 특징은 덕을 세우는데 있다. "모든 것을 덕을 세우기 위하여 하라."(고전 14:26) 또는 에베소서에 기록된 대로 "사랑 안에서 스스로 (덕을) 세우도록 하라."(엡 4:16)

방언과 다른 은사와의 차이점은 여기에 있다. 즉 표적은 세상을 향한 것이고, 덕을 세우는 것은 교회를 향한 것이다. 이들 사이의 차이점은 이것들이 기적적인 것이냐 혹은 기적적이지 않은 것이냐에 있지 않다. 이러한 생각은 마치 하나님이 교회에는 건설적인 은사를 주시지 않은 것처럼 생각하게 하며, 기적적인 것을 초자연적인 것과 동일시하면서 성령님이 교회 안에서 초자연적인 역사를 더 이상 행하지 않으시는 것처럼 보이게 한다. 만일 기적적인 것이 세상을 향한 표적을 의미한다고 할 것 같으면, 나는 거기에 이의가 없다. 그러한 기적적인 은사들은 성령님의 직접적인 능력과 선물로서 주어졌다. 그럼에도 성령님은 표적을 위한 것이 아니라 덕을 세우기 위한 은사들도 포기하지 않으신다. 그렇지 않다면 커다란 불명예를 성령님께 돌리는 것이 된다.

우리에게 주어진 은사 가운데, 어떤 것은 표적적인 것이고, 또 어떤 것은 덕을 세우기 위한 것으로 구분될 수 있다. 표적적인 은사들이 불신자들의 감각적인 인식과 이성에 역사하는 것이라면, 덕을 세우기 위한 은사들은 신자들의 양심과 영적인 이해를 위한 것으로써, 결과적으로 수용과 거부에 대한 심판을 인지하도록 하기 위한 것이다. 이러한 특징을 아는 것은 매우 중요하다. 우리 속에서 책임의 문제를 일으키고자 역사하시는 성령님은 항상 직접적인 능력이나 또는 (다른 신자의) 은사들을 수단으로 해서 일하신다. 이로써 하나님의 권위가 나타나며, 하나님의 권위를 우리 위에 세우신다. 교회 안에서 은사를 바르게 사용하는 일은 이 점을 더욱 강화시킨다. 이 점을 벗어나게 되면, 원칙상 잘못된 길에 서게 된다. 따라서 우리는 "자칭 사도라 하되 아닌 자들을 시험하여 그 거짓된 것을" 드러내야 한다. 교회에서 말하는 자가 있다면, "다른 이들은 분별할 것이요"(고전 14:29), 또한 "신령한 자는 모든 것을 판단"(고전 2:15)해야 한다. 자기고집대로 행하는 사람은 은사에 대한 책임의 문제를 회피하고자 하며, 자신을 높이는 일에 은사를 사용하고자 할 것이다. 그렇게 하는 것은 사탄에 의해서 육신이 충동을 받아, 결국은 무법한 (lawlessness) 일로 마치게 될 것이다. 여기에는 해결책이 없다. 다만 각자 은혜와 성령의 능력과 임재에 의해서 육신을 정죄하고 죽이는 일 외엔 다른 해결책이 없다. 이러한 일이 번성하게 될 것과 이러한 때가 도래할 것을 사도는 예고했다. "때가 이르리니 사람이 바른 교훈을 받지 아니하며 귀가 가려워서 자기의 사욕을 좇을 스승을 많이 두[게]"(딤후 4:3) 되리라.

132

주목해야 할 사실이 있다. 바로 여기서 성령님이 우리에게 가르치고 있는 사실은 성령님은 자기 뜻대로 각 사람에게 은사를 나누어주시며, 자신의 목적대로 그 사람을 사용하신다는 것이다. 이렇게 함으로써 성령의 사역이 공개성을 가지고 유지되도록 하신다. 각 개인에게 주어진 영구적인 은사들로 인해서, 그들은 교사, 선지자와 같은 사역을 감당하게 된다. 그럼에도 그들의 가르침과 예언 사역은 여전히 성령님의 활동에 지속적으로 의존되어 있다. 방언과 통역의 필요성, 예언을 말하는 선지자들의 숫자와 방식, 또는 여자의 말하는 것 등에 대한 성경의 지침은 교회에 주신 모든 은사들을 사용하는 것에 대한 성령님이 가지고 계신 고유의 감독권을 보여주기 위한 것이다. (이렇게 성령님은 말씀에서 표현하고 있는 대로 질서를 유지하신다.) 성령님은 교회에 거하시면서 모든 사람의 덕을 세우는 일을 지도하신다. 자유가 있으면서도 인도를 받는 것이 기독교의 특징이며, 자원함으로 섬길 수 있게 하는 것은 기독교가 가진 독특성이다. 이같은 자유(능동성)와 인도(수동성)의 결합은 우리를 위한 하나님의 지혜이다.

세상을 향한 이러한 증거와 교회의 덕을 세우는 일에는, 세상 앞에서 교회가 보여줄 수 있는 표적들 외에도, 또 다른 고려할 사항들이 있다. 은사를 통한 성령의 역사 가운데는 교회 형성(또는 교회 개척)에 선행하는 요소가 있다. 복음을 전하는 은사는, 분명 교회의 한 지체에게 주어진 것이지만, 그럼에도 교회 형성에 앞서 선행적으로 역사하는 특징이 있다. 이는 복음 전도를 통해서 (구원받는 사람들을 교회에 더함으로써) 교회가 모이기 때문이다.

133
이에 대한 가장 좋은 표본의 형태가, 우리가 이미 살펴본 것처럼 예루살렘에 있는 사도들을 통해서 나타났다. 비록 복음 전도자가 교회에서 나가서 복음을 전했지만, 그들은 여전히 교회의 지원을 받아야 했다. 복음을 전하는 은사는 직접적으로 교회를 향해 사역하거나 신앙(또는 신앙 양심)에 영향을 미치는 은사는 아니기에, 교회는 그 가치를 잘 인식하지 못할 수가 있다. 하지만 복음 전하는 일은 은사를 소유한 사람에 의해서 실행되어야 하며, 회심하지 않은 사람의 양심을 향해서 역사하시는 성령님의 강력한 역사로 말미암아 맺게 되는 열매를 통해서 그 은사의 중요성이 입증된다. 굳이 입증하고자 할 필요 없이, 입증되는 것이다. 이는 회심자의 변화된 모습을 통해서 예수님의 은혜와 진리가 드러나게 되기 때문이다. 한편, 예언과 같은 다른 은사들은 양심상 다른 사람들에게 영향을 미치게 되며, 이 예언 은사의 활용은 교회 안에서 이루어진다. 성령의 가르침을 통해서 선한 양심을 회복하게 된 교회는 모든 사람으로 배우게 하고 모든 사람으로 권면을 받게 하기 위하여 하나씩 하나씩 예언할 수 있지만 다른 예언하는 자에게 제재를 받아야 한다. 다른 예언하는 사람들을 통해서 이 일은 효과적으로 이루어질 수 있다. 하지만 복음 전도자는 세상을 향해 사역하게 되며, 거기에는 주님으로부터 온 거룩한 가르침과 조언이 있을 수도 있지만, 서로 제재를 받는 것은 없다. 은혜 안에서 도움을 받고 있는 개인들은 말씀에 합하지 않은 교리를 가진 사람과는 교제를 갖지 말아야 한다. 교회는 이에 필요한 모든 경계를 해야 하며, 이러한 죄에 참여하지 않도록 조심해야 한다. 동일한 원리가 모든 악한 일에 적용되어야 한다. 하지만 전도의 은사를 사용하는 일은 본질상 교회 내에서 일어나는 것이지만 교회 밖으로 뻗어나가기도 한다. 이것은 양심상 저촉되는 것이 아니며, 이에 대해 서로 판단할 이유도 없다. 다만 하나님 앞에서 책임을 지면 된다. 복음 전도자는 교회 밖의 사람들을 향해서 자신의 은사를 사용하는 것에 대해 하나님께 책임을 지며, 따라서 하나님 앞에 알려지고 또 사람들의 양심에도 알려지게 된다.

이에 대한 가장 좋은 예시는 오순절 사도들의 설교를 통해서 나타났다. 예수 그리스도에 의해서 직접적으로 세움을 받은 사도들로서 행해졌던 매우 권위 있는 설교였다. 그 설교는 세상을 향해 능력으로 역사하시는 성령님에 통해서 비준되었고, 그 결과로 교회가 새롭게 시작되었다. 이제 그들은 종속적인 의미에서 교회의 머리들로 세워지면서, 교회로 모인 성도들을 인도하고, 통제하고, 명령하고, 또 지도하는 일을 하게 되었다. 이것은 이후에 사도적 직무에 대한 특징과 성격을 부여했다.

따라서 복음 전도자들은 교회의 일원으로서 항상 교회에 속해 있지만, 어떤 의미에서는 교회와는 독립적이다. 비록 전도 사역이 교회 안에 속해 있는 것이 사실이지만, 그럼에도 교회 자체가 전도 단체이거나, 또는 전도 사역의 책임자는 아니다. 교회는 하나님으로부터 사명을 받아 형성된 "산 위에 있는 동네"이다.

복음 전도자들이 가지고 있는 이러한 지위는 내가 믿기로는 자기 자신의 자리를 지키는 한, 교회에 많은 유익을 주며 또한 보내신 분이 하나님이신 까닭에 하나님을 대표한다. 복음 전도자의 수고로 인해 교회는 모이게 된다. 복음 전도자를 보내신 분은 하나님이시다. 사랑 안에서 복음 전도자는 하나님의 품에서 나아간다. 이것은 초대 교회의 사도들의 경우에 분명했다. "아버지께서 나를 보내신 것같이 나도 너희를 보내노라"(요 20:21)는 말씀은 주님이 사도들에게 하신 말씀이다.

그럼에도 이러한 특성은 전도 사역의 특성상 물론 사도들 보다는 못하지만 모든 복음 전도자들에게 해당된다. 교회의 모든 지체들이 이처럼 밖으로 나아가는 특징을 가지게 되면, 교회는 모이기보다는 흩어지게 될 것이다. 사도행전 11장에 보면 각지로 흩어진 사람들이 가는 곳마다 말씀을 전파했고, 주의 손이 그들과 함께 하시니 많은 사람들이 믿게 되었다. 스데반은 성령으로 충만해졌기에 말씀을 강력히 선포했다. 우리는 어쩌면 스데반 자신이 그리스도 예수 안에서 좋은 영성과 담력을 가지고 있었다고 말할지 모르지만 그렇지 않다. 그는 성령으로 충만해졌기에 말씀을 강력히 전할 수 있었던 것이다. 빌립도 사마리아 지역 사람들을 말씀으로 축복했다. 이에 사도들이 듣고, 베드로와 요한을 보내어 그 모든 역사와 사역을 확증했다. 사실 사도들이 그에 대한 보고를 듣기 전에 성령의 역사는 이미 이루어진 상태였다.

134
이 모든 것은 복음 전도가 말씀과 연관되어 나타나는 특징이다. 복음 전도자들에게서 성령과 말씀이 결합된 역사가 부족하게 되면 그 복음 전도자를 통해 이루어진 영혼구령의 역사는 항상 약하게 나타나게 되고, 교회 또한 약해진다. 이처럼 복음 전도자는 하나님에게서 독립적일 수 없고, 또 이웃을 사랑하는 마음에서도 독립적일 순 없다. 하지만 하나님은 사람과는 독립적으로 일하신다.

나는 이러한 특징이 바울에게서, 원칙상 변함은 없지만 약간 변형된 형태로 나타났다고 말하고 싶다. 바울은 합당한 때에, 즉 그리스도의 몸이 형성된 이후에 부르심을 받았다. 이것은 바울이 교회의 파송을 받은 일 자체에서가 아니라, 처음에 하나님의 은혜에 부탁을 받았던 때로부터 시작해서 그가 교회의 파송을 받고 또 다시 교회로 돌아온 일을 통해서 나타났다.

바울의 사역이 가진 독립성의 측면은 세심한 주의를 요한다. 바울은 자신의 사역을 이렇게 소개했다. "사람들에게서 난 것도 아니요 사람으로 말미암은 것도 아니요."(갈 1:1) 그리스도께서 자신에게 계시된 즉시로, 그는 그리스도를 이방인 중에서 전파했고, 혈육과 의논하지 않았으며, 회당에서 그리스도를 힘있게 증거했다. 이러한 사역의 특징이 바울과 함께 했다.

하지만 바울이 다소에서 안디옥으로 다시 돌아오기까지 얼마간 시간이 흐른 뒤, 바울은 안디옥에서 1년간 그리스도인 회중과 함께 하면서 많은 사람들을 가르쳤다. 안디옥 교회에 몇명의 선지자들이 함께 있어서 금식하고 기도할 때, 성령님이 말씀하셨다. "내가 불러 시키는 일을 위하여 바나바와 사울을 따로 세우라."(행 13:2) 이때 성령님의 직접적인 보내심을 받은 그들은 교회가 아니라, 성령님께 순종하여 나갔다. 그들은 성령님이 부르신 사역을 위해 하나님의 은혜에 부탁을 받고 교회의 품을 떠났다가, 다시 교회의 품으로 돌아왔다. 그들은 교회에 보고해야 하는 책임을 갖지 않았다. 왜냐하면 참된 사도직은 거기에서 자유롭기 때문이다. 하지만 그들은 자신들을 통해서 하나님이 하신 역사에 대한 기쁨을 교회와 함께 나누었다. 따라서 사도는 교회 안에서 사역하는 은사는 아니지만 교회와의 하나됨은 유지해야 하며, 교회 안의 모든 성도들에게 편안함을 주어야 한다. 사도 바울은, 성령의 권위로 보내심을 받아 자신이 직접 교회로 모은 사람들, 즉 이방인들의 사도가 되었다.

지금까지 복음 전도에 대한 이야기를 많이 했다. 왜냐하면 전도는 세상을 향한 표적이 아니라, 교회 안에 존속하는 사역이지만, 그럼에도 여전히 세상을 향한 것이며 세상에서나 교회에서나 독특한 은사로서 특별한 자리매김을 하고 있기 때문이다. 그렇게 부를 수 있다면 전도의 은사는 도덕적인 은사, 즉 사람의 양심에 호소하고 사역하는 은사이며, 교회 내부 성도들을 섬기는 은사가 아니라, 교회 밖 거듭난 일이 없는 자연인의 양심을 향해서 사역하는 은사이다. 전도의 은사는 하나님이 교회 안에 주신 은사들을 언급할 때 은사 목록에는 없는 은사다. 하지만 그리스도께서 위로 올라가실 때에 주신 은사들 가운데 언급되고 있는데, 이러한 은사들은 성도를 온전케 하며 봉사의 일을 하게 하며 그리스도의 몸을 (건강하게) 세우고자 교회에 주신 선물들이다 (엡 4:7-12). 여기에는 복음 전하는 자, 그리고 목사와 교사가 있다. 에베소서의 특별한 주제는 그리스도와 연합되어 있는 몸이 가지고 있는 축복과 그리스도의 몸의 지체들의 하나됨을 촉구하는 사랑에 있다. 몸의 구속을 완전히 이루시고 만물을 충만케 하시며 자신의 충만으로 충만케 하시는 그리스도는 은혜 안에서 몸의 성장(또는 발전)에 필요한 은사들을 위로부터 공급하시며, 유혹과 미혹에서 안전을 지켜주시고, 자기에게까지 (그리스도의 장성한 분량에 이르기까지) 스스로 자라도록 하신다. 이것은 교회가 세상에 그리스도를 나타내는 측면이 아니라, 교회가 그리스도에게 무슨 존재이며 또한 그리스도를 위하여 무엇을 해야 하는 존재인지를 보여준다. 전도의 은사를 가진 사람은 교회 안에 있지만, 그는 하나님의 사랑을 전하는 메신저이며 은혜 안에서 하나님을 위하여 수고하는 자다.

135

이 점이 에베소서와 고린도전후서의 진정한 차이점이다. 에베소서에서 하나님의 영은 일반적으로 그리스도의 몸 안에서 하나님의 능력으로 현재적으로 역사하는 분으로 소개되어 있다. "하나님이 교회 중에 몇을 세우셨으니." 이 사실은 그리스도의 주되심을 증거하며, 또한 그리스도의 주되심을 드러내고 있다. 그러므로 이 구절은 세상에 그리스도의 주되심을 증거하는 일을 포함하고 있다. 이러한 은사를 활용하는 일은 여러 측면에서 특정 교회와는 독립적인 관계에 있으며, 그렇게 은사를 사용하는 것이 하나님의 지혜다. 에베소서에서 특정 교회의 상태는 언급되고 있지 않다. 에베소서는 교회 내부 행정에 대한 것은 다루지 않고, 다만 그리스도께서 자신의 몸된 교회, 즉 자신의 신부를 사랑하심을 다루고 있다. 그리스도는 자신의 몸된 교회를 자신의 육체와 같이 양육하고 보호하기를 마치 자신을 위한 것처럼 보양하신다. 따라서 우리는 교회를 사랑하시고, 위에 오르실 때에 만물을 충만케 하시고 은사를 주신 그리스도를 알고 있다. 여기서는 하나님의 영께서 자기 뜻대로 능력 가운데 일하시는 측면이 아니라, "각 사람에게 그리스도의 선물의 분량대로 은혜를" 주신 측면에 대해서 말하고 있다. (물론 두 가지 모두에는 통일성이 있지만, 여기서는 지체 간의 동일성 보다는 교회에 주신 축복의 의미가 강하다.) 따라서 에베소서의 메시지는 육체와 육체의 타락성에 대한 하나님의 능력이나 그리스도의 주되심을 증거하는 것에 대한 것이 아니라, 교회를 향한 그리스도의 사랑과 교회의 사역과 그리스도와 영원히 함께 하는 영광스러운 자리를 주신 하나님의 경륜에 관한 것이다. 따라서 여기에는 더욱 영구적인 특징이 있다. 교회를 향한 그리스도의 사랑이 영구적이기 때문이다. 그리스도께서 교회를 사랑하시는 근거는 그리스도의 능력을 나타내는 매개체로서 교회가 적합하다는 사실에 있는 것이 아니다. 오히려 교회는 은혜롭고 자비한 사랑을 늘 필요로 한다. 그러므로 이런 것이 사랑이다.[8] 그렇다고 우리의 허물을 당연시해서는 안된다. 그럼에도 이러한 그리스도의 사랑은 항상 존재하고 있다.

136

어쩌면 고린도 교회의 악한 상태는 은사에 따른 사역을 보여주지 못한다고 말할 수도 있다. 고린도 교회의 모습은 너무 악해서, 성령의 은사가 가려진 경우이다.

이것은 오래 참으시는 하나님께서 우리의 결함과 부족을 보시고서도 자신의 지극히 선하심으로 우리에게 주셨던 영예(honor)를 철회하지 않으시는 것을 보여준다. 하나님께서는 이 사실을 통해서 원칙을 정확히 보여주셨다. 연합 가운데 있는 교회는 실행상 실패할지라도 모든 점에서 사도에 의해서 교정을 받음으로써, 여전히 교회를 붙들고 있는 사도적 에너지가 중요하다는 것을 보여준다. 단순히 교회의 안전이 최우선적인 입장은 아니었다. 악 속으로 빠져들고 있었지만, 교회가 견지하고 있는 교회의 자리는 그렇게 회복될 수 있었고, 모든 것이 제자리를 잡아갈 수 있었다. 결국 사탄은 아무런 이득을 취할 수 없을 것이다. 그럼에도 이 사실은, 그리스도의 자애로운 사랑으로, 자신의 신부를 보양함에도 불구하고, 교회의 상태와 경영은 여전히 풀어가야 하는 숙제라는 증거였다. 이것이 고린도 교회가 그리스도의 영광에 대한 책임있는 증인으로서 서 있는 입장이었고, 에베소 교회가 만물을 충만케 하시는 그리스도의 충만을 입고 있는 입장과는 다른 점이었다. 에베소서는, 세상을 향해 그리스도의 영광을 보여주어야 할 극장으로서 교회의 모습과 거기에 합당한 교회의 상태에 대한 것이 아니라, 교회가 가지고 있는 은혜로 인한 복되고도 거룩한 특권에 대한 것을 다루고 있다. 이는 교회가 그리스도를 위해 무슨 존재인가 또는 하나님이 주변의 세상을 향해 머리와 몸을 가진 교회를 무슨 목적으로 세우신 것인가에 대한 것이 아니라, 그리스도께서 교회를 향해 무슨 존재인가에 대한 것이다. 이것은 "우리가 다 하나님의 아들을 믿는 것과 아는 일에 하나가 되어 온전한 사람을 이루어 그리스도의 장성한 분량이 충만한 데까지" (엡 4:13) 이를 때까지 지속되는 것이다. 따라서 교회를 향한 그리스도의 특별한 돌봄과 사랑은, "보혜사 곧 아버지께서 내 이름으로 보내실 성령"(요 14:26), 또는 "내가 아버지께로서 너희에게 보낼 보혜사"(요 15:26), 또는 하나님께서 그리스도의 주되심에 복종하도록 몸 안에 두신 지체들의 직접적인 역사를 통해서 베푸시는 것이 아니라, 그리스도께서 위로 올라가실 때에 사로잡힌 사람들을 사로잡은 능력으로 주신 은사(자)들을 통해서 하신다. 만물을 충만케 하시는 그리스도는 자신의 친밀한 사랑의 표시로 은사(자)들을 교회에 주신 것이다. "이는 만물을 충만케 하려 하심이니라 그가 … 주셨느니라."(엡 4:10,11)

따라서 이것이 만물을 충만케 하시는 자의 역사를 통해서 교회를 돌보시는 그리스도의 사랑을 누리고 있는 교회의 분깃이다. 이는 교회가 그리스도의 몸이며, 지고(至高)한 은혜가 나타나는 장소이기 때문이다. 은혜의 선물을 교회에 주신 것은 세상을 향해 그리스도의 주되심을 나타내기 위한 것이 아니라, 그리스도와 교회의 연합과 교회가 하늘의 자리에 높이 올리운 것과 그리고 그리스도의 모든 충만으로 충만케 된 것을 나타내기 위한 것이다. 이는 교회를 사람의 궤술과 간사한 유혹에 빠져 모든 교훈의 풍조에 밀려 요동치 않도록 보호하고, 그리스도의 충만과 천상의 특징을 가진 존재로 자라도록 사역하기 위한 것이었다.

137

교회는 "만물 안에서 만물을 충만케 하시는 자의 충만"이다(엡 1:23). 하지만 그리스도는 만물 위로 높이 승격된 몸된 교회의 머리이시다. 기름부음을 받으신 그리스도는 이 천상의 자리에서 교회와의 연합을 통해서, 이러한 기름부음에 따라서 은사를 주시고 또 교통하심으로써, 은사에 의한 사역으로 말미암아 자신의 몸된 교회를 이 모든 충만 속으로 이끌어 가신다. 여기서 핵심은 단순히 만물 위에 몸된 교회의 머리가 되는데 있지 않고, 사망에까지 낮아지셨다가 지극히 높은 곳에 오르심으로써 얻은 만물을 충만케 하시는 그리스도의 충만으로 교회를 충만하게 하는데 있다. 이를 위해서 기름부음을 받으신 그리스도는 교회에 은사를 주셨고, 지적으로나 영적으로 교회로 하여금 이러한 충만과 연합되고 이러한 충만 속으로 들어가게 하신 것이다. 이것이 교회가 가진 분깃이다. 이것은 교회가 가진 주되심의 증인으로서의 특권 보다 더 진일보한 개념이며, 더 친밀한 관계이다. 그리스도 안에 있는 이러한 충만함은 신성을 내포하고 있는데, 이 신성함은 기름부음을 받은 사람이신 그리스도와의 교제를 통해서 교회에 전달될 뿐만 아니라, 적어도 은사의 사역을 통해서 전달된다.

따라서 그리스도는 만물 안에서 만물을 충만케 하시며, 교회는 곧 그리스도의 충만이다. 이 사실은 우리 주 예수 그리스도를 죽은 자 가운데서 다시 살리신 하나님에 대해서 말해준다. 이것이 충만과 교회의 연결이다. 그리스도는 아버지 안에서 필수적으로 그리고 내적으로, 신성 안에 있다. 우리는 그리스도 안에 있고, 그는 우리 안에 계신다. 하나님은 모든 충만이 그리스도 안에 거하는 것을 기뻐하셨다. 따라서 "그 안에는 신성의 모든 충만이 육체로 거하시고" 우리도 그리스도 안에서 충만해졌다

(골 2:9-10).

우리가 에베소서 3장 끝에서 다룬 이 문제는 우리 안에 있는 능력과 더욱 직접적으로 연결되어 있다. 왜냐하면 골로새서는 교회를 위하여 머리되신 주님의 충만을 더욱 자세히 다루고 있기 때문이다. 우리 안에 능력이 나타나는 것은 그리스도의 몸인 교회가 만물 안에서 만물을 충만케 하시는 그리스도의 충만으로서 가지고 있는 단체적인 충만의 모습이다. 그리스도는 만물을 충만케 하시는 분이시며, 만물 위에 교회의 머리이시다. 우리는 "그의 성령으로 말미암아 너희 속 사람을 능력으로 강건하게 하옵시며"(엡 3:16)라는 바울의 기도를 읽고 있는데, 이것은 지식에 넘치는 그리스도의 사랑을 알아 그 넓이와 길이와 높이와 깊이가 어떠함을 깨달아 하나님의 모든 충만하신 것으로 [문자적으로는 충만함에 이르도록] 우리에게 충만하게 하기 위한 것이다. 따라서 성령님은 이제 우리 안에서 이러한 충만에 이르게 하시는 능력이자 힘이시다. 에베소서 2장에서는, 유대인과 이방인들이 예수로 말미암아 성령을 통하여 아버지께 나아가게 된 사실을 언급한 후에, 성도들이 성령으로 말미암아 하나님의 거하실 처소로 함께 지어져 가고 있다는 추가적인 진리를 소개했다. 이것은 그리스도의 충만을 계시하고 있는 에베소서 3장의 근거를 제시하기 위하여 삽입되었으며, 이제 에베소서 4장은 에베소서 1장에서 언급하고 있는 하나됨을 언급하면서 에베소서 2장의 실타래를 다시 풀어가고 있다.

우리는 그리스도께서 우리 마음에 계시게 하기 위하여 그리스도의 영으로 말미암아 능력으로 강건하게 되었다. 따라서 우리는 사랑 가운데서 뿌리가 박히고 터가 굳어지며 모든 성도와 함께 하나님의 경륜과 충만 안에서 풍성한 축복과 영광을 깨닫고 그리스도의 사랑을 알게 되며, 이로써 우리는 그리스도의 충만함으로 충만케 될 수 있다. 우리는 그리스도 안에서 충만을 발견할 수 있으며, 우리 안에 거하시는 성령을 통해서 그것을 경험하게 될 것이다. 이러한 하나님의 충만은 그리스도 안에서 나타났다. 그리고, 우리는 그 속으로 인도되었다. 우리 안에서 역사하고 있는 능력을 통해서, 우리는 우리가 인도된 곳으로 더욱 깊이 들어갈 수 있다. 이제 사도 바울은 "우리 가운데서 역사하시는 능력대로 … 더 넘치도록 능히 하실 이에게 교회 안에서와 그리스도 예수 안에서 영광이 대대로 영원 무궁하기를 원하노라!"(엡 3:20-21)고 결론을 내린다. 이제 교회의 머리되신 그리스도의 사랑 안에 있는 이 모든 복된 충만은 그리스도께서 주신 은사들을 통해서 몸으로 하여금 자라도록 공급된다. 그리스도와 교회의 연합이 이 모든 것의 중심이며, 하나님의 영광이 온 우주적으로 나타나도록 뻗어나갈 수 있는 발전의 요체이다. 이 모든 내용들이 몸 안에서 머리되신 그리스도께서 하고 계신 사역들이다. 이것을 위해 주신 것이 그리스도의 선물인 은사자들이다. 은사자들은 그리스도의 몸을 세우기 위하여 교회에 주어진 사람들이다. 이 은사자들의 섬김과 봉사를 통해서 성도들은 그리스도의 충만에 이르도록 자라게 된다. 이러한 특징은 우리가 이미 살펴본 것이다. 이 사실은 우리에게 은사의 성격을 알려준다. 여기에는 실제로 성령에 대한 언급은 없다. 물론 성령님은 능력의 중개자의 역할을[9] 하시지만, 그럼에도 그리스도의 선물인 은사자는 만물을 충만케 하시는 그리스도께서 교회를 자신의 충만 속으로 이끄시기 위해서 주신 것이다. 성령님은 교회 안에 거하신다. 교회는 하나님의 충만이신 그리스도의 충만이다. 그리스도 안에는 모든 충만이 거하고 있다. 그리스도는 만물 안에서 만물을 충만케 하시며, 교회는 그리스도의 충만[10]이다. 여기서 주목할 것은, 그리스도는 이러한 복된 충만을 따라서 자신의 지체들에게 사랑을 주시며, 모든 것에서 머리이신 자신에게까지 자라도록 하시며, 우리 모두가 그리스도의 장성한 분량에 이르기까지 하신다는 것이다. 이것은 그리스도의 주되심을 세상에 선포하는 것이 아니다. 이것은 연합에 근거해서 그리스도께서 교회로 하여금 자신의 충만함과의 사귐 속으로 이끌어 들이는 사역이다.

139

이제 나는 여기서 말한 은사들의 특징에 대해서 살펴보고자 한다. 우리는 이러한 은사들이 교회가 세상을 향해서 증거하기 위해 주어진 것이 아니라, 교회를 위해 주어진 것이라는 특별한 성격을 볼 수 있다. 성도 개인들의 온유와 겸손에 대해서 교훈하고, 하나님의 부르심의 탁월성에 대해서 소개한 후에, (이러한 부르심은 평안의 매는 줄로 성령의 하나 되게 하신 것 안에 존재한다) 사도 바울은 그리스도의 승격을 통해서 (그리스도는 우선 낮아지셨고, 땅의 아래 곳으로 내려가셔야만 했다.) 사람들에게 주신 선물에 대해서 다루기 시작한다. 그리스도는 이제 하늘보다 높이 오르시고, 만물을 충만케 하시고, 사로잡힌 자를 사로잡으셨다. 교회를 사로잡았던 어둠의 권세들을 사로잡음으로써 그리스도께서는 교회를 해방시키시고, 자신의 충만으로써 교통하신다. 그분께서는 어떻게 만물을 충만케 하셨는지를 보이시며, 따라서 이러한 목적을 위하여 선물을 주셨는데, 이 선물이 바로 사도, 선지자, 복음 전하는 자, 목사와 교사다. 이제 대해 자세히 살펴보자.

먼저 우리는 에베소서 4장에서 사람들에게 표적으로 주시는 은사들이 완전히 생략되었음을 주목해야 한다. 여기서 소개되고 있는 은사들은 인간의 본성을 다루며, 교회 안에 있는 사람들을 다루는데 적합한 은사들이다. 여기서 언급된 은사자들은 교회의 시작과 교회의 덕을 세우는 일에 관계된 사람들이다. 따라서 표적, 방언, 신유, 구제, 그리고 다스리는 은사들은 생략되어 있다. 여기에는 사도, 복음 전하는 자, 선지자, 목사와 교사가 소개되고 있다.

사도에 대해서 살펴보면, 이 직분에는 몇 가지 특징이 있다. 우선적으로 사도들은 몸의 일부가 아니다. 사도들은 몸을 모으는 일을 한다. 하나님의 집이 사도들의 터 위에 세워진다. 따라서 예수님에 의해서 보내심을 받은 열두 사도는 아버지의 보내심을 받은 것이다. 바울은 주님에 의해서 직접 보내심을 받았다. 또 다른 특징은, 사도들은 자신의 역할이 지속적으로 진행될 필요가 있는 한 교회 안에 머문다. 이것은 선지자들과 공통으로 가지고 있는 한 가지 특징을 제외하면 사도들만 가지고 있는 특징이다. 계시로 인해서 교회의 권위 있는 조정자로서 사도들은 독특하면서도 한정된 자리를 가지고 있다. 그리스도와 및 하나님의 마음과 뜻을 계시하는 역할에 있어서 선지자들은 사도들과 같은 위치에 있다. 하지만 선지자들은 그 직분에 있어서 주님에 의해서 직접 보내심을 받음으로써 오는 권위를 가지고 있지 않다. 이러한 구분을 함으로써 얻는 유익이 있다고 나는 생각한다. 따라서 교회가 사도에 의해서 책임 있고 권위 있게, 영적인 질서가 잡히게 된다면, "사도들과 선지자들의 터 위에 세우심을" 입었다고 말할 수 있다. 이렇게 터를 놓는 일의 계시적인 측면에서 보면, 그들의 사역은 완성되었고 완결되었다. 하나님의 말씀이 우리를 위해서 기록되었다. 영적 권위를 갖춘 규례의 산물은 이렇게 인간의 책임에 맡겨졌지만, (모든 세대가 그러하듯이) 인간은 전적으로 실패했다. 하지만 하나님의 뜻의 계시는 완성되었고, 우리의 현재적 상태를 말씀의 빛으로 조명해보고 성령의 인도하심을 따라서 우리로 하여금 참조하도록 남아 있다. 이것은 모방을 통해서 되는 것이 아니라, 순종을 통해서 되는 것이다. 이렇게 되면 인간의 전통이나 사람의 규례는 사라지게 된다. 인간의 전통은 잘해봐야 모방에 불과할 뿐, 순종에 기초하고 있지 않다. 이것은 실제적인 적용을 할 때 발견하게 되는 매우 중요한 요소이다.

140

게다가 부차적인 의미에서 사도와 선지자는 이외에도 다른 기능이 있다. 사도들은 자신들의 역할이 더 이상 필요치 않는 시기가 오고 있음을 직감했다. 사도 바울의 경우를 보면, 그는 자신의 죽음 이후에 악이 침투해들어올 것을 내다보면서, 교회를 하나님과 그 은혜의 말씀께 의탁했다. 베드로는 베드로전후서를 통해서 성도들로 하여금 진실한 마음을 일깨움으로써 "거룩한 선지자의 예언한 말씀과 주 되신 구주께서 너희의 사도들로 말미암아 명하신 것을" 기억하도록 했다(벧후 3:1-2). 사실 신약성경에 익숙한 사람은 교회가 가지고 있는 책임의 특징이 직접적인 사도적 목양의 돌봄이 끝난 후에 시작된다는 것을 볼 수 있을 것이다. 교회는 자신들에게 합법적인 영적 권위의 완결편으로 주어진 사도들의 가르침을 떠날 수 없었다. 사도들은 주의 뜻을 전달했고, 만일 교회 안에서 사도들이 가진 영적 권위와 동등한 권위를 가지고 말씀을 전하는 사람들이 있었다면, 사도들이 떠나기 전에라도 주님은 심판을 시작하셨을 것이다. 새로운 세대에 부여된 책임, 즉 세상 끝날까지 하나님이 정하신 세상 섭리의 전체적인 원리는 전적으로 무시되어 왔으며, 이렇게 사도들이 예고했던 일들은 역사를 통해서 입증되었다. 성경과 동등한 권위가 있다고 믿고서 종교 전통의 연속적인 승계를 주장하는 사람들에 의해서, 심지어 성경조차 밀려나게 되었다. 하지만 우리가 돌아가야 할 곳은 사도의 가르침이며, 사도의 가르침이란 그리스도의 뜻을 권위 있게 담아내고 있는 일종의 계시다.

141

어떤 의미에서 보면, 사도적 사역은 교회보다 앞서며 교회는 사도의 사역을 통해서 모이기를 시작한다고 볼 수 있다. 교회의 특징은 본질상 그리스도의 뜻을 권위 있게 담아내고 있는 계시를 통해서 모이는 것이기 때문이다. (이렇게 하나님의 영의 능력에 의해서 그리스도에 대한 증거가 전파되면, 스스로 또는 다른 사람에 의해서 영혼은 각성하게 되고, 영혼의 다시 살리심을 받게 된다.) 복음 전도자의 복음 전파 아래서 하나님의 또 다른 은사자들의 증거가 더해지면, 하나님은 자신의 주권적인 뜻 아래서 복음의 중요한 부분들을 더욱 계시해주신다. 사도적 섬김은 이렇게 시작된 교회 안에서 자신의 독특한 자리를 차지하고 있다. 하지만 교회 개척에 사용된 복음 전도자의 은사는 그렇지 않다. (즉 계시된 뜻에 따라서 새롭게 모이고 있는 교회의 질서를 세우는 일에 복음 전도자의 역할은 없다.)

다른 곳에서 이미 언급했듯이, 바울의 사도직이 시작되기 이전에도, 예루살렘 교회의 질서가 무너지는 시점에서 새로운 원칙이 도입되었다. 성령의 힘을 좇아 자신의 분량에 따라 행한 개인들의 행위는 성령의 역사 자체를 대변하는 것이었고, 또 성령의 역사의 효력성을 입증하는 것이었다. 따라서 사도 바울은 "사도의 표 된 것은 내가 너희 가운데서 모든 참음과 표적과 기사와 능력을 행한 것이라"(고후 12:12), "네 직무를 다하라"(딤후 4:5), "누구에게든지 업신여김을 받지 말라"(딛 2:15)고 말할 수 있었다. 따라서 하나님의 뜻의 권위 있는 계시에 속한 것은 아니고 교회 안에서 권세를 행사하는 자리에 있는 것도 아니지만, 종속적인 의미에서 사도와 선지자의 은사는 끝나지 않았다. 바나바는 사도였다(행 13:43, 14:1). 안드로니고와 유니아는 사도들 가운데 유명한 자들이었다(롬 16:7). 그들이 참된 사도인지 아니면 거짓말하는 자들인지에 관한 시험을 통과하게 되면 그들은 교회에 자랑거리가 될 수 있었다. 하지만 사도인척 가장하는 자들은 최상위 사도직의 개념을 도입했다. 교회는 그들을 인정할 수 없었다. 사실, '사도'라는 말은 지금은 제한적인 의미로만 사용하지만 그것은 정확한 의미를 담아내고 있지 않다. 사도는 보내심을 받은 사람이란 뜻으로 선교사에 해당하는 말이다. 고린도후서 8장 23절의 여러 교회의 사자라는 말은 원어에는 "너희 사도(your apostle)"라고 되어 있다(고후 8:23).

사도의 특징으로 설정된 것은, 사도란 직접 그리스도에게서 보내심을 받은 존재이며 자신의 사역에 대해서 그리스도에게만 보고할 책임이 있다는 점이다. 사도의 은사는 이러 저러한 일에 대해서 교회가 정한 규칙을 따르지 않으며 죄인들에게 복음을 전하러 나가는 일에도 제약을 받지 않는다. 그리스도에게서 보내심을 받은 사람으로서, 자신의 사명을 다하는 일의 목적과 영역에 있어서 그리스도에게만 보고할 책임이 있다. 이러한 의미에서, 사도는 하나님의 뜻에 대한 가장 권위 있는 최고의 계시를 가지고 교회를 모으고 또 질서를 부여하는 사역을 했으며, 이러한 사도의 사역에 대한 성서적인 기록은 이미 완성되었다. 비록 사도란 이름이 붙여지지 않았을지라도, 이러한 사도적 사역은 여전히 존재하며, 사도의 은사들은 행사되어 왔다. 특별한 사역을 위해 하나님이 세우시고 보내시는 사람들이 있다. 그들은 교회 안에서 또는 죄인들에게 분명한 결과 또는 효과를 일으킨다. 새로운 계시를 받는 것은 아니지만, 특별한 능력으로 사역을 감당하면서, 교회 지체들의 국한된 은사를 넘어서, 그리스도와의 특별한 관계 속에서 일을 성취한다. 사역의 성공 또는 특정한 사안에 대한 실패가 여기의 핵심은 아니다. 마찬가지로 터를 놓은 일에 사도들과 동역관계에 있는 선지자들도 (초대 교회에 존재했던 신약의 선지자들과 같은 의미는 아닐지라도) 여전히 존재하는 것으로 보인다. 사도들과 선지자들은 하나님의 마음을 계시했다는 점에서 공통점이 있다. 하지만, 오늘날에도 사도와 선지자의 은사를 받은 사람들이 존재하는 것으로 보인다는 말은 그들이 성경에 포함되지 않은 새로운 진리들을 계시한다거나, 또는 교회의 터가 완전히 놓여지지 않았기에 터를 놓은 일에 보충적인 사역을 한다는 의미가 전혀 아니다. 성령의 인도하심을 따라 교회에 필요한 진리를 소개하며, 또한 교회에 유익한 교리 또는 진리들을 단순히 가르치고 설명하는 일 보다 더 큰 사역을 하는 사람들이 있다. 그들은 성령의 특별한 능력을 받아서 (비록 성경에 그리스도의 마음이 소중히 간직되어 있지만) 무관심한 상태에 있는 교회를 향해 그 마음을 열어주고 교통하는 일을 한다. 또한 성령의 증거하는 능력을 의지해서 교회의 눈에 감추어진 진리들을 열어줌으로써, 교회의 현재 영적 상태를 고양시키며 장래 일을 보여줌으로써 세상의 미래에 대한 전망을 볼 수 있게 해준다. 물론 이 모든 것들은 다 성경에 보배처럼 간직되어 있지만, 그들은 교회를 향해 이것들을 하나님의 마음과 뜻과 능력에 따라서 현재적인 적용을 하도록 힘을 북돋운다. 이렇게 실제적으로 선지자의 사역이 있게 되면, (여기에 새로운 사실이 계시되는 것은 없다. 모든 것이 이미 성경에 기록되어 있다.) 교회의 긴급한 필요에 대한 그리스도의 직접적인 축복과 선물이 주어지게 된다. 이것은 교회가 말씀에 엄격하게 착념함으로써 되는 일이다. 말씀이 없이는 교회는 말씀의 능력을 경험하지 못하기 때문이다.

말씀과 교회의 이와 같은 관계는 보혜사 성령을 인식하고 또 의존하는 일과 병행해서 교회의 안전을 도모하는 본질에 해당된다. 기록된 성경, 물론 신약성경에 대해서 우리는 다음과 같이 말할 수 있다. "네가 어려서부터 성경을 알았나니 성경은 능히 너로 하여금 그리스도 예수 안에 있는 믿음으로 말미암아 구원에 이르는 지혜가 있게 하느니라."(딤후 3:15) 인간의 전통이나 유전이 이와 같은 성경의 자리를 차지할 수 있는 여지는 전혀 없다. 물론 사람이 만든 규례의 어떤 부분에 있어서는 확실히 인간 지성의 최고수준으로 밝혀 놓은 것이 있다. 하지만 사도행전 20장에서 사도 바울이 더 이상 그들이 자기 얼굴을 볼 수 없게 된 상황에서 그들을 확신시키며, "지금 내가 너희를 주와 및 그 은혜의 말씀께 부탁하노니 그 말씀이 너희를 능히 든든히 세우사 거룩케 하심을 입은 모든 자 가운데 기업이 있게 하시리라"(행 20:32)고 한 말을 생각해보라. (여기서 우리는 이미 살펴본 대로, 바울은 자신의 자리를 대신할 사도나 또는 후계자를 전혀 염두에 두고 있지 않았음을 엿볼 수 있다.) 은혜의 말씀이 능히 든든히 세워지는 것, 바로 이것이 그 당시 필요했던 것이었다. 교사로 하여금 이 은혜의 말씀을 가르치고, 목자로 하여금 이 은혜의 말씀으로 회중을 은혜롭게 인도하게 하며, 선지자로 하여금 이 은혜의 말씀을 능력으로 교회에 적용하게 하라. 이것이 든든히 세우고, 또 기업이 있게 하는 길이다. 따라서 교회를 인도하는 것은 사람의 규례가 아니라, 하나님의 은혜의 말씀이다. 하나님의 말씀이 사람의 길을 지도하고, 교회의 규례를 정하며, 또한 정확한 교리 체계를 세운다. 그렇지만 교리 체계가 우리를 능히 든든히 세울 수 있는 하나님의 은혜의 말씀 자체인 것은 아니다.

143

이런 점에서, 내가 믿기론, (사도 바울과 비교해 볼 때) 보다 종속적이고 보다 열등한 의미에서, 사도들과 선지자들이 여전히 존재할 수가 있다. 새롭고 아직 계시되지 않은 진리에 속한 계시를 받아, 하나님의 마음을 드러내는 도구였던 신약시대의 선지자들은 하나님의 마음을 성도들에게 드러내고 적용시킴으로써, 경계하고 덕을 세우고 또한 위로하는 일을 할 수 있었다. 마찬가지로 구약시대의 선지자들도 그러한 사역을 감당했다.

우리가 다시 살펴보고 있는 이러한 종속적인 은사자들, 사도와 선지자의 은사를 받은 사람들은 다른 은사를 가진 사람들과 동역하거나 또는 교회 안에 있는 사람들에 의해서 제한을 받았다. 상호 일치와 서로를 존중하는 태도가 유지되어야 했다. 권면하는 사람은 자기 차례를 기다려야 했다. 가르치는 사람도 마찬가지였다. 가르치는 일은 목자만 했던 것은 아니었다. 가르치는 은사를 이용해서 가르치는 일을 했던 목사와 교사는 자기 차례를 기다려야 했다.

어떤 면에서 볼 때, 사도와 선지자의 사역은 특별한 경우에 해당된다고 말할 수 있다. 비록 그들이 항상 하나님의 선하심과 그리스도의 영광을 위한 중인이었지만, 특별한 목적과 특별한 상황 속에서 교회를 섬겼다. 복음 전도자들은 이들과는 다른 경우에 해당된다. 복음 전도자들은 우리가 복음이라고 부르는 "하나님의 복음 속에 계시된 은혜의 메시지"를 죄인들에게 증거하는 일을 했다. 물론 모든 성도가 복음을 전하는 일을 해야 했지만, 그럼에도 특별히 복음을 선포하는 일에 은사를 받은 사람들이 있었다. 디모데는 사도 바울을 대신해서 교회를 목양하는 중에도 복음 전하는 일을 하도록 권면을 받았다(딤후 4:1-5). 우리가 그리스도의 은혜를 아는 인식 속에서 직분을 다하며 목양에 수고하는 것은 항상 건강하고 좋은 표시이다. 반면에 우리가 그렇지 못할 때에는 일반적으로 악한 표시이다. 그리스도의 은혜에 대한 인식이 없이 사랑의 뿌리를 깊이 이해할 수 있는 사람은 없다. 사도는 이러한 은혜의 사역에 힘썼다. 영혼들을 감당하는 일은 은혜에 의해서만 이해될 수 있다. 특별히 은혜는 마음에서 느껴지고, 이해될 수 있는 법이다. 사역을 하는 우리는 우리 자신의 영혼이 은혜를 맛보고 충족되는 것을 경험했기에, 그 은혜를 필요로 하는 영혼들의 필요를 보고 섬기는 일을 한다.

144

그 다음 그룹은, 마치 하나처럼 묶여 있는데, 곧 목사와 교사다. 이는 이들이 교회의 회중을 돌아보면서 (말씀으로) 먹이는 일을 하기 때문이다. 이처럼 돌보면서 먹이는 일(watching and feeding)은 대부분 하나로 연결되어 있고, 하나의 사역으로 묶여 있다. 다만 목양은 거룩한 지혜와 은혜로 양무리를 인도하는 일을 하면서, 성도들의 영적인 상태에 맞게 성경의 가르침을 적용하는 사역을 가리킨다. 우리는 이 사역이 둘로 나뉘어져 있음을 살펴보았다. 양무리를 돌보는 목사의 사역과 가르치는 교사의 사역이다. "가르치는 자면 가르치는 일"(롬 12:7)을 하라. 하지만 여기서 주요한 은사는 목사로서 교회를 인도하는 것이다. 하나님의 양무리를 목양하는 것과 먹이는 것, 지혜로 말씀을 적용하는 것, 교회 안에 침입한 이단(또는 이단적인 가르침)을 경계하는 것, 말씀으로 교회를 세우는 것, 성도들을 악으로부터 지키고 보호하는 것, 성도들로 하여금 (잘못된 길에서 돌이켜) 바른 길로 가게 하는 것, 다시 말해서 성도들을 돌아 보는 일을 하는 것이다. 여기서는 육신적인 사람들을 치리하는 것에 대해서는 언급이 없고, 다만 은혜의 사역을 하는 것, 곧 양육하고 보호하며, 먹이는 것에 대해서만 언급하고 있다. 이러한 일을 하는 사람들이 "목사들과 교사들(pastors and teachers)"이다.

이러한 것들이 교회의 사역을 이룬다. 처음 두 직분, 사도와 선지자는 최우선적으로 교회의 기초를 놓는 아주 특별한 사역을 하는 사람들이다. 뒤에 언급된 직분들 곧 복음 전하는 자, 목사와 교사는 이미 개척된 교회에서 보통 사역을 하는 사람들로서, 성도들을 자라게 도움으로써 그리스도를 알게 하고 또 그리스도의 장성한 분량에 이르도록 돕는 사역을 한다. 이렇게 함으로써 그리스도의 몸이 덕세움을 입게 되고, 범사에 그리스도에게까지 자라게 되는 것이다(엡 4:11-15).

이러한 직분을 주신 최우선적이고 최종적인 목적은 성도들을 온전케 하는 것이다. "이는 성도를 온전케 하며 봉사의 일을 하게 하며 그리스도의 몸을 세우려 하심이라."(엡 4:12) 성도들로 하여금 그리스도를 표준으로 삼아 그리스도를 닮도록, 그리고 그리스도의 장성한 분량에 이르도록 돕는데 있다. 이러한 사역을 하는 보조 수단으로서 공식적인 대상이 있었다. 이 구절에는 크게 두 가지 특징이 있는데, 하나는 헬라어 전치사의 변화가 있다는 것과 다른 하나는 관사가 생략되었다는 점이다. "이는 [for; pros] 성도를 온전케 하며 [with; eis] 봉사의 일을 하게 하며 [with; eis] 그리스도의 몸을 세우려 하심이라."(엡 4:12) 이러한 은사를 받은 사람들의 사역은 분명 보조적인 사역이다. 이 사역의 직접적이고 구체적인 목적은 성도들을 온전케 하고 또 성도들로 하여금 그리스도의 장성한 분량에 이르는 완전한 기쁨을 알게 함으로써 그리스도의 몸을 건강하게 세우는(the edifying of the body of Christ) 것이다. 다른 두 가지는 이러한 목적을 수행함으로써 오는 봉사와 축복의 방식을 보여주며, 이러한 은사들은 다른 것으로 나아가는데, 곧 우리로 하나님의 아들을 믿는 것에 일치를 이루고 또 그분을 아는 일에 일치를 이루게 함으로써 온전한 사람, 즉 완전한 성인으로 자라나게 하며 그리스도의 장성한 분량이라는 축복에 이르게 해준다. 이것은 우리가 이미 살펴본 그리스도의 충만에 이르는 것이다. 이로써 우리는 더 이상 어린 아이가 되지 아니하며 사람의 간교한 기술로 생각해낸 다양한 교리의 풍조에 밀려 요동치 않게 되며, 이러한 하나님의 은사들을 받은 사역자들을 통해서 보호를 받게 된다.

145

이 일은 우리를 그리스도께서 친히 세우신 은사자들의 중요성과 그들로 인해 주어지는 축복을 보도록 이끌어준다. 주님은 은혜 안에서 이러한 사역자들의 섬김과 봉사를 통해서 교회에게 미칠 선한 역사를 내다보시면서, 자신의 복된 충만성을 교회와 더불어 나누시길 기뻐하신다. 이로써 성도들로 하여금 선(善)으로 충만하게 하심으로써, 속이는 자들의 거짓된 가르침으로부터 성도들을 지키고 보호하는 일을 하신다. 이러한 사역자들은 모든 사람에게는 아닐지라도 모든 사람을 위하여, 교회에 주신 선물이다. 이러한 사역이 발전하려면 사역의 완전한 자유와 사역의 개방성을 유지하는 것이 무엇보다 중요하다. 그렇지 않으면, 이러한 은사들은 실제적이고 바르게 발전할 수가 없게 된다. 따라서 하나님은 "혹 가르치는 자면 가르치는 일로 혹 권위하는 자면 권위하는 일로"(롬 12:7-8), 또는 "각각 은사를 받은 대로 하나님의 각양 은혜를 맡은 선한 청지기같이 서로 봉사하라"(벧전 4:10)와 같은 명령의 형태로 말씀하셨는데, 이는 이것을 개인의 책임의 문제로 삼으신 것이다. "유다와 실라도 선지자라 여러 말로 형제를 권면하여 굳게 하고 얼마 있다가 평안히 가라는 전송을 형제들에게 받고 자기를 보내던 사람들에게로 돌아가되."(행 15:32-33) 여기서 선지자였던 유다와 실라는 이미 안디옥에 있는 사람들을 많이 권면하는 사역을 했다. 이렇게 자신이 받은 은사를 따라 지역 교회에서 섬기게 되면 "그에게서 온 몸이 각 마디를 통하여 도움을 입음으로 연락하고 상합하여 각 지체의 분량대로 역사하여 그 몸을 자라게 하며 사랑 안에서 스스로"(엡 4:16) 세움을 받게 된다. 여기서 주목할 점은, 이러한 사역들은 세상을 향해서 그리스도의 주되심을 증거하는 외적인 사역이 아니라, 몸을 세우고 몸을 자라게 하는 내적인 사역들이라는 것이다. 이 모두가 교회를 향한 그리스도의 사랑을 성취하는 것이며, 그리스도의 사랑으로 섬기는 것이며, 따라서 그리스도의 충만함에 이르도록 세우는 사역이다. 이렇게 교회의 내적인 사역은 세상을 향해서 그리스도의 주되심을 선포하는 것과는 다른 것이다.

이와 관련된 또 다른 중요한 요소가 있다. 요한계시록을 간단히 살펴볼 것인데, 그 이유는 독특한 성격 때문이다. 우선 요한계시록 1-3장을 보면, 몸의 하나됨이 더 이상 존재하지 않으며, 또한 이러한 하나됨의 능력 안에서 교회에서 역사하시는 하나님의 영을 볼 수 없다. 하지만 그리스도는 여전히 몸의 머리이시다. 그리스도는 교회들 가운데서 제사장의 특징을 가지고 심판장으로서 거니시고, 하나님의 영께서는 교회들을 향해서 교회에 주신 은사자들을 통해서가 아니라, 친히 서신(편지)을 통해서 예언적 경고를 하시는 영으로 소개되고 있다. "귀 있는 자는 성령이 교회들에게 하시는 말씀을 들을지어다."(계 2:7) 이것은 사도들에게 주신 은사이지만, 이제는 서신이라는 형식을 빌려 하나님의 영께서 친히 역사하신다. 따라서 귀 있는 모든 개인은 성령님에게 귀를 기울이도록 요청을 받고 있다.

146
이제 하나님의 영은 교회 안에서가 아니라, 천상에서 하나님 보좌 앞에 있는 일곱 영으로서 신적인 충만함 가운데 계신 존재로 소개되고 있다. 하나님의 영께서는 어린양의 권능을 선포하고 하나님의 섭리를 집행하는 사자로서, 온 땅에 보내심을 받은 하나님의 일곱 영으로 그 모습을 나타내고 있다(계 1:4). 더 이상 하나님의 영께서는 교회 안에 은사를 주시고 성도간의 교통을 나누는 능력으로서 역사하지 않고 있다. 이제 하나님의 영께서는 교회 안에서 신부와 더불어 신부의 유일한 열망과 갈망인 신랑의 오심을 요청하는 일에 함께 하고 있다. "성령과 신부가 말씀하시기를 오라 하시는도다."(계 22:17) 이렇게 해서 요한계시록의 전체적인 장면은 마치게 된다.

우리는 지금까지 개인 안에서 역사하는 하나님의 영의 역사를 살펴보았다. 성령님의 최고최상의 사역이자 또한 가장 복된 사역은 양자의 영으로서 우리 안에서 행하시는 사역이다. 그리고 나서 우리는 요한복음에 기록된 대로 보혜사로 오셔서 주권적으로 책망하고 인도하는 사역을 하시는 성령의 사역에 대해서 살펴보았다.

그 다음에 우리는 교회가 그리스도와 더불어 하나의 몸으로 연합되어 있음을 살펴본 후에 몸된 교회 안에서 역사하시는 성령님의 사역과 특징을 살펴보았다. 첫 번째 특징은 그리스도의 주되심을 몸된 교회의 각 지체들이 연합해서 증거하는 것이다. 두 번째 특징은 몸된 교회로 하여금 그리스도의 충만에 이르도록 그 몸을 자라게 하는 그리스도의 사랑의 사역이다. 마지막으로, 교회들을 향한 예언적이고 심판에 대한 경고의 사역이다. 이후로 성령님은 천상에 계시면서 지상에서 활동하는 교회들을 대상으로 역사하신다.

이를 통해 우리는 우리 안에서 그리고 세상을 향해서 신성한 능력으로 역사하시는 복된 사자(agent)의 사역과 역사를 충분히 살펴볼 수 있었다. 내가 믿기로 이 책은 이러한 주제와 관련된 가장 중요한 내용들을 다룬 것이다. 이것과 관련해서 이 책에서 더 이상 더할 내용은 없다고 본다. 성령에 대해서 더 알기를 바라는 사람들은 말씀을 통해서, 그리고 성령님의 도우심을 통해서 그 소원을 이룰 수 있을 것이다. 이 책을 벗삼아 이 주제에 대한 말씀을 계속해서 추구하게 되면 성령의 임재와 인격적인 능력 가운데서 거룩한 분을 아는 지식에서 자랄 수 있을 것이다. 성령님은 보혜사로 보내심을 받아 교회와 함께 하신다. 성령에 대한 생각에만 머물지 말고 성령에 의해서 실제 삶 속에서 인도함을 받으며, 성령의 힘으로 주신 은사를 따라 교회 안에서 봉사하고 성령의 지도를 받으라. 그리하면 이 모든 일을 성령의 힘으로 감당하게 될 것이며, 성령님이 높임을 받으시게 될 것이다!

이것이야말로 특별히 교회가 필요로 하는 것이다.

미주

1) 하나님의 안식일 제정은 하늘로서 내려온 만나(그리스도)와 연결되어 있다(출 16장, 요 6장을 보라). 그리고 르비딤 물가에서 이스라엘은 아말렉과 싸워야 했다(출 17장). 모든 그리스도인은 다소간 고통스럽더라도 자신의 마음으로 이것이 의미하는 바를 배울 필요가 있다. 이스라엘이 경험한 이러한 사건이야말로 성별과 성화의 과정이기 때문이다. 중요한 것은 성화와 칭의를 구분하는 일이다. 이것은 우리 자신을 판단하는 일을 동반한다. 우리가 자신을 살핀다면 하나님의 판단을 받지 않을 것이다. 우리 속에 있는 죄의 실체를 발견하는 일이 그리스도의 사역에 대한 분명한 지식을 얻는 일에 선행한다. 이 일은 보통 두려움과 절망을 동반한다. 이것은 쉽게 이해할 수 있는 현상이다. 그러한 지식을 얻은 후에, 죄는 더욱 혐오스럽게 느껴지지만, 그렇다고 정죄 받을 것에 대한 두려움을 동반하지는 않는다. 다만 죄 자체에 대한 혐오스러운 느낌을 갖게 된다.

2) 우리의 기준이 이것이 아니라면 성결에 대한 우리의 기준은 낮아질 수밖에 없다. 그리고 우리가 참된 그리스도인인지를 검사해볼 수 있는 성령의 열매 또한 저급할 수밖에 없다. 앞서 살펴본 대로 우리 자신을 살피는 일은, 자신이 믿음에 있다는 것을 확인하는 정도로만 만족해야 한다.

3) 여기서 본받는다는 말은 '함께 형성된다.'는 의미를 가지고 있으며, 헬라어의 구조상 '함께' 라는 접두어가 포함되어 있다.

4) 사실, 요한복음 14장에서 그리스도는 제자들과 함께 있는

동안 자신의 떠나가는 이유에 대해서 많은 말씀을 하셨고, 또한 제자들이 그리스도의 위격에 대해서 ("내가 시행하리라"고 말씀하심으로써 나타낸 주님의 권세를 통해서) 알아야 할 것을 보이셨다(25절을 보라). 따라서 제자들은 주님이 가시는 곳과 그 길을 알 수 있었다. 16절 이후에 주님은 자신의 떠나감으로 인해서 (물론 여전히 함께 계실 것이지만) 생기는 제자들의 위치의 변화와 그 결과에 대해 말씀하셨다. 이때 주어진 말씀은 "내가 아버지께 구하겠으니 그가 또 다른 보혜사를 너희에게 주사"라는 것이었다(요 14:16). 제자들은 새로 주어진 위치에서 위에 계신 아버지를 바라보아야 했다. 요한복음 16장에서는 연합에 대해서 다루고 있는데, 이 연합을 통해서 제자들은 아버지 앞에서 그리스도 자리에 서있을 수 있게 되었다. 이것을 성경은 "그 날에 너희가 내 이름으로 구할 것이요 내가 너희를 위하여 아버지께 구하겠다 하는 말이 아니니"(요 16:26)라고 말하고 있다. 제자들은 예수님의 이름으로 구한다. 이는 그들이 아버지 앞에서 주님의 자리에 있기 때문이다. 따라서 요한복음 15장 마지막 부분에서 "내가 아버지께로서 너희에게 보낼 보혜사"(요 15:26)에 대해서 언급했고, "일어나라 여기를 떠나자"(요 14:31)는 말씀으로 주님의 지상사역은 끝을 맺게 된다.

요한복음 15장은 높은 곳에 머리로서 좌정하신 그리스도의 높아짐을 선언하기보다는, 이 낮은 곳에서 주님이 자신이 참 포도나무 되시고, 그 사실을 증명하기 위해서 열매를 맺으시는 것에 대해서 설명하고 있다. 이스라엘은 명목상의 포도나무였고, 결국 버림을 받았다. 우리는 이 포도나무의 비유가 하나님 우편에 앉으시고, 또 하늘에서 높이 되신 그리스도의 머리되심을 설명하고 있는 것을 알고 있다. 이제 그리스도는 열매를 맺는 생명력의 근원이시다. 요한복음 15장에서는 이에 대한 진술을 찾아볼 수 없다. 하지만 성령의 존재가 그리스도께서 천상에 오르시고,

아버지의 영접을 받으시고 영광 가운데 들어가신 것에 대한 직접적인 증거이다. 요한복음 15장은 이에 대한 증언임을 주목하라. 포도나무와 그 가지처럼 제자들은 주님과 연결되어 있고, (제자들은 아직 천상에서 높임을 받지 못했지만) 그 증거로 열매를 맺는다.)

5) 여기에 사도 바울의 사역과 구분되는 차이점이 있다. 사도 바울은 요한복음 14장에서 언급하고 있는 증거의 두 번째 부분을 소유할 수 없었다. 바울은 처음부터 예수님과 함께 하지 않았다. 바울이 예수님을 처음 만났을 때, 그는 천상적인 주권의 영광 가운데 영화롭게 되신 그리스도를 보았다. 바로 이 점이 성령님이 증거하시는 내용이다. 바로 이 점이 바울로 하여금 더욱 순전하게 천상적인 증거만을 하게 했다. 그래서 바울은 "비록 우리가 그리스도도 육체대로 알았으나 이제부터는 이같이 알지 아니하노라"(고후 5:16)고 말했다. 베드로의 경우엔 어떨까? 베드로도 물론 동일한 진리를 전파했지만 그렇게 바울처럼 말하기 어려울 것이다. 오히려 베드로는 "나는…그리스도의 고난의 증인이요 나타날 영광에 참여할 자로라"(벧전 5:1)고 말할 수 있었다.

6) 성령님은 자신의 임재를 통한 직접적인 증거를 통해서 예수님을 거절한 죄에 대하여 세상을 책망하신다. 아버지는 그리스도를 영광 가운데 받으심으로써 아들로 인정하셨다. 그 결과 아들을 거절한 세상에 대하여 심판을 선언하신다. 제자들은 그 심판에서 전적으로 제외되었다. 요한복음 14장에 보면 축복을 받는 근거가 순종이라는 절대적인 원리로 소개되어 있다. 바로 이 점을 다음과 같은 말로 표현하고 있다. "너희가 나를 사랑하면 나의 계명을 지키리라 내가 아버지께 구하겠으니 그가 또 다른 보혜사를 너희에게 주사 영원토록 너희와 함께 있게 하시리[라]"(요 14:15-16)

7) 예루살렘이 그러한 지위를 누릴 수 있었던 것은 다만 은혜 안에서였다. 은혜는 예루살렘이 정작 이 은혜를 거절할 때까지 이 지위를 빼앗지 않았다. "Christian Witness(그리스도인의 증거)"라는 잡지에서 한 형제가 이 문제를 다루었다. 이것은 현재 우리가 다루고 있는 주제를 잘 드러내주고 있기 때문에 그냥 지나칠 수가 없다.

8) 이런 이유 때문에 사도와 선지자들의 특별한 능력은 지속되지 않았다. 그들은 교회의 터를 놓는 사역 즉 말씀으로 교회 진리를 세우는 사역을 한 후에는, 더 이상 존재할 필요가 없었다.

9) 에베소서 2장 22절과 3장 16절을 보라. 에베소서 3장은 우리를 신성한 충만과의 연합으로 안내한다. 우리가 그리스도 안에 있듯이, 그리스도도 우리 안에 거하신다. 그러므로 3장은 그리스도의 사역과 그 충만의 능력과 실제적인 기쁨, 안전과 이러한 사역에 의한 교제 속으로 교회를 이끌어 들이시는 것을 제시하고 있다.

10) 에베소서 1장은 특별히 성도들에게 하나님의 나타남을 제시하고 있다. 에베소서 3장은 성도들 안에 그리스도의 거하심과 그것을 통하여 그리스도의 충만을 체험토록 하시는 내용을 제시하고 있다.

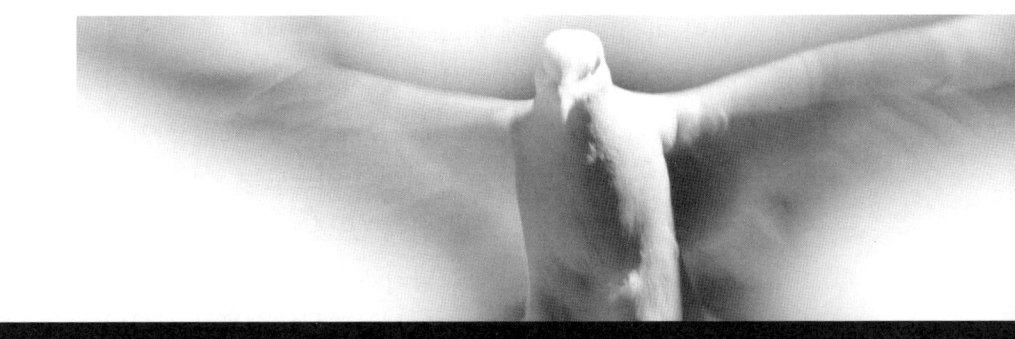

Chapter 2
성령의 인침
On Sealing with the Holy Ghost

254

우리가 하나님의 영으로 인침을 받는다는 것은, 타락으로 인해서 우리 영혼 속에 자리잡은 모호성과 안개가 낀 듯한 갑갑함이 해소된다는 측면에서 너무도 중요하다. 성경은 이 주제에 대해서, 그리고 이 주제가 이루고 있는 구성 요소에 대해서 비교적 평이하면서도 긍정적으로 설명하고 있다. 한편 성령의 인침을 받는 근거에 대해서는 거의 언급이 없지만, 성령의 인침을 받은 이후에 나타나는 구체적인 특징과 성령의 인침을 받은 그리스도인의 상태에 대해서는 자세히 나타나 있다. 성령의 인침에 대한 구체적인 내용들과 경험들은 상세한 연구와 타당하고 확장되어진 영적인 경험을 필요로 한다. 그럼에도 성령의 임재와 개인적인 성령의 내주는 기독교의 근간을 이루며, 한 개인을 그리스도인의 상태에 들어가게 해준다.

세례 요한이 자기 제자들에게 그리스도를 소개할 때, 다음과 같은 두 가지 특징을 말했다. "세상 죄를 지고 가는 하나님의 어린 양,"(요 1:29) 그리고 "성령으로 세례를 주는 이"(요 1:33)이시다. 여기서 성령으로 세례를 주는 분이신 그리스도는 "성령이 비둘기같이 하늘로서 내려와서 그의 위에"(요 1:32) 머문 것을 통해서 입증되었다. 그리스도는 하나님의 모든 신성이 육체로 거하는 분이셨으며, 사람이신 그리스도만이 구속의 역사가 성취될 때까지 홀로 성령으로 인침을 받고 기름부음을 받을 수 있으셨다(행 10:38). 이에 대해 세례 요한은 주님의 완전함에 대하여 "내가 보고 그가 하나님의 아들이심을 증거하였노라"(요 1:34)라고 말했다. 그리고 나서 그리스도는 성령에게 이끌리어 마귀에게 시험을 받으러 광야로 가셨다(마 4:1). 그리스도는 하나님의 성령을 힘입어 귀신들을 쫓아내었다(마 12:28). 영원하신 성령으로 말미암아 흠 없는 자기를 하나님께 드렸다(히 9:14). 하나님의 말씀을 증거했는데, 이는 하나님이 성령을 한량없이 주셨기 때문이다(요 3:34). 부활하여 능력으로 하나님의 아들로 선포되신 것도, 성결의 영에 의해서 된 일이다(롬 1:4).

이렇게 여러 성경구절들을 인용한 이유는 성령으로 인침을 받는 것의 중요성을 부각시키려는 것이다. 성령으로 인침을 받는 것은 그리스도에게는 자신의 완전성에 대한 증거였다. 우리에게는 구속의 결실이자 인장의 의미가 있다. 만일 그것이 그리스도의 위격과 성품을 인치는 것이라면, 그리스도께서 사람으로서 일하신 것도 성령의 능력으로 된 것이라면, 그 결과로 우리가 구속에 참여하게 되었다면, 그 중요성은 이루 말로 다 표현할 수 없게 된다. 게다가 그 사실과 연관해서 우리가 그리스도와 함께 하는 신분, 위치 속으로 들어오게 된 것은 참으로 놀라운 일이 아닐 수 없다. 그리스도께서 이 땅에 계실 때에는 오직 그리스도만이 홀로 성령의 인침을 소유하고 계셨지만, 그처럼 복된 선물을 우리에게 주실 수 있는 분이 하늘로 승천하신 후에는, 그 이루신 구속의 역사를 통해서 성령의 인침을 받을 수 있는 자격을 우리에게도 부여해주었다. 성령의 오심 또는 성령 세례는 그리스도의 승천의 결과이다. 이미 언급했지만, 성령의 임재를 근간으로 하고 있는 기독교는 그리스도께서 영광을 받으시기 전에는 존재할 수가 없었다(요 7:39). 그리스도께서는 높임을 받으셨을 때, 약속하신 성령님을 아버지께 받아서 이 세상에 보내실 수가 있었다(행 2:33). 이것은 주님이 친히 하신 말씀에 의해서 확증된다. "내가 너희에게 실상을 말하노니 내가 떠나가는 것이 너희에게 유익이라 내가 떠나가지 아니하면 보혜사가 너희에게로 오시지 아니할 것이요 가면 내가 그를 너희에게로 보내리[라]." (요 16:7)

255

그리스도께서 가신 곳을 우리는 알고 있다(요 14:4). 보혜사는 아버지에 의해서 그리스도의 이름으로 보내심을 받았고(요 14:26), 또한 그리스도에 의해서 아버지께로서 보내심을 받았다. 이러한 것들이 상세한 내용들이다. 이러한 성령님의 임재는 너무도 실제적이고 독특한 것으로, 성령님의 인격적인 임재는 절대적으로 기독교의 특징을 이루고 있다. 요한복음 7장은 "예수께서 아직 영광을 받지 못하신 고로 성령이 아직 저희에게 계시지 아니하시더라"라고 말한다. 흠정역은 "성령이 아직 주어지지

[given] 않았다"는 뜻에서 이탤릭체로 되어 있는데, 이로써 성령님에 대한 일반적 의미를 잘 전달하고 있다. 하지만 나는 문자적으로 말해서, 성령이라는 단어가 가지고 있는 충만하면서도 독특한 힘을 느껴보라고 말하고 싶다. 물론 이 구절은 이 때까지 성령님이 존재하지 않았다는 뜻은 아니다. 그렇게 생각하는 그리스도인은 없을 것이다. 구약성경은 하나님이 세상을 창조하신 때로부터 하나님의 영의 존재와 역사에 대해서 증거한다. 게다가 친히 증거하신 대로 만물을 창조하신 하나님의 아들이 성육신하실 때까지, 하나님의 영께서는 우리 가운데 내려 오셔서 인격적으로 거하실 수 없었다. 마찬가지로 하늘을 조성하시고, 혼돈스러운 수면을 운행하신[품으신] 하나님의 영은 영광을 받으신 사람이신 그리스도께서 하나님의 우편에 앉으시기 전까지는 이 땅에 내려와 인격적으로 거하실 수 없었다. 이제 하나님의 아들은 "내가 아버지께로 나와서 세상에 왔고 다시 세상을 떠나 아버지께로 가노라"(요 16:28)고 말씀하셨다. 마찬가지로 그리스도는 성령님에 대해서 이렇게 말씀하셨다. "내가 떠나가지 아니하면 보혜사가 너희에게로 오시지 아니할 것이요 가면 내가 그를 너희에게로 보내리니…그가 와서."(요 16:7,8) 성령님은 구약성경에 예언되었다. 그 약속은 오순절에 성취되었으며, 비로소 기독교가 존재하게 되었다.[1]

우리가 간략하게 살펴본 성경본문은 매우 중요한 요점을 제시해준다. 주님이 친히 기름부음을 받으시고 인침을 받으신 분이시다. 이 사실은 주님 자신이 성령으로 인치시는 분이심을 나타내는 하나의 표지였고, 이로써 세례 요한은 그리스도께서 하나님의 아들이심을 증거했던 것이다.

256

게다가 우리는 구속이 이루어지기까지 하나님의 뜻을 행한 이는 인자 외에는 없었음을 보았다. 구속을 이루시고, 하나님의 보좌 우편에 앉으시기 전까지 성령님은 아직 주어지지 않았다. 따라서 에베소 지방에서 사도 바울이 만났던 세례 요한의 제자들은 "우리는 성령이 계심도 듣지 못하였노라"(행 19:2)고 대답했던 것이다. 성령님은 그리스도의 증인으로, 즉 사람으로서 하나님 우편에 계신 그리스도를 증거하기 위해서 이 세상에 오셨다.

이 점은 매우 중요하다. 기독교의 시작점은 죄와 사망과 사탄의 능력과 하나님의 심판이 함께 어우러짐으로써 구속이 성취된 결과로, 사람이 높은 곳에서 의(義)의 새로운 자리를 차지하게 된 것으로 시작되었다. 그곳에 하나님의 아들이시요 사람이신 그리스도께서 계신다. 지극히 높은 곳에 오르신 그리스도는 사람으로서 성령님을 받으셨다. 그리스도는 이 땅에 계실 때에도 완전한 분이셨지만, 이 땅에 계실 때에는 (신자 속에 내주하시도록) 성령님을 받은 것이 아니었다. 이제 영광을 받으신 그리스도는 자신과의 관계를 통해서 (아버지께 받아서) 믿는 자들에게 성령님을 주시며, 그리하여 위에 있는 천상적인 것이 무엇인지 알게 하신다.

성경은 오직 신자들에게만 성령님이 주어진다는 것을 분명히 하고 있다. 요한복음 7장은 이 사실을 확증하고 있다. "나를 믿는 자는 성경에 이름과 같이 그 배에서 생수의 강이 흘러나리라 하시니 이는 그를 믿는 자의 받을 성령을 가리켜 말씀하신 것이라."(요 7:38-39)

이 사실은 요한복음 14장 16,17절에 더욱 강하게 표현되어 있다. "내가 아버지께 구하겠으니 그가 또 다른 보혜사를 너희에게 주사 영원토록 너희와 함께 있게 하시리니 저는 진리의 영이라 세상은 능히 저를 받지 못하나니 이는 저를 보지도 못하고 알지도 못함이라 그러나 너희는 저를 아나니 저는 너희와 함께 거하심이요 또 너희 속에 계시겠음이라."(요 14:16,17) 우리는 이 구절에서 성도들의 영원한 분깃이신 성령님을 볼 수 있는데 성령님은 그리스도께서 사람으로서 하나님의 우편으로 높임을 받으신 결과로 주어졌고, 그리스도는 자기 사람들에게 성령님을 주시기 위하여 성령님을 높은 곳에서 새로이 받으셨다. 성령님은 그리스도께서 그처럼 높임을 받으시기 전에는 이 땅에 오실 수 없으셨다. 아들께서 이곳에 계셨고, 그분을 알아보는 모든 사람들에 의해서 여기서 영접을 받으셔야 했다. 사람들은 그분을 영접하고자 하지 않았으며, 그것은 별개의 문제이다. 하나님의 영께서는 세상을 위해 이 땅에 오신 것이 아니다. 그분은 하나님의 택하신 도구들을 통해서 복음을 증거하는 일을 하신다. 그분은 우리와 영원히 함께 하시며, 또한 우리 속에 내주하시는 존재로 소개되셨다. 사람들은 그때나 지금이나 하나님의 영으로 거듭나지만, 성령께서 강림하신 일은 별개의 사안이다. 이 일은 오순절날에 일어났다. 제자들은 그리스도께서 친히 말씀하신 대로, 위로부터 능력을 입히울 때까지 예루살렘에 머물러야 했다(눅

24:49, 행 1:4,5, 2장 참조). 그리스도의 말씀으로 깨끗함을 받았고(요 13:10), 게다가 하나님께서 아담에게 생기를 불어 넣으신 것처럼, 그리스도께서 숨을 내쉼으로써 그리스도의 새로운 부활 생명에 참여하게 된 제자들은(요 20:22) 성경을 이해하는 새로운 지각과 총명을 얻었다. 그럼에도 그들은 성령님이 자신들에게 강림하실 것을 기다려야만 했다.

257

세상은 성령님에 대해서 아무 것도 모르며, 성령님이 끼치는 영향력에 대해서도 모른다. 이것은 오직 그리스도를 믿는 자, 곧 그리스도께서 하나님과 함께 하시던 그 자리에 자신들도 있음을 아는 사람들만을 위한 것이다. 또 다른 보혜사는, 비록 그리스도를 더욱 충만하게 계시하는 일만 하시지만, 어떤 의미에서는 그리스도의 자리를 대신하는 분이시다. 구속의 역사를 이루시고 하늘에 계시는 천상의 그리스도는, 구속의 효력을 통해서 신자로 하여금 장차 들어갈 영광을 소망하게 해주는 소망의 대상이 되신다. 따라서 성령님은 이 모든 일의 보증자(또는 보증금)이시자 또한 계시자이시다. 이것은 신자들에게 있어서 오직 거절당하신 구주와 연합한 자들만을 위한 것이다. 그리스도의 이름을 믿고 생명을 받았으며, 은혜로 말미암아, 하나님의 아들의 음성을 듣고 살아난 믿는 사람들이 있었다. 그들은 거듭나는 역사를 통해서 하나님 나라를 보고 들어가는 사람들이었다. 거듭난 유대인들은 주님이 니고데모에게 보여주신 대로 지상에 속한 약속들을 이후에 누리게 될 것이다. 하지만 구속이 이루어지고, 그리스도께서 사람으로서 하나님의 보좌 우편에까지 높아지신 후에야 성령님이 새로이 오실 것이며, 또한 성령님은 그리스도의 것들을 취하셔서 제자들에게 보여주실 것이었다. 이제 아버지께서 가지고 계신 것은 다 그리스도의 것인데, 높임을 받으신 사람으로서 그리스도께서 소유하신 모든 것들이 그들의 것임을 보여주실 참이었다.

한 사람이 이런 성령의 역사를 받아들이는데 있어서, 동일한 성령께서 이 생명 속에서 일하시고, 또 우리 안에 내주하실 때 이 생명에 의해서 역사하신다는 점을 제외하면, 성령으로 인침을 받는 것은 내 영혼이 거듭나는 일이나, 심지어 하나님의 진리의 말씀으로 하나님께로서 난 자로서 부활 안에 계신 그리스도의 능력으로 특별히 영혼의 살리심을 받는 일(요 20:22)과도 별개의 일이다. 이제 이 주제에 대해서 자세히 살펴보자. 성령님이 우리 몸에 내주하심으로써 생명과 성령님이 연결된 사실은 로마서 8장에 나타나 있다. 신성한 생명은 성령께서 우리 속에 내주하시기 시작해도, 그 생명의 신적인 원천이신 분과 분리될 수는 없다. 우리 속에 생명이 있다는 것과 신성한 위격을 가진 존재로서, 성령께서 우리 속에 인격적으로 거하시는 것은 별개의 사안이다. 로마서 8장은 우리 속에 있는 생명과는 별도로 그리스도의 승천 이후에 보내심을 받은 성령님을 구분해서 설명하고 있다. 만일 성령님이 위격 안에서 우리의 생명이 되셨다면, 성령님은 우리 안에서 성육신화 되실 것이다. 하지만 그러한 발상은 전혀 쓸데없다. 우리는 하나님의 영으로 거듭났지만, 하나님의 영으로 거듭난 결과로 하나님의 영이 인격적으로 우리 속에 내주하시는 것이 아니라, 다만 도덕적으로 동일한 영적인 본성이 생성

되는 것이다. 그래서 주님은 "성령으로 난 것은 성령이니(what is born of the Spirit is not the Spirit)"라고 말씀하지 않으시고, "영으로 난 것은 영이니(that which is born of the Spirit is spirit)"(요 3:6)라고 말씀하셨던 것이다. 이런 의미에서 우리는 신의 성품에 참여하는 자가 된 것이다.

골로새서는 생명에 대해서 다루지만 성령님에 대해서는 언급하지 않는다. 에베소서는 반복해서, 우리가 육신과는 대조되는 성령을 받은 사실과 그리스도와 연합된 사실, 그리고 아들들이 된 사실에 대한 주제를 전개하고 있다. 이로써 우리 몸은 하나님께로부터 받은 바 성령의 전이 되었으며, 값으로 산 것이 되었기에 우리 몸으로 하나님께 영광을 돌려야 한다(고전 6:19-20). 이렇듯 우리는 성령님을 선물로 받았고, 성령님의 임재로 인해서 기독교 또는 그리스도인의 세대가 시작되었다. 사람들의 마음 안에서 일어나는 어려움은 그것이 어떻게 시작되는 것인가에 관한 것이지만, 어쨌든 성령님의 임재로 인해 생기는 명백한 효력이 발생하게 되며, 이런 효력은 우리의 경험과 연결되어 나타날 수밖에 없다. 다른 방식으로는 성령의 임재가 가져다주는 효력을 발생시킬 수 없다. 성령님은 우리의 지성(마음)에 어떤 확실한 효력을 발생시키지 않고서 우리 안에 거하실 수는 없다. 신자는 자기 속에서 역사하는 현재적인 성령의 능력으로 인침을 받는 것이 사실이긴 하지만, 너무 우리 마음 안에서 그 증거를 찾으려 하다보면, 이 때문에 혼돈에 빠질 수 있다. 우리에게 주어진 특권을 알고 거기에 맞춰서 행동하는 것은 좋은 일이지만, 이 경우는 전혀 다른 문제이다. 성령으로 인침을 받는 것은 하나님이 보시기에 절대적으로 가치 있는, 우리 밖에서 이루어진 그리스도의 사역처럼 완성된 사역이 아니라, 우리 속에서 하나님의 영께서 생생한 능력으로 작용하심으로써, 그 영의 임재 자체로 우리가 인침을 받는 것이다.

258

이제 우리는 우리 안에 내주하실 때, 인 자체가 되시는 성령님의 역사와 인침 사이의 차이점을 구분해야 하는 시점에 이르렀다. 하나님은 그리스도의 완성된 사역과 그 결과로 그리스도께서 영광을 받으신 사실을 믿는 사람들에게 자신의 인을 치신다. 이에 대한 근거는 요한복음 7장과 사도행전 2장, 그리고 오순절이 그 증거다. 그 때 제자들은 신자들이었고, 잠시 동안 그들은 위로부터 능력을 덧입을 때까지 예루살렘을 떠나지 말고 그곳에 머물러야만 했다. 그들은 그리스도를 죽었다가 다시 살아나사 영광 가운데 들어가신 분으로 믿었고, 그러한 믿음은 인침을 받았다. 구속의 역사는 완전히 이루어졌고, 그리스도는 완전히 영광을 받으셨지만, 성령님은 아직 임하지 않으셨다. 그 결과는 장차 나타나게 될 것이었다. 그들은 그리스도의 완성된 사역에 의해서 하나님께 속해 있었기에, 그에 따라 인침을 받았다. 하나의 백성으로서 이스라엘 민족이 하나님께로 구속함을 받은 사실 자체는 광야의 경험과 가나안의 경험과는 별도로 절대적인 것이었다. 성령님의 임재는 그리스도 사역의 완전성과 그리스도께서 영광에 들어가신 일의 즉각적인 결과였다. 그들이 믿었다는 사실과 그에 대한 믿음이 있었다는 사실 외에 어떤 경험이나 영적인 역사에 대한 인식이 없어도, 성령님이 임하실 수 있었다. 그것이 바로 (성령의 인침과는 다른) 믿음의 인침(the seal of faith)이었다. 믿음의 인침은 경험과는 아무런 상관이 없었다.

여기서 에베소서와 로마서의 차이를 구분하는 것이 필요하다. 성도들의 마음에 혼동을 일으킬 수 있는 소지가 여기에 있다.

이제 일반적으로 알고 있는 것처럼, 로마서의 교리적인 부분에는 두 가지 구분되는 논제가 있다. 마치 소송의 판결문을 읽는 것처럼, 인간의 유죄성을 밝히고 은혜가 그리스도의 죽으심과 피흘림을 통해서 죄 문제를 합법적으로 만족시킨 것을 밝히고 있다. 그렇게 첫째 부분은 로마서 5장 11절로 끝나게 된다. 이 첫째 부분에서 하나님이 다루시는 내용은 우리가 범한 실제적인 죄들(sins)이다. 모든 사람이 죄를 범했다. 둘째 부분은 로마서 5장 12절부터 8장 끝까지인데, 이것은 법적인 소송과는 상관이 없다. 육신 가운데 있는 우리의 상태에 대해서, 그리고 그리스도 안에 있는가 또는 성령 안에 있는가에 대해서 논하고 있다. "한 사람의 순종치 아니함으로 많은 사람이 죄인이"(롬 5:19) 되었다. 이 둘째 부분에서 다루는 주제는 죄(들)의 사함이 아니라, 그리스도와 함께 죽음으로써 죄(또는 죄성)에 대하여 죽는 문제다. 이 부분의 모든 내용상의 전개는 자아와 연결된 경험, 실제적인 경험과 관계가 있다. 하지만 첫째 부분은 우리의 경험과는 관계가 없다. 우리를 위해서 그리고 우리 밖에서 이루어진 그리스도의 사역의 효과가 소개되어 있고, 또한 이러한 영혼 구속 사역의 원천으로서 하나님의 사랑이 소개되고 있다. "예수는 우리 범죄함을 위하여 내어 줌이 되고 또한 우리를 의롭다 하심을 위하여 살아나셨느니라 그러므로 우리가 믿음으로 의롭다 하심을 얻었은즉 우리 주 예수 그리스도로 말미암아 하나님으로 더불어 화평을 누리자."(롬 4:25-5:1) 로마서 5장에서 우리를 위한 사역이 이루어진 사실로 인해서 신자가 행복한 의식을 가지게 됨과 하나님이 사랑 안에서 소개된 일을 보게 되지만, 우리의 경험적인 상태와는 아무런 관계가 없다. 여기서 처음으로 성령님이 언급되고 있는데, 우리에게 주신 성령으로 말미암아 하나님의 사랑이 우리 마음에 부은 바 되었다는 것이다. 여기서 그리스도인 속에 성령님이 임해 있다는 사실을 암시적으로 볼 수 있다. 하지만 이 구절이 의도하는 바는 성령님으로 인해서 알게 되는 하나님의 사랑에 있지, 성령님이 우리 안에서 어떻게 역사하는지 또는 무슨 일을 하시는지에 대해서는 전혀 말하고 있지 않다. 이 내용은 둘째 부분에서 다루어진다. 다만 하나님의 영은 주어질 때부터 우리 속에서 일하시는 것은 분명하다. 로마서의 첫째 부분과 둘째 부분을 연속적인 과정으로 생각하는 것은 치명적인 실수를 불러온다.

259

우리가 행한 범죄로 인해서 유죄 판결을 받는 것과 아담의 자녀로서 우리가 처해 있는 상태를 인식하는 것은 전혀 별개의 문제이다. 전자를 통해서 우리는 유죄 상태에 떨어지게 되고, 의롭다 함을 받지 못한다면 심판을 받게 될 것이다. 후자를 통해서, 즉 우리가 아담에게 속해 있다는 사실 때문에 우리는 잃어버린 바 된 존재가 된다. 그리스도의 사역의 효력으로 말미암아 우리의 모든 죄는 영원히 깨끗하게 되었다. "저가 한 제물로 거룩하게 된 자들을 영원히 온전케 하셨느니라."(히 10:14) 따라서 단번에 정결함을 받은 우리는 더 이상 죽은 죄들로 인해서 양심상 괴로움을 갖지 않는다(히 9:14). "주께서 그 죄를 인정치 아니하실 사람은 복이 있도다."(롬 4:8) 그리스도께서 친히 우리 죄들을 정결케 하는 일을 하시고 하늘 높은 곳에 계신 위엄의 우편에 앉으신 후로는(히 1:3), 죄들은 더 이상 기억되지 않는다(히 10:17). 죄 사함을 받은 것 외에도 우리는 그리스도와 함께 살리심을 받아 그리스도 안에서 새로운 신분을 얻었다. 이것이야말로 인간을 위한 하나님의 구속의 장엄한 결과이다.

이제 죄 사함에 근거한 성령의 인침은 이러한 새로운 위치에 대한 지각과 의식을 준다. 하나님이 우리에게 죄를 물으신다는 생각은 이제는 불가능하다. (어떤 사람들은 신자가 죄를 지으면 하나님은 징계의 방편으로 사탄에게 넘겨준다는 생각을 가지고 있다. 이것은 어리석은 생각이다.) 우리에게 선물로 주신 하나님의 영에 의해서 우리는 인침을 받았고, 이로써 우리는 우리가 아들임을 알게 되며, 하나님을 아바 아버지라 부른다(갈 4장). 우리는 우리가 그리스도 안에 있으며, 또한 그리스도는 우리 안에 계심을 알고 있고(요 14장), 하나님의 사랑이 우리 마음에 부은 바가 된 것을 알고 있다(롬 5장). 요한일서 4장과 비교해보라. 따라서 성령님은 우리로 영광 안에 계신 그리스도를 닮는 일의 보증이시다(고후 5장).

성령님은 우리가 들어간 천상의 자리에 일치하도록 우리를 책망하시거나 또는 우리를 겸손하게 하는 일을 하신다. 성령님으로 그렇게 역사하도록 하신 하나님께 감사를 드리자. 성령님은 우리 영혼 속에, 완전한 구속이 우리를 인도하여 들어가게 한 천상의 자리, 그리고 그러한 구속의 역사로 말미암아 성령님을 우리 속에 내주하시도록 하신 사실에 반하는 그 어떤 것도 주실 수 없으시다. 그러한 생각을 지지하는 사상은 성령님을 거짓된 증거를 주시는 분으로 오해하게 만든다. 우리가 알아야 할 것은 성령님은 진리의 영이시라는 사실이다.

"너희는 다시 무서워하는 종의 영을 받지 아니하였고 양자의 영을 받았으므로 아바 아버지라 부르짖느니라." (롬 8:15) 이 구절은 단순히 새로운 생명이 우리에게 주어진 사실을 말하고 있지 않고, 구속의 역사를 통해 생명을 소유한 사람들이 들어간 하늘의 자리에 대한 인식을 갖게 된 사실을 말해준다. "내가 내 아버지 곧 너희 아버지, 내 하나님 곧 너희 하나님께로 올라간다 하라." (요 20:17) 이 구절은 하나님의 아들께서 죽었던 우리를 다시 살리신 사실(요 5:25) 뿐만 아니라 그리스도께서 자신에게 주어진 사역을 완성하셨기에, 사람으로서 (무죄한 첫 사람 아담의 자리가 아니라) 전적으로 새로운 자리에 들어가게 되었으며 또한 영화롭게 된 사실을 말해준다. 이제 성령님은 우리에게 천상의 그리스도께서 우리를 이끌어 들이신 새로운 관계에 대한 의식을 주신다. 이 천상의 자리는, 비록 그 천상의 자리에 참여한 사람들은 반드시 거듭난 사람들이어야만 하지만, 우리 밖에서 이루어진 그리스도의 사역의 열매로서 주어진 것이다. (그리스도 예수 안에서 함께 하늘에 앉은 바 된) 이 천상의 자리는 구속의 역사를 통해서 우리 믿음의 인장으로서 성령님을 받을 때에만 알

수 있고 또 들어갈 수 있다. 그렇지 않으면, 전혀 인식할 수가 없다. 경험의 문제는 말씀을 통해서 오게 되며, 경험은 육신과 성령과의 갈등 또는 다툼과 연결되어 있다. 이 문제는 우리로 하여금 그렇다면 육신이 무엇인지를 생각하게 만든다. 과연 육신 속에 있는 악한 본성이란 무엇인가? 여기선 이 문제를 다루지 않겠다. 하지만 중요한 것은 우리는 죄악된 아담의 후손으로 태어나면서 우리 속에 악한 본성을 가지고 태어났다는 것이다. 이에 우리가 숙고해야 하는 또 다른 문제가 생긴다.

이러한 의미에서 육신이 처해 있는 문제는 무엇일까? 사람으로서, 타락한 아담의 후손으로서, 우리가 가지고 있는 본연의 책임에 근거한 하나님과의 관계의 문제가 있다. 이 문제는 우리가 하나님을 향해서 가지고 있는 책임을 토대로 해서, 하나님이 우리를 어떻게 대우하실 것인가를 결정하는 근거가 되는 우리의 도덕적 상태에 관한 것이다. 이것을 판단하는데 있어서 율법이야말로 완전한 법률이 된다. 흔히들 양심이 각성되기만 한다면 나는 이러 저러할 것이라고 말한다. 하나님도 이러 저러한 방식으로 나를 대하실 것이다. 은혜는 이와는 정반대이다. 하나님은 그리스도를 통해서 이러 저러한 역사를 이루셨다. 나는 이러 저러한 은혜를 입고 있고, 거기에 합당한 열매를 맺는다. 이 사실이 모든 것을 변화시킨다.

탕자의 비유를 살펴보자. 탕자가 스스로 돌이켰을 때, 그는 자신의 죄를 인정했고 또 자신이 멸망 가운데 있음을 깨달았다. 그는 일어나서 아버지께로 돌아갔다. 그는 (평안이 아니라) 일종의 확신을 가지게 되었는데, 이러한 확신은 항상 영적인 각성과 동반해서 나타난다. 그럼에도 그는 "나를 품꾼의 하나로 보소서"라는 생각밖에 할 수 없었다. 집에 도착했을 때 아버지가 저를 보고 측은히 여겨 달려가 목을 안고 입을 맞추니, 이 모든 생각들은 사라지게 되었다. 그리고 아버지가 소유하고 있는 자리(신분, 위치)가 그의 자리가 되었고, 그를 위한 것이 되었다. 회심이 일어나고 바른 길에 있을지라도, 우리는 아직 제일 좋은 옷으로 입고, 또 아버지가 목을 안고 입을 맞추고 있는 것은 아니라는 사실을 생각해야 한다. 거듭난 상태에 머무는 사람은 아직 자신을 향한 아버지의 원대한 생각이 아직 실현되지도 않았다.

261

이제 그의 상황은 완전히 변화되었다. 그것은 그를 위해서 아버지가 해준 일 때문이었다. 우리 마음은 거짓된 가르침 때문에 현혹을 당할 수가 있고, 다시 율법 아래로 돌아갈 수도 있다. 그렇다면 신령한 효력은 나타나지 않는다. 이것이 갈라디아 교회들에 나타난 현상이었다. 그들은 은혜에서 떨어졌고 그리스도께서 아무 효력이 없게 되었다. 이것은 바른 영혼의 상태가 아니다. 그들은 할례를 더하는 것을 아무 것도 아니라고 생각했지만, 사도 바울은 그 종착역을 볼 수 있었다. 그렇게 하는 것은 정상적인 영혼의 상태에서 영적인 경험을 하는 것이 아니었다. 근본부터 기독교를 포기하는 것이었다. 그들은 하나님에 대해서는 아닐지라도, 그들의 마음 속 상태에 있어서는 은혜에서 떨어지게 되었다.

따라서 갈라디아서는 처음 시작부터 친절한 인사말로 시작하지 않을 뿐더러, 마지막에도 안부 인사가 없다. 사도 바울에게, 그것은 정상적인 영혼의 상태가 아닐뿐더러, 기독교를 아예 포기하는 것이었다. 그렇게 행하고 있는 자들 스스로가 베어버리기를 바랐다(갈 5:12). 만일 기독교계가 이렇게 흘러간다면 그리스도는 헛되이 죽으신 것이 되고, 그렇게 믿는 사람들은 저주를 받은 사람들이 되는 것이다. 이 모든 것들은 그리스도인들의 정상적인 경험이나 정상적인 상태와는 거리가 멀었다. 이는 "그리스도께서 죄를 짓게 하는 자"로 만드는 것이었다(갈 2:17). 그리스도 안에 있는 구속으로 말미암아 아브라함의 복이 이방인에게 임했고, 이것은 신자들로 하여금 성령의 약속을 받게 하려는 것이었다. 사도 바울은 여기서 더 나아가 신자들이 어떻게 하나님의 영을 받았는지를 설명하면서, (믿음으로 그리스도 안에서 아들이 되었고, 아들인고로 하나님은 아들의 영을 주셨던 것이다) 그들 속에 하나님의 영의 임재가 있음을 확증했다. 그 사실에 근거해서 그리스도께서 우리로 자유케 하려고 주신 자유가 있음을 설명했다(갈 5:1). 사도 바울은 자신이 표현한 대로, 그들을 위하여 다시 해산하는 수고를 해야만 했다(갈 4:19). 그들은 그리스도인으로서 영적으로 나쁜 상태에 떨어진 것이 아니라, 그들의 마음속에 아예 기독교를 포기해버린 것이었다. 문제가 된 것은 육신과 율법이었다. 육신이란 육신 안에 있을 때의 인간의 상태를, 율법이란 인간을 위해서 정한 하나님의 법률을 가리킨다. 하지만 이제 그리스도께서 영광을 받으셨기에, 성령님은 구속을 통하여 우리를 하나님과 아버지 앞에서 열납해 주시며, 또한 우리가 그리스도의 자리에 있다는 복된 자각과 의식을 주신다. 이러한 인식이 없다는 것은 일시적으로 영혼의 상태가 나쁘게 된 것이 아니라, 이미 언급했듯이 기독교를 포기해버린 것이다. 이것이 우리가 지금 다루고 있는 일의 핵심이다. 성령님은 우리의 상태에 따라서 주신 바 된 것이 아니라, 죽으셨다가 다시 살아나시고 또 영화롭게 되신 구주 예수 그리스도를 믿는 믿음에 근거해서 주신 바 된 것이다. 성령님은 그 외에 다른 근거에 의해서 주어지지 않는다. 만일 바울이 다른 식으로 그리스도를 알았다면, 다만 유대인으로서만 알았다면, 그는 성령님에 대해서 아무 것도 알 수 없었을 것이다.

262

성령의 임재는 예수님이 우리를 구원하고자 구속의 역사를 이루시기 위해 죽으시고, 피를 흘리시고, 다시 부활하심으로써 영광을 얻으신 결과로 주어진 특별하고도 독특한 것이었다. 따라서 여기에 그리스도에 대한 이중적인 부분이 있다. 즉 그리스도께서 십자가에서 죽기까지 순종하신 것, 즉 우리를 위해 그 끔찍한 잔을 마시고, 말하자면, 보배로운 피를 흘리신 것이 있고, 또한 그 결과로 그리스도께서 영광을 받으신 것이 있다.

전자를 통해서 우리는 그리스도의 부활로 증명된 구속의 성취를 본다. 만일 부활이 없다면 우리의 믿음은 헛것이 된다. 만일 그리스도께서 다시 사신 것이 없다면, 그래서 여전히 죽음 가운데 잠자고 계시다면, 우리는 여전히 죄 가운데 있을 것이다. 하지만 그리스도인은 부활하신 그리스도 안에서 새로운 상태에 들어간 사람이다. 따라서 우리는 성경이 "예수는 우리 범죄함을 위하여 내어 줌이 되고 또한 우리를 의롭다 하심을 위하여 살아나셨느니라"(롬 4:25)라고 말하는 것을 본다. 그리스도는 우리를 사랑하사 자기 피로 우리 죄들을 다 씻어주셨다.

후자, 즉 그리스도의 영화롭게 되심을 통해서, 우리는 그리스도께서 영광의 자리에 들어가셨고 또 우리를 위해서 영광스러운 자리를 획득하신 것을 본다. 따라서 차라리 우리 몸을 떠나 주와 함께 거하는 것이 행복한 일이긴 하지만, 사실 주님이 재림하셔서 우리를 자기에게로 영접하시기 전까지 우리는 그 영광스러운 자리를 소유하지는 못한다. 예수님께서 영광을 받으셨고, 또 구속 사역이 성취되었기에, 성령님이 오셨다는 것은 성경에서 분명히 밝히고 있는 것이다. 우리는 믿음에 의해서, 완성된 구원에 참여하고 있지만, 아직 영광을 얻은 것은 아니다. 이에 성령님은 믿음의 인장(印章)이시며, 또한 장차 나타날 영광의 보증(保證)이시다. 이는 그리스도 안에서 모든 것이 이루어졌고, 그리스도께서 우리의 선두주자로서 먼저 영광에 들어가셨기 때문이다. 성령님은 강림하셨고, 우리 안에 내주하시고 또 일하시면서 죄사함 받은 자로서 열매를 맺게 하시고, 그리스도 안에 있는 우리의 신분(지위, 위치)에 대한 완전한 인식을 알게 해주신다. 더하여 성령님은 아들됨의 인식(또는 자각)을 주신다. 아들이라면 상속자이다. 이러한 것들을 생각해보면 거듭남 자체만으로는 지극히 작은 것에 불과하다. 하지만 성령님을 선물로 받고 인침을 받는 것은, 지금까지 살펴본 그리스도의 사역에 대한 믿음을 통해서 온다.

우리는 그리스도의 피를 통해서 구속 곧 죄 사함을 받았다. 성령님은 "(그리스도의 피값으로) 사신 바 된 소유물을 구속하시는 날까지 우리의 기업에 보증"이시다(엡 1:14). 참으로 위대한 진리는 바로 신자들, 오직 신자들만이 그것을 얻는다는 것이다. 성경이 말하는 바에 근거해서 상세히 들여다보면, 사람이 인침을 받으려면, 그리스도의 위격에 대한 믿음 뿐만 아니라 그리스도의 사역에 대한 믿음이 반드시 있어야 한다는 사실을 보게 된다. 따라서 사도행전 2장에서, 유대인들은 예수께서 그리스도이시며, 자신들은 그를 거절했지만 하나님은 그를 높이신 것을 깨닫고 무서운 마음이 들었을 때, 그들은 "형제들아 우리가 어찌할꼬?"(행 2:37)라고 부르짖었다. 이에 베드로는 "너희가 회개하여 각각 예수 그리스도의 이름으로 세례를 받고 죄 사함을 얻으라. 그리하면 성령을 선물로 받으리니"(행 2:38)라고 대답했다. 그들은 그리스도께서 높이 되신 것을 믿어야 했으며, 그에 대한 증거로 성령님을 선물로 받게 될 것이었다. 그래서 그들은 성령을 받기 위해서 먼저 그리스도의 이루신 사역의 효력에 참여할 필요가 있었다. 사도행전 10장 43절에서는 성령으로 인침을 받는 근거가 죄 사함에 있음을 보여주고 있다. 에베소서 1장 13절을 보면, 그들이 믿었던 것은 "너희의 구원의 복음"이었다. 이것은 그리스도를 믿는 믿음에 근거해서 그들이 장차 받게 될 기업의 보증으로서 성령으로 인침을 받은 것을 말해준다. 따라서 누가 거듭났지만, 아직 성령을 받지 못했다는 것은 성경과 일치한다. 이는 "예수께서 그리스도이심을 믿는 자마다 하나님께로서 난 자니"(요일 5:1)라고 말씀하고 있듯이, 제자들의 경우에도 그리스도께서 지상에 계실 때에 믿었지만, 오순절이 이를 때까지 성령님이 오시지 않았기에, 그들이 성령님을 받지 못했던 것과도 일치한다. (성령을 받기 전에도) 제자들은 거듭남을 통해서 이미 생명을 소유하고 있었고, 말씀으로 깨끗함을 받았다.

263

이 경우는 성령님이 세상에 임하시기 전이었는고로, 우리와는 상황이 다르다. 분명한 것은 그들은 이미 하나님께로서 난 자들이었다는 것이다. 우리는 그 둘 사이를 구분할 필요가 있다. 사도행전 8장의 사마리아의 경우를 살펴보자. 이때에는 성령님이 이미 오신 후였고, 그들은 믿고 침례를 받았다. 하지만 아직 한 사람에게도 성령님이 내리신 일이 없었다. 하지만 사도들이 안수하매 성령을 받게 되었다. 마찬가지로 그 당시 사울이라 불린 바울의 경우를 살펴보자. 바울은 다메섹 도상에서 부활하신 그리스도를 만남으로 회심을 경험했다. 그리고 삼일동안 보지 못하고 식음을 전폐하며 기도하고 있을 때, 제자 아나니아가 와서 그의 눈을 뜨게 해줌으로써 성령으로 충만함을 받았다.

그러므로 그리스도인은, 성령님이 그 몸을 성전으로 삼아 내주하시는 사람이며, 내주하시는 성령님은 완성된 구속의 역사를 통해서 그로 하여금 들어가게 하신 천상의 자리에 대한 인식을 주신 사람이다. 하나님은 신자로 하여금 그리스도와 함께, 그리고 그리스도와 같은 영광을 얻도록 역사하시는데, 그리스도 안에 있는 자신의 신분과 자리를 그 영혼이 분명히 알게 해주심으로써 그렇게 하신다. 이렇게 그리스도와 함께, 그리고 그리스도처럼 영광을 얻는 것은 신자에게 하늘에 쌓아 둔 소망으로 남아 있다(골 1:5). 유대인들의 경우, 천년왕국의 축복을 얻고자 한다면 우선 거듭나야만 했다(요 3, 겔 36 참조). 하지만 그리스도를 믿는 사람들, 즉 그리스도를 보지 못했지만 그리스도와 연합된 사람들은 성령으로 인침을 받음으로써 여전히 보지 못하지만 그리스도와 함께 하는 복락을 얻었다. 따라서 성경은 "거룩하게 하시는 자와 거룩하게 함을 입은 자들이 다 하나에서 난지라 그러므로 형제라 부르시기를 부끄러워 아니하셨다"라고 말한다(히 2:11).

264
우리 속에 거하시는 성령님의 임재로 인해 소유하게 된 세 가지 특권이 있는데, 우리 안의 모든 것은 거기에서 흘러나온다. 첫째, 우리는 하나님을 "아바 아버지"라고 부른다(갈 4장). 우리는 우리가 하나님의 자녀임을 알고 있다(롬 8장). 둘째, 우리는 우리가 그리스도 안에 있으며, 그리스도는 우리 안에 있음을 알고 있다(요 14장). 셋째, 우리는 하나님의 사랑이 우리 마음에 부은 바 된 것을 알고 있다(롬 5장). 성령님의 임재는 하나님과, 그리스도와, 그리고 아버지와 함께 하는 복을 누릴 수 있는 능력이다. 요한일서 4장 12,13절과 비교해보라.

이것은 그저 약속에 불과한 것도, 천년왕국의 평화나 장차 그 자리에 들어감으로써 누리게 될 축복도 아니다. 다만 하나님이 "지극히 크고 영원한 영광의 중한 것을 우리에게 이루게"(고후 4:17) 하시고자, "눈으로 보지 못하고 귀로도 듣지 못하고 사람의 마음으로도 생각지" 못한 것들을 계시해주시는 것이다(고전

2:9). 하나님은 이 모든 것을 자기를 사랑하는 자들에게 계시해주신다. 새롭게 된 사람(the new man)은 주관적으로 하나님 자신을 즐거워하게끔 조정되며, 하나님이 자신을 위해서 해주신 일들을 알게 되면서 하나님을 향한 사랑이 더욱 발전되어 간다. 하나님은 더욱 그에게 그리스도의 사역과 고난과 그 후에 얻으신 영광의 의미들을 계시를 통해서 열어주신다. 이렇게 하시는 이유는 우리를 위한, 즉 우리가 장차 들어갈 하늘의 영광들을 우리에게 더욱 계시해주시기 위함이다. 그리스도의 사역의 완성과 장차 우리가 영광에 참여하는 일 사이에, 성령님이 오셨다. 성령님은 구속하시고 의롭다고 하신 우리를 인치신다. 우리가 아직 얻지 못한 영광의 보증이 되어주신다. 그러므로 우리는 "그리스도의 어떠하심과 같이 우리도 세상에서 그러하니라"라는 살아 있는 믿음을 통해서 그 사실을 인지하게 된다.

죄 사함, 아버지의 사랑, 그리스도 안에 있는 우리의 분깃과 자리, 그리고 하나님의 영광을 바라고 즐거워하는 것은 그리스도께서 자신의 생명이 된 사람들이 누리는 분깃이며, 자리이다. 여기서 성령님은 그리스도와 및 그리스도의 사역에 대한 믿음을 소유하게 된 (더 정확하게 말하자면, 그리스도와 그리스도의 사역에 믿음의 뿌리를 내린) 영혼들을 인치시고, 그렇게 구속의 날까지 인침을 받은 영혼들에게 현재적인 능력과 계시자가 되어주신다.

이렇게 새롭게 된 사람(The new man)은 신적이고 천상적인 것들을 능히 누릴 수 있게 되었지만, 그러한 것들을 다 설명하지 못할 수가 있다. 신적이고 천상적인 것들은 말씀 속에 감추어져 있다. 성령으로 인침을 받은 신자는 그러한 것들을 영적으로 분별할 수 있는 능력을 가지게 된다. (그리스도의 위격과 그리스도의 사역에 대한 개인의 믿음에 근거해서) 신자가 성령으로 인침을 받는 것은 성경에서 명확하게 밝히고 있는 진리이다. 그리스도께서 구속의 역사를 완성하시고, 하나님의 우편에 앉으심으로써 영광에 들어가신 그리스도에 대한 믿음을 가질 때, 신자는 그리스도께서 이루신 구속 사역의 효력의 진가를 알게 되고, 그리스도 안에 있으며 또한 아들이 된 자신의 신분을 인식하면서 하나님 앞에 있는 자신의 자리를 비로소 보게 된다. 이것이야말로 진정한 기독교이며, 그리스도인이 차지하고 있는 (미래적인 것이 아니라) 현재적인 상태이다.

따라서 그리스도인은 당연히 정죄 받았던 상태에서 벗어나게 되며, 하나님의 호의 가운데서 양자됨의 은혜를 누리며, 하나님의 영광을 소망하면서 즐거움을 누린다. 이 모든 것들은 다 우리의 죄들을(for our sins) 위해 내어주신 바 된 그리스도의 사역에 기초하고 있다.

265
우리 영혼의 상태와 경험을 서로 연결하고 있는 또 다른 요소가 있다. 나는 여기서 우리가 유죄상태에 있었고, 우리의 죄들이 그리스도에게 전가되었다는 등의 문제는 다루지 않을 것이다. 이에 대해선 이미 충분히 살펴보았다. 우리의 양심은 그리스도의 피를 통하여 정결하게 되었다. 하지만 우리 영혼 속에 무슨 변화가 일어났는가? 우리의 본성 속에 있는 단수의 죄(sin), 즉 죄성의 문제는 결코 죄 사함 받은 것으로 해결되지 않는다. 하나님은 그 죄를 미워하시며, 우리의 새로운 본성도 그것을 미워한다. 그럼에도 우리는 우리 속에 죄성이 있음을 발견한다. 나는 이미 로마서가 5장 11절에서 대단원의 막을 내리고 있음을 지적했다. 로마서 5장 11절까지는 우리의 전체적인 상태가 우리가 지은 죄들(sins) 때문에 정죄 상태에 있음과 하나님의 은혜가 나타나 그것을 해결했다는 것을 설명하고 있다. 우리가 지은 죄들을 위해 내어준 바 되었던 그리스도께서 다시 살아나심으로써 속죄가 이루어졌으며, 우리는 이제 하나님과의 화평 속에서 현재적인 호의와 영광의 소망과 우리에게 주신 성령으로 말미암아 우리 마음에 부은 바 된 하나님의 사랑을 누리고 있다. 이렇게 우리는 그리스도로 말미암아서 하나님을 즐거워하며, 그리스도를 통해서 우리는 하나님과의 화목을 이루었기에, 하나님과 화목 되었고, 또 하나님을 기뻐하고 있다.

이제 새로운 주제를 다룰 차례이다. 대표성의 원리이다. 한 사람은 죄에 대해 우리의 대표이며, 다른 사람은 순종에 대해 우리의 대표이다. 한 사람의 범죄를 인하여 많은 사람이 죄인된 것은 그 한 사람(즉 아담)과 연결되어 있기 때문이듯이, 많은 사람이 의롭다 하심을 받은 것도 그들이 다른 사람(즉 그리스도)과 연결되어 있기 때문이다.

이 대표성의 원리는 분명 (앞으로 전개될 주제와 연관해서) 새로운 주제이며 새로운 지평이다. 개인들이 정죄를 받고 심판을 받는 것은 다 각 개인들이 행한 일에 근거해서 이루어지는 것이다. 그런데 여기에 대표의 범죄를 인해서 영적 폐허 상태에 빠진 인류가 있다. 그리고 나서 율법이 더해졌는데, 이로 말미암아 죄들을 더욱 악화시켰고, 그 죄들을 불법으로 규정지었으며, 더욱이 근본 원리로써 죄의 실체를 드러냈으며, 율법의 요구 사항들을 통해서 인간의 양심은 더욱 각성하게 되었다.

이 주제는 옛 사람이 범한 죄들이 사함을 받고, 또 은혜를 통해서 그 죄들로부터 정결하게 되는 것을 다루지 않는다. 오히려 더 나아가 우리를 향한 하나님의 현재적인 은혜 속으로 들어가며, 또한 둘째 사람이신 그리스도 안에서 하나님 앞에 서게 된 새로운 상태와 새로운 신분을 얻게 된 것과, 그리스도 예수 안에서 새롭게 된 우리의 존재에 대해서 다루고 있다. 이에 대해 로마서 6장은 교리를 제시한다. 로마서 8장은 교리에 대한 믿음의 결과로서 우리의 상태를 다루고 있다. 우리가 그리스도 안에 있고 그리스도는 우리 안에 있으며, 영광의 후사가 되었고, 이제 그리스도와 더불어 고난도 함께 받아야 하는 주제를 다루고 있다. 이에 반해 로마서 7장은 율법과 영혼의 분투 과정을 다루고 있다. 이러한 과정을 통해서 우리 자아를 포기하고 대신, 그리스도를 소유하는데 있어서 그리스도와 우리 자신의 도덕적인 일치를 이루는데 꼭 필요한 우리 자신에 대한 지식(self-knowledge)을 얻게 된다.

로마서의 두 번째 부분에서는, 그리스도께서 우리가 지은 죄들을 위해 죽으신 것이 아니라, 우리가 그리스도와 함께 죽었음을 제시하고 있다. 바로 여기에 로마서 5장과 8장의 차이가 있다. 로마서 5장은 온 인류가 범죄에 빠진 사실과 은혜를 통하여 화목이 이루어진 사실을 다루고 있다. 그리스도는 우리의 범죄함을 위하여 내어줌이 되었고, 우리를 의롭다 하기 위하여 다시 살아나셨다. 이 모든 것은 하나님의 은혜이며 하나님의 선하심으로 인해서 온 것이다. 하나님과 화평을 누리는 것은 우리의 죄들이 해결되었기 때문에 가능해진 것이다. 이로써 우리는 현재적인 은혜와 호의를 누리며, 그리고 영광을 바라고 즐거워한다. 이 모든 것은 우리 마음에 부어진 하나님의 사랑 때문이다. 우리는 하나님을 기뻐한다. 반면 로마서 8장은 우리가 그리스도와 함께 죽었고, 그리스도 안에서 살아났으며, 하나님 앞에서 (율법에서 벗어나) 그리스도 안에 들어가 있는 우리의 상태에 대해서 교훈한다. 따라서 더 이상 정죄가 없으며, 생명의 성령의 법이 우리를 자유롭게 했고, 그 결과 그 영의 생각인 생명과 평안을 누리고 있다(롬 8:6). 로마서 5장에서는 성령으로 말미암아 하나님의 사랑이 우리 마음에 부은 바 되었다. 로마서 8장에서는 성령님은 우리 영으로 더불어 우리가 하나님의 자녀인 것을 증거하시며, 또한 우리 안에서 우리가 마땅히 빌 바를 알지 못할 때에도 말할 수 없는 탄식으로 우리를 위하여 친히 간구(중보)하신다. 이것은 그리스도 안에 있는 자로서 하나님 앞에 서있는 우리의 상태를 말해준다. 즉 하나님이 우리를 향해서 어떤 분이신가를 말하는 것이 아니라, 우리가 하나님을 향해서 어떠한 자인가를 말하고 있다.

나는 이미 로마서 6장이 이 모든 것의 교리적 근거를 제시해주고 있음을 밝혔다. 우리는 그리스도의 죽음에 들어가는 의미에서 세례(침례)를 받음으로써, 기독교의 신앙고백을 했다. 우리 옛 사람이 그리스도와 함께 십자가에 못 박힌 것은, 총체적인 죄의 실체로써 죄의 몸을 멸하려는 것이다. 십자가를 통해서 우리 옛 사람(아담)은 끝이 났다. 그리스도는 (우리가 지은 죄들에 대해서가 아니라 우리 속에 있는 실체로서) 죄(죄성)에 대하여 죽으셨고, 우리는 그리스도의 죽으심 속으로 들어가는 침례를 받았다. 이에 우리는 우리 자신을 죄에 대하여는 죽은 자요 하나님을 향하여는 산 자로 여겨야 한다. 우리는 더 이상 아담 안에 있지 않고, 그리스도 예수 우리 주 안에 있다. 이 모든 것은 다 아버지의 영광을 위한 것이다. 아버지의 영광이란 하나님이 계신 그대로의 모습이 발현되는 것이며, 하나님의 본성에 합한 것이 하나님 주변을 둘러 싸고 있는 것인데, 그리스도의 부활로 인해서 나타나게 되었다. 거룩함, 의로움, 장엄함, 하나님의 아들에 대한 사랑, 아들이 행하신 일에 대한 의식, 빛과 사랑 가운데서 모든 악 위에 뛰어난 탁월성, 그리고 사람이신 그리스도의 부활과 승천, 이로 말미암아 하나님을 온전히 영화롭게 해드린 일 등이 나타나게 되었다. 이제 우리는 그리스도 안에서 사는 자가 되었고, 그 사실을 보증해주고자 다시 사신 그리스도를 생명으로 소유하고 있다. 우리는 이제 우리 질그릇 속에 생명을 소유하게 되었고, 그것이 하나님 앞에서 우리의 자리가 되었다. 여기에 육신이 낄 자리는 없다. 사람으로서 그리스도는 죽음을 통과해서 천상에 들어가셨고, 아담에게서 난 사람으로서 육신과 연결된 (주님 자신은 죄가 없으시고 죄에서 멀리 떠나 계신 분이시지만) 모든 연결을 끊어버렸다. 주님은 참되고 실제적인 사람이시고 인자이시지만, 새로운 상태로 부활하심으로써 새로운 인류의 머리가 되셨다. 여기서 주님은 이전에는 사람과 연합된 적이 없었다는 점을 주목하는 것이 중요하다. 이것은 흔히 범하는, 치명적인 오류이다. "한 알의 밀이 땅에 떨어져 죽지 아니하면 한 알 그대로 있고"(요 12:24)라는 구절처럼, 주님은, 우리가 이미 살펴본 대로, 홀로 성령으로 기름부음을 받으셨고, 하나님 아버지의 인침을 받으셨으며, 율법 아래서 여자에게서 나신 참 사람이셨고, 죄 있는 육신의 모양으로 오사 유대인들 가운데 남은 자들과 자신을 일치시키셨다. 주님은 그들 가운데 한 사람으로 계셨지만, 죽으심으로써 그러한 연결은 끊어지게 되었다. 우리는 이제 새롭고 영광스러운 상태에 들어가신 그리스도를 우리의 머리로 삼아 그분과 연합을 이루고 있다(엡 1,2장). 이것이 바로 새로운 창조이다. 이제 다시 본 주제로 돌아가 보자.

267

우리는 그리스도와 함께 십자가에 못 박혔다. 여기서 이 일은 "옛 사람"에게 이루어진 일이다. 우리는 여전히 몸 안에 있지만, 우리는 더 이상 옛 사람이 서있는 자리에 있지 않다. 우리는 그리스도와 함께 죽음으로써 거기에서 빠져 나왔고, 이제는 그리스도 안에 있다. 우리는 이미 그리스도와 함께 십자가에 못 박혔기 때문에, 우리 자신을 죄에 대하여는 죽은 자로 (골로새서에서는 세상에 대하여), 하나님을 향하여는 그리스도 안에서 산 자로 여길 수 있게 되었다. 우리 옛 사람(또는 아담)이 하나님 앞에 서

있던 자리(신분)는 죽음을 통해서 끝났다. 그러므로 우리는 이제 그리스도 안에 있으며, 그리스도 안에서 하나님을 향해서는 살아 있으며, 또한 죽은 자 가운데서 다시 살아나신 그리스도 안에 있는 사람으로서 우리 자신을 하나님께 드려야 한다. 우리는 이처럼 새로운 생명 안에서 그렇게 할 수 있는 자유를 가지고 있다. 그렇지만 우리는 로마서에서 우리가 그리스도와 함께 살아난 존재라는 교훈을 받지는 못한다. 다만 의롭다 함을 받은 존재라는 것을 배울 뿐이다. 사람으로서 이 땅에서 사셨던 그리스도께서 이제는 우리의 생명이 되신다. 오직 우리 생명이신 그리스도를 통해서만 우리는 하나님 앞에서 그리스도 안에 있으며, 육신에 있지 않은 존재가 된다.

로마서의 첫째 부분은 양심상 정죄 받은 상태에 있던 우리를 하나님의 호의 속으로 들어가게 해주며, 그리스도의 사역을 통해서 의롭다 함을 받은 우리에게 하나님의 사랑을 아는 지식에 이르게 해준다. 둘째 부분은 우리가 그리스도와 함께 죽음으로 인해서 우리의 옛 상태에서 벗어났으며, 하나님 앞에서 우리가 그리스도 안에 있게 되었다는 우리 자신에 대한 새로운 지식에 눈을 뜨게 해준다. 이제 우리의 신앙고백은 단지 그리스도를 믿는다는데 있지 않고, 이제는 죽음의 세례(침례)를 통하여 우리가 그리스도의 죽음 속으로 들어갔으며, 우리도 그리스도와 함께 죽었다는 사실을 고백하는데 있다. 그렇지만 첫째 부분 자체로 이미 완전하며 절대적이다. 그럼에도 성령의 인침의 교리는 이 첫째 부분에서 볼 수 없다. 유죄상태에 있던 사람이 하나님의 은혜 속으로 회복을 받고, 하나님의 사랑을 누리며, 하나님과 화목

되고, 하나님 안에서 즐거워한다. 다시 반복해서 말하지만, 이 첫째 부분은 이 자체로 완전하다. 이 사람은 죄 용서를 받았고, 의롭게 된 사람이며, 하나님의 호의를 누리고 있으며, 자신에게 주신 성령으로 말미암아 자기 마음에 부은 바 된 하나님의 사랑을 누리고 있고, 영광을 바라고 즐거워 한다. 이 부분은 순전히 법적인 측면이다. 영생은 현재적 실존이 아니라, 끝까지 인내로 기다리는 자에게 주어지는 것으로 제시되고 있다. (로마서에서 영생은 요한복음과는 달리 은혜의 선물이 아니라, 항상 미래적인 것으로 제시되고 있다.) 하나님은 다만 우리를 향한 자신의 사랑을 보여주실 뿐이다.

우리의 상태와 신분이 그리스도 밖에 있느냐 또는 그리스도 안에 있느냐는 별개의 사안이고 서로 다른 포인트를 가지고 있지만, 그리스도 안에 있을 때에야 비로소 성령으로 인침을 받게 된다는 것이 중요한 점이다. 이 점은 에베소서와 고린도후서에서 특별히 다루고 있는 주제이지만, 신자를 인치는 것은 이미 생명을 소유하고 있고, 어린양의 피로써 정결함을 입은 사람들에게 행하는 것으로 항상 소개되고 있다. 참된 기독교의 특징은 이것이 분명하지 않은 곳에선 그 실제적인 특징이 잘 나타나지 않는다. 이 주제의 시작 포인트는 항상 우리의 자리(위치)와 연관이 있다. 즉 우리가 그리스도의 죽으심과 합하여 죽었고, 우리 옛 사람이 그리스도와 더불어 못 박혔기에, 우리가 더 이상 죄를 섬기지 않는다는 데 있다. 우리가 죄(sin)에게서 해방되어 자유를 얻는 것은 믿음으로 된다. 과연 우리 옛 사람을 개선하고 치유하는 방법이 있으며, 옛 사람을 벗어나서 새 생명 가운데서 행할 수 있는 힘이 있는가? 우리가 그것을 간절히 원한다고 할지라도, 옛 사람 그 자체로는 새 생명 가운데 바르게 행할 수 있는 힘도 없거니와 옛 사람을 개선할 방법도 없다. 만일 의(義)로움이 우리 타락한 아담의 상태(즉 육신의 상태)에서 소유할 수 있는 것이라면, 그렇다면 율법은 우리로 의로움을 얻게 해주는 도구가 될 것이다. 하지만 육신은 하나님의 법에 굴복치 아니할 뿐만 아니라 할 수도 없다. 율법은, 분명, 신령한 특징을 가지고 있다. 이는 율법이 정욕과 육신의 소욕을 금하고 있기 때문이다. 그러므로 율법에 근거해서 하나님 앞에 선다는 것은 소망 없는 일이 될 것이다. 로마서의 후반부는 바로 이 주제를 다루고 있다. 즉 하나님 앞에 서 있는 우리의 신분(위치, 자리)에 대한 것이다.

268

이제 우리는 두 가지 요점을 가지고 있다. 우리는 거듭났지만, 이것으로 충분하지 않다. 왜냐하면 육신이 함께 하고 있기 때문이다. 그렇다면 율법이 우리가 의로움을 얻는 근거가 된다. 죄(sin) 또는 죄성이 육신 속에 있기 때문이다. 따라서 율법으로 충분하지 않다면, 율법은 아무 것도 아닌 것이 된다. 그러므로 우리에겐 우리 옛 사람이 그리스도와 함께 십자가에 못 박혔으며, 우리가 이미 그리스도와 함께 죽었다는 진리가 필요해진다. 오직 믿음으로 인해서 육신은 죽음을 통하여 처리되고, 그리스도는 생명으로 내 속에 임하신다. 육신 안에 있던 죄는 십자가로 정죄를 받게 되고, 죽음은 총체적으로 사람의 옛 상태에 적용된다. 물론 그리스도는 전혀 죄를 범치 않으셨지만, 우리를 위해서 죄가 되셨다. 그리스도는 죄(sin), 즉 죄성을 해결하고자 십자가에 달리셨다. 따라서 육신 안에 있는 죄에 대한 정죄문제는 지나가게 되고, 그리스도의 죽으심을 통해서 능력이 임하게 된다. 이제 나는 죽은 자 가운데서 다시 살아나신 그리스도와 연결되어 있다. 나의 첫 번째 남편인 율법은 내가 살아 있는 동안 나를 주장했지만, 이제 나는 그리스도와 함께 죽었다. 그리스도의 죽으심을 통해서 하나님은 육신 안에 있는 죄를 정죄하셨다. 그리스도는 그 정죄를 담당하셨고, 죽음으로써 끝내셨다. 이렇게 그리스도와 더불어 죽음을 맞은 나는 더 이상 율법 아래 있지 않게 되었고, 율법이 적용되는 모든 상태로부터 벗어나게 되었다. 나는 이제 그리스도 안에 살아 있을 뿐만 아니라, 죄와 정죄가 완전히 끝나고 지나간 새로운 자리에서 부활하신 그리스도와 연합을 이루고 있다. 이렇게 다시 살리심을 받은 나의 새로운 존재는 육신을 그 자리에 남겨두었다. 나는 육신의 열매와 육신의 활동을 싫어했지만, 율법의 작용에 의해서 나의 마음은 늘 율법 아래서 신음하고 있었다. 그것이 바로 하나님이 우리에 대해서 느끼고 계시는 바이다. 하나님은 우리가 적용을 받고 있는 원리에 따라서 우리를 대우하신다. 율법 아래서 내가 더욱 거룩(성화)을 갈망하면 할수록, 나는 더욱 비참함을 느낀다. 하지만 그리스도의 죽음에 참여함으로써 나는 나 자신을 죽은 자로 여길 수 있게 되었다.

그러므로 (죄와 율법과 자아로부터의) 영적 해방은 그리스도의 죽으심을 통해서 임한다. 즉 내가 그리스도와 함께 십자가에 못 박히고 또 부활하신 그리스도와 하나로 연합됨으로써 임하는 것이다. 내가 해방되었다는 것을 어떻게 알 수 있는가? 바로 성령님을 통해서이다. 로마서 8장에서 우리는 그리스도 안에 있고, 그리스도는 우리 안에 있다(롬 8:1, 10). 우리가 이 상호거주의 실제를 아는 것은 오직 성령님을 통해서만 알게 된다(요 14:20). 우리는 더 이상 육신에 있지 않고 성령 안에 있다. 그렇다면 하나님의 영이 당신 속에 거하시는 것이다. 더 이상 정죄가 없다. 왜냐하면 우리는 이제 그리스도 안에 있기 때문이다. 만일 그리스도께서 우리 안에 계시면 몸은 죄로 인해서 죽은 것이다. 만일 살아 있다면 그 열매를 맺을 것이다. 이제 우리는 살아 났다. 왜냐하면 성령께서 (우리에게 주어진) 의(義)를 인하여 (우리의) 생명이기 때문이다(롬 8:10).

269

이제 우리는 로마서 7장이 가지고 있는, 보충 설명을 위해서 삽입된 특징을 주목해야 한다. 로마서 7장은, 우리 영혼이 처해 있는 두 가지 상태, 즉 다시 살리심을 받았을 때 우리 영혼은 남편으로서 율법과 연결되어 있으면서도 다른 한편으로는 죽은 자 가운데서 다시 살아나신 그리스도와 연결되어 있기 때문에, 이 두 사이에서 어떠한 발전이나 진보도 없이 다만 절대적으로 양립할 수 없는 두 사이에 끼어 있게 됨으로써, 문제를 일으키고 있는 율법의 문제를 다루고 있다. 우선적으로 우리 영혼은 죽었고, 율법으로부터 벗어났다. 오직 그리스도와 함께 십자가에 못박힘으로써 정죄와 사망이 다 이루어졌다(고후 3장, 갈 4장 참조). 우리는 그리스도의 몸으로 말미암아 율법에 대하여 죽었다. 이는 우리로 다른 이에게로 가서 결혼하게 하려는 것이다. 우리는 동시에 두 남편을 가질 수 없다. 우리는 기독교의 빛을 통해서 보고 또 평가되는 율법의 경험적인 효력을 충분히 알고 있다. 율법은 오로지 죄를 일깨우고 유발시킬 뿐이다.

로마서 7장의 경험은 율법이 무엇인지 모르는 사람의 부르짖음이 아니라, 오히려 영적인 지식을 가지고 율법을 판단할 수 있는 사람이 겪는 영적 고뇌에게서 나오는 것이다. 그러한 상태에 처한 그리스도인으로서 우리는, 성경에서 표현된 대로 율법이 신령한 줄 알고 있다. 사실을 말하자면, 어느 누구도 그러한 상태, 즉 의지적으로는 항상 옳으면서도, 행함에 있어서는 항상 잘못 행하고 있는 상태에 영원히 있을 수는 없다. 여기서 율법은 다음과 같은 사람에게 역사한다. 즉 의지는 새로워졌지만 여전히 율법 아래 있는 사람, 그리고 하나님과의 관계에 대한 사고방식에 있어서 육신적인 사람, 하나님의 법을 사랑하고 순종하기를 바라지만 자신이 어떠한 사람인지(얼마나 무능력한 사람인지)에 대한 하나님의 생각을 그대로 받아들이지 않는 사람, 즉 은혜와 정반대의 상태에 있는 사람에게 율법은 역사하고 있다.

율법은 그 요구사항에 있어서 신령한 것으로 보인다. 율법 아래 있는 사람의 양심은 율법의 선함에 만족스러워하며, 그 마음은 속 사람을 따라 율법을 즐거워하지만 율법을 지키는 데에는 성공하지 못한다. 늘 자기 지체 속에 있는 죄의 법 아래로 사로잡히는 것을 경험한다. 마음은 있지만 율법의 선함을 어떻게 이룰 수 있는지 방법을 찾지 못한다. 이것이 바로 해방을 경험한 사람이, 자신이 아직 육신 가운데 있었을 때 해방을 경험하지 못한 채 율법 아래 있을 때의 모습을 되돌아 보고 있는 경우이다.

이제 이 사람은 하나씩 배워간다. 첫째로, 자신은 유죄 상태 아래 있지는 않지만, 그렇다고 자기 속에, 곧 자기 육신에 선한 것이 거하지 않는다는 것을 배운다. 둘째로, 자신이 육신을 미워하기 때문에, 육신이 자신이 아니라는 사실을 배운다. 셋째로, 육신은 자신이 감당하기엔 너무도 강하기에, 율법을 지켜 행하고 싶은 자신의 뜻을 이룰 수 없다는 것을 배운다. 여기서 배우는 교훈은 두 가지이다. 즉 하나는 영적으로 분별했을 때 육신 속에 선한 것이 거하지 않는다는 것이고, 다른 하나는 우리는 율법을 지킬 수 있는 힘이 없다는 것이다. 우리 자신과 죄를 구분해내는 것은 종종 우리 마음을 안심시키는 일이긴 하지만 결코 해방의 역사와 경험을 가져다 주지는 못한다. 여기서 매우 중요한 점은 우리가 육신이 무엇인지를 알아야 한다는 것이며, 또한 율법 아래 있다는 것이 무엇인지 경험적으로 알 필요가 있다는 것이다. 우리가 이 사실을 분명히 배웠다면, 하나님은 우리가 율법 아래 머무는 것을 기뻐하지 않으신다. 율법 아래 있는 것은 결코 그리스도인의 정상적인 상태가 아니다. 하지만 해방을 경험하게 되면, 생애 끝까지 싸움이 있게 되는데, 이 싸움은 그리스도인 속에서 일어난다. 즉 육신의 소욕과 성령의 소욕과의 싸움이다. 여기선 성령도 그리스도도, 문제가 되지 않는다. 우리는 동시에 두 남편을 모실 수 없다. 만일 내가 그 아들을 내어주신 하나님의 사랑을 경험적으로 알았다면 내가 서있는 자리는 그리스도 안에 있는 것이어야 한다. 하나님이 나를 받아주시는 것은 내가 하나님을 위해서 무엇을 행했느냐에 달려 있지 않다. 그것은 율법 아래 있을 때의 이야기이다.

270

로마서 7장은 하나님의 영을 소유하고 있는 사람이 율법의 역사와 작용을 어림짐작해서 제시하고 있는 내용을 담고 있다. 따라서 "우리가 알거니와"라고 말할 수 있다. 그러므로 그는, 우리는 육신적인 사람(we are carnal)이라고 말할 수 없다. 로마서 8장 상태에 있는 그리스도인은 그렇게 말할 수 없다. 만일 누군가 "로마서 7장에 있는 사람은 하나님의 영을 받은 사람인가요? 그는 인침을 받았습니까?"라고 묻는다면, 나는 "절대로 그렇지 않습니다"라고 대답할 것이다. 그는 죄의 법 아래로 사로잡힌 사람이다. 하지만 주의 영이 계신 곳에는 자유가 있다. 로마서 8장에 있는 사람은 영적 자유를 얻었고, 더 이상 육신에 있지 않다. 성령으로 인도하심을 받고 있는 사람은 율법 아래 있지 않다(갈 5:18). 이것이 바로 로마서 7장에서 묘사하고 있는 것이다. 율법 아래 있다가 빠져나온 사람만이 성령의 인도하심에 의해서 그렇게 표현할 수 있다. 죄가 더 이상 그 사람을 주관하지 못한다. 이는 그가 율법 아래 있지 않고 은혜 아래 있기 때문이다. 내가 비록 로마서 7장을 (로마서 6장의 교리와 로마서 8장의 실제적인 상태 사이에 들어온) 삽입장이라고 말했지만, 어떤 의미에서 로마서 6장은 로마서의 교리적인 측면을 마감하고 있다. 이제 죄가 더 이상 그리스도인을 주관하지 못한다. 이는 그리스도인은 더 이상 율법 아래 있지 않고 은혜 아래 있기 때문이다. 따라서 이제 순종의 삶을 통해서 자신을 하나님께 드리게 되고, 이제야 거룩에 이르는 실제적인 열매를 얻게 되는데, 이 마지막은 영생이다. 죄의 삯은 사망이지만 하나님의 선물은 예수 그리스도 우리 주님으로 말미암은 영생이다(롬 6:22,23).

따라서 신자가 처해 있는 두 가지 경험적인 상태는 율법 아래 있는가 또는 그리스도 예수 안에서 성령의 능력 아래 있는가, 둘 중 하나이다. 이 둘 사이의 절대적인 차이점은 너무도 분명하다. 이것은 영적 성장 또는 성숙의 차이가 아니라 대조적인 영적 상태의 차이이다. 이 둘 사이의 부조화성은, 내가 이미 언급한 것처럼, 두 남편을 섬기고자 하는 경우에 해당된다. 다른 남편에게 가려면 죽음을 통해서, 결혼의 끈을 완전히 단절시키는 것 외엔 방법이 없다. 이제 두 상태의 절대적인 차이점에 대해서 살펴보자. 로마서 7장에 있는 사람은 육신에 속한 사람이다. 로마서 8장에 있는 사람은 더 이상 육신에 있지도, 육신에 속해 있지도 않다. 왜냐하면 하나님의 영이 그 사람 속에 거하고 있기 때문이다. 로마서 7장에 있는 사람의 경험은 오로지 율법만을 생각한다. 로마서 8장에 있는 사람은 그리스도의 몸으로 말미암아 율법에 대하여 죽임을 당했다. 이것은 육신에 있느냐, 아니면 성령에 있느냐의 문제이다. 그리스도는 우리 안에 있고, 몸은 죽었고, 성령님은 해방을 경험한 영혼 속에 생명으로 존재하신다. 그러므로 우리는 로마서 7장에서, 두 남편 사이에 끼어 있는 한 여인을 볼 수 있다. 이 여인은 새로움을 받았지만 여전히 율법 아래 매여 있거나, 아니면 그리스도와 함께 죽은 자 가운데서 다시 살아났거나 둘 중의 하나이다. 전자의 경우, 죽음을 통해서만이 결혼 관계의 끈을 끊을 수 있다. 당신이 지금 전자의 경우를 경험하고 있다면, 새로움을 받았지만 율법 아래 있으며 육신 또한 당신 속에 살아 있기에, 새로워진 영혼이라도 율법 아래서는 율법을 지켜 행할 수 없는 무기력한 상태에 있음을 알아야 한다. 그렇다면 당신은 해방자, 즉 그리스도를 통하여 당신을 사망의 몸에서 건져주시는 해방의 역사를 이루시는 하나님을 필요로 한다. 영적 해방을 통해서 우리는 그리스도 안에서 살아났으며, 그리스도는 우리 안에 있고, 죄에 대하여 죽었으며, 그리스도와 함께 십자가에 못 박히게 되었다. 그러므로 이제 그리스도 안에 있게 된 사람에게는 정죄함이 없다. 비록 육신이 내 속에 있지만 그리스도 안에 있는 생명의 성령의 법을 통하여 율법으로부터 자유를 얻었다. 이제 나는 성령의 능력 안에 있는 생명으로서 그리스도를 소유한 채 하나님 앞에 서있다. 이 모든 것은 율법이 할 수 없었던 것이며, 또한 내가 율법 아래 있을 때에는 결코 이룰 수 없는 일이었다. 왜냐하면 육신은 하나님의 법에 굴복치 아니할 뿐 아니라 할 수도 없기 때문이다(롬 8:7). 하지만 하나님이 하셨다. 따라서 육신은 죄를 위한 희생 제물이신 그리스도의 죽음을 통해서 합법적으로 처리되었고, 나는 그리스도와 함께 죄에 대하여 죽었다. 옛 사람은 십자가에 못 박혔고, 십자가를 통해서 처리되었다. 하나님은 육신에 있는 죄, 또는 죄성을 십자가에서 정죄하셨다.

271

이제 우리 안에 내주하시는 성령님을 통해서 능력이 임한다. 이것은 2절이 묘사하고 있는 대로, 우리가 들어간 상태의 절정이다. 성령의 일들과 성령을 좇아 행하는 것은 (우리 속에 존재하고 있는) 신성한 인격과 새로운 본성을 직접적으로 전제하고 있다. 여기에서 우리 속에 계신 그리스도가 능력으로 존재하느냐 또는 생명으로 존재하느냐를 구분할 수는 없지만, 중요한 것은 옛 아담이 서있던 자리에서 새로운 자리로 변화되었다는 데 있다. "만일 너희 속에 하나님의 영이 거하시면 너희가 육신에 있지 아니하고 영에 있나니." (롬 8:9) 여기서 육신은 하나님의 법에 굴복하지 아니할뿐더러 굴복할 수도 없는 존재이다. 로마서 6장에 의하면 "그리스도께서 너희 안에 계시면 몸은 죄로 인하여 죽은 것이나" (롬 8:10), 몸은 그 소욕이 살아 있기 때문에 오직 죄의 열매만을 맺는다. 하지만 나는 그리스도와 함께 살아난 사람으로서, 성령님이 능력으로써 나의 생명이 되어 주시고, 또 내 안에 의로움을 산출해주시는 분(producer of righteousness)이 되어 주셨다. 게다가 성령님은 내게 완전한 해방을 이루어주신 분이시다. "예수를 죽은 자 가운데서 살리신 이의 영이 너희 안에 거하시면 그리스도 예수를 죽은 자 가운데서 살리신 이가 너희 안에 거하시는 그의 영으로 말미암아 너희 죽을 몸도 살리시리라." (롬 8:11) 이 일을 이루신 것은 육신과는 대조적인 특징을 가지고 있는 하나님의 영이다. 이 하나님의 영은 우리로 지금 그리스도의 형상을 생생하게 본받게 해주시는 그리스도의 영이시며, (그리스도의 인성을 나타내는 이름인) 예수를 죽은 자 가운데서 살리셨을 뿐만 아니라 장차 우리 몸의 구속을 통해서 최종적인 해방을 이루실 이의 영이시다.

이제 이런 점에서 성령님에 대해서 생각해보자. 성령님은 단순히 우리 안에 내주하시는 신성한 인격체가 아니라, 생명으로 운동력있게 역사하실 뿐만 아니라 우리 자신의 영과는 구분되게 활동하시는 존재이시다. 그 영으로 말미암아 우리는 몸의 행실을 죽이고, 그 영에 의해서 인도함을 받는다. 성령님은 양자의 영이시며, 성령으로 말미암아 우리는 하나님을 아바 아버지라 부르짖는다(롬 8:15). 그 영은 우리 영으로 더불어 우리가 소망으로 하나님의 기업을 받은 하나님의 자녀임을 증거하시며, 우리가 그곳에 이를 때까지 순례의 과정에서 우리의 연약함을 돕는 일을 하신다. 우리가 마땅히 빌 바를 알지 못할 때에도 성령님은 우리를 위해서 중보하시며, 우리 안에서 하나님의 뜻대로 간구하신다. 이러한 성령님의 임재는 너무도 확실하며, 실제적이다.

272

이제 해방의 역사²⁾가 있다. 이 영적 해방은 거듭나는 것도 아니고, 죄 사함을 받는 것도 아니다. 해방은 우리가 그리스도와 함께 죽었고, 또 우리 옛 사람이 그리스도와 함께 십자가에 못 박혔다는 진리가 내 안에서 이루어진 결과다. 그렇다면 하나님의 영의 능력으로 그리스도는 우리의 생명이 되신다. 물론 그리스도의 십자가 사역이 해방의 기초이다. 우리는 그리스도의 사역을 알고 있고, 그 효력을 누리고 있다. 우리는 그리스도 안에 있으며, 우리 안에 성령님이 내주하신다. 우리가 지은 모든 죄들을 용서받기 위해서 그리스도의 사역이 가지고 있는 효력을 믿을 때 우리는 하나님의 영을 받는다. 이렇게 하나님의 영이 우리 안에 거하시면 우리는 육신에 있지 않고 영(in the Spirit)에 있는 사람이 된다. 성경은 이 점에 있어서 매우 분명하다. 마찬가지로 로마서 7장에 있는 사람은 이러한 해방을 아직 경험하고 있지 않다는 점 또한 매우 분명하다. 그에 대한 증거는 매우 단순하다. 즉 로마서 7장의 사람은 해방을 추구하는 사람이다. 해방은 반복되는 경험이 아니라, 우리가 들어가야 하는 상태다. 로마서 8장 전체가 이에 대한 증거이다. 해방을 통해서 우리는 그리스도 안에 있는 자가 되었고, 양자의 영을 가지고 있으며, 이 양자의 영이신 보혜사는 결코 우리를 떠나지 않으신다.

해방은 거듭남이 아니다. 물론 거듭남은 반드시 (해방 이전에) 경험되어야 한다. 해방은 은혜의 계시나 구원이 아니다. 다만 해방은 십자가에 의해서 이루어진다. 사가랴가 예언한 대로, 하나님은 "주의 백성에게 그 죄 사함으로 말미암는 구원을 알게"(눅 1:77) 하셨다.

이방인들을 성령으로 인 치는데로 이끌었던 것은 그들의 구원의 복음이었다(엡 1:13). 나는 착한 일을 시작하신 하나님께서 그리스도 예수의 날까지 온전히 이루실 것을 의심하지 않는다(빌 1:6). 하지만 성경의 증거는 변함이 없다. 스스로 돌이킨 탕자가 회개하고 자기 죄를 고백하고, 또 자신이 주려 죽는 줄을 알고 자리를 박차고 일어난 일이, 결국에는 그를 아버지에게로 인도했다. 하지만 집에 돌아오기 전까지, 그는 아직 아버지를 만난 것도 아니었고, 자신의 마음도 몰랐고, 아바 아버지라고 부를 수도 없었고, 아버지 집에 들어가도록 합당하게 만들어주는 가장 좋은 옷을 입지도 않았다. 탕자가 이 모든 것을 의식하고 있었다고 말하는 것은 의미가 없다. 그는 그에 대해 아무 것도 몰랐으며, 자신의 소유로 누리지도 못했다. 그리스도는 우리의 범죄함을 인하여 내어줌이 되었고, 비록 그리스도께서 십자가의 피로써 우리와 하나님 사이에 화목을 이루었지만, 우리가 믿음으로 의롭다함을 얻기 전까지 전혀 하나님과의 화목을 경험하지 못하는 것과 같다. 이처럼 놀라운 사역이 완전히 성취되었음에도 우리가 믿기 전까지 전혀 맛볼 수 없다는 사실을 보는 것이 중요하다. 사실 우리가 하나님으로 더불어 화평을 누리고 있다고 말하면서, 그것을 인지하지 못한다고 하는 것은 넌센스이다. 성령의 임재와 그리스도의 사역이 연결되어 있음에도 사람들은 이것을 보지 못한다. 자유롭게 되고, 영적 자유 속으로 들어가고, 하나님과 더불어 자유를 누리고, 아바 아버지라 부르고, 그리고 죄와 사망의 법으로부터 해방이 이루어졌다고 말하면서, 그 사실을 전혀 인지하고 있지 못하고 있다는 것은, 말이 되지 않는다. 비록 우리가 어떻게 그렇게 될 수 있었는지 설명할 수 없을지는 모르지만, 우리는 해방의 기쁨을 누리고, 그것을 알고 있을 수 있다. 나는 특별히 "그리스도인"이란 말에 무슨 의미를 부과하고 싶지는 않다. 어쩌면 세상 사람들이 붙여준 이름일수도 있지만, 어쨌든 그리스도인의 몸은 성령의 전이다. 그리스도인은 하나님의 영을 모시고 있는 사람이다.

273

로마서와 갈라디아서의 몇몇 본문을 비교해보면, 해방을 통해서 들어가게 된 그리스도인의 상태가 얼마나 독특한 상태인지를 알 수 있다. 해방은 영혼의 상태가 점진적으로 진보하는 것이 아니다. 해방은 하나님의 자녀로 거듭난 이후, 율법 아래서 종노릇하다가 아들의 상태로 들어가 자유를 누리는 상태이며, 우리가 구원을 받은 결론이다. "너희가 만일 성령의 인도하시는 바가 되면 율법 아래 있지 아니하리라." (갈 5:18) 하지만 갈라디아서 3장 23절을 보면, "믿음이 오기 전에 우리가 율법 아래 매인 바 되어 계시될 믿음의 때까지" 갇혀 있었다. 이처럼 율법은 우리를 그리스도에게로 인도하는 초등교사의 역할을 했다. 하지만 믿음이 온 후로는 더 이상 우리는 초등교사 아래 있지 않다. 우리는 다 그리스도 예수 안에 있는 믿음으로 말미암아 하나님의 아들들이 되었다(갈 3:26). (여기서 사도 바울은 자녀라는 단어가 아니라 아들이란 단어를 사용했다. 바울은 이 두 단어를 혼동하지 않았다.) 유업을 이을 자가 모든 것의 주인이나 어렸을 동안에는 종과 다름이 없었다(갈 4:1). 하지만 때가 차매 하나님이 그 아들을 보내사 여자에게서 나게 하시고 율법 아래 나게 하셨는데, 그 이유는 율법 아래 있던 자들을 속량하시고, 또한 우리로 아들의 명분을 얻게 하려 하신 것이었다(갈 4:4-5). 이제 아들이기 때문에 하나님은 그 아들의 영을 우리 마음 가운데 보내사 아바 아버지라 부르게 하셨다(갈 4:6).

갈라디아서 5장은 이러한 사람들에게 "그리스도께서 우리로 자유케 하려고" 주신 자유에 굳세게 서있도록 권면하고 있다. 육신의 소욕은 성령을 거스르고, 성령의 소욕은 육신을 거스른다(갈 5:17). 하지만 성령으로 인도함을 받으면 더 이상 율법 아래 있지 않게 된다. 육신이 여전히 함께 하고 있을지라도 해방을 경험한 사람의 상태와 입지는 완전히 달라진다. 해방을 경험한 사람은 이제 아들이며, 자유를 누리고 있고, 성령으로 인도함을 받으며, 율법 아래 있지 않다. 왜냐하면 그리스도께서 옛 상태로부터 속량하셨고, 만일 믿음이 주어졌다면, 또한 성령님을 주셨기 때문이다. 이 상태는 하나님의 아들이 (율법에서 우리를) 속량하신 사실을 알고, 또 그에 대한 믿음의 결론으로 들어간다. 이제 해방을 받은 상태에 대해서 로마서를 살펴보자. 로마서 8장에서

야 비로소 "무릇 하나님의 영으로 인도함을 받는 그들은 곧 하나님의 아들이라"(롬 8:14)고 선언한다. 우리는 다시 무서워하는 종의 영을 받지 않았다. 어떻게 이 일이 이루어졌는가? 우리는 율법 아래 있지 않고 은혜 아래 있기 때문이다. 그러므로 우리 자신을 죽은 자로 여길 수 있게 되었다. 이제 갈라디아서 2장 19,20절과 비교해보라. 그리스도의 죽으심을 통해서 우리는 율법에서 해방되었다. 그리스도와 함께 죄와 율법에 대하여 죽었다. 이제 다른 이, 곧 부활하신 그리스도에게로 갈 수 있다. 우리는 이제 그리스도 안에 있다. 그리스도 안에 있는 생명의 성령의 법이 우리를 해방시켰다. 이것은 율법이 할 수 없었던 것인데, 하나님께서 단수의 죄(sin)를 위하여 그 아들을 보내서서 이 일을 이루셨다. 그 결과로, 율법은 결코 인간에게 의로움을 줄 수 없다는 사실과, 성령에 속한 일들이 곧 우리의 분깃으로 주어진 일이 사실로 드러났다.

274

비록 육신이 여전히 우리 속에 있지만, (해방을 통하여) 우리는 더 이상 육신에 있지 않게 되었다. 하나님의 영께서 우리 속에 거하시기 때문에, 우리는 하나님 앞에서 육신이라는 상태에 있지도 않다. 만일 하나님께로서 거듭난 일이 없다면 해방을 받는 일도 없다. 만일 그리스도께서 당신 속에 거하신다면, 몸은 죄로 인하여 죽은 것이지만 하나님의 영이 곧 생명이다. 이제 이 사람은 양자의 영을 인하여 아들됨의 의식을 가지게 된다. 이러한 양자의 명분은 거듭날 때 주어지는 것이 아니라, 이미 하나님의 영으로 거듭난 사람에게 성령의 증거로서 제시된다. 거듭난 사람은 아들이 아니라 자녀다. 아들들로서 우리는 이제 하나님의 후사이며, 그리스도와 더불어 하나님의 기업을 얻은 공동 후사(상속자)가 되었다. 로마서 7장의 상태를 이루는 특징들은 율법, 육신, 죄의 법 아래로 사로잡힘, 해방을 아직 얻지 못한 상태에서 선한 의지는 있지만 그 뜻을 이룰 수 없는 무기력함 등이다. 로마서 7장의 처음 여섯 개의 구절은 율법과 부활하신 그리스도, 이 둘 사이의 관계를 보여준다. 오직 죽음만이 율법과의 관계를 끊고, 율법으로부터 해방을 받을 수 있게 해준다. 로마서 8장의 상태를 이루는 특징들은, (단순히 죄 사함을 받은 상태에 머무는 것이 아니라, 새로운 상태로 들어간 것을 나타내는) 그리스도 안에 있고, 그리스도 안에 있는 생명의 성령의 법에 의해서 해방을 받았으며, 죄(sin), 즉 죄성을 처리하기 위한 희생제물로서 그리스도의 죽음을 통해서 육신 속에 있는 죄가 정죄되었고, 이제 육신에 있지 않고 성령에 있으며, 하나님의 영께서 우리 속에 거하심으로써 몸은 죽은 것이지만, 성령께서 친히 생명이 되어 주심 등이 있다. 우리는 이제 아들임을 의식하면서 그리스도와 함께 영광을 받기 위하여 고난도 함께 받는다. 그리스도와 하나님의 영은 로마서 7장엔 언급되지 않았다. 전체적인 주제는 두 번째 남편이신 그리스도와, 그리스도 안에 있는 하나님의 영의 능력에 관한 것이다. 뚜렷이 구분되는 율법과 그리스도, 이 두 가지 지위와 관계를 동시에 갖는 일은 불가능하다. 그리스도의 피를 통해서 죄 사함을 받았음을 믿고 있던 신자가 이제 하나님의 영을 받아 소유하게 되면, 그 사실로 인해서 자신이 그리스도와 함께 죽었으며, 이제는 그리스도 안에 있는 존재가 되었음을 알게 된다.

거듭난 사람에게 영적 해방을 경험하는 길을 소개하는 일에서 그리스도의 사역을 통해서 완성되고 성취된 구속을 소개하는 대신에 비성경적인 가르침을 제시하게 되면, 추구하는 많은 영혼들은 분명한 성경의 가르침에서 떠나 신비적인 것을 좇게 된다. 만일 한 영혼이 진실된 마음으로 하나님 앞에서 아바 아버지라 말할 수 있다면 그 영혼은 인침을 받은 것이다. 어떤 사람이 자신이 그리스도 안에 있으며, 그리스도는 자신 속에 있음을 실제적으로 알고 있다면 그 사람은 인침을 받은 사람이다. 만일 하나님의 사랑이 그 마음에 부은 바 되었다면, 그 사람은 인침을 받았다(롬 8장, 갈 4장, 롬 13장, 요 14장, 롬 10장). 이에 대한 다른 증거 구절들을 더 많이 제시할 수 있지만, 어쨌든 한 사람의 전체적인 생애가, 특정한 일에 실패가 있을 수 있지만, 그럼에도 그 사람 속에 하나님의 영이 내주하시는 증거다. 나는 한 사람의 영혼 속에서 (그 사람이 진정 거듭난 그리스도인인지를 살펴보고자 하는) 목적을 가지고, 살펴볼 수 있는 가장 단순하면서도 가장 분명한 증거는 성령의 내주라고 생각한다. 그것이 성경에서 밝히고 있는 가장 성경적인 용어이다. 이 진리를 사람들로 하여금 단순하게 받아들이지 못하도록 방해하는 것은, 사실은 영원 속죄, 그리고 구속의 완전성에 대한 성경의 가르침을 믿지 않기 때문이다. 죄 사함은 과거에 지은 죄들을 용서받는 측면[3]이다. 즉 우리의 회심이 이루어질 때까지 지은 죄들이 용서를 받는 것이다. 이것은 실제로는 유대인들이 죄 사함을 받는 방식이다. 하지만 성경에 나타난 그리스도인이 받는 죄 사함의 방식은 이와는 전혀 다르다. 히브리서 9장, 10장을 읽어보라. 유대인들의 방식은 성경에서 영원한 구속(eternal redemption)이라고 부르는 것을 믿지 않는 것이다. 일반적으로 그리스도인들에 대해서 성경은, 다시는 죄를 깨닫는 일이 없으며, 죄로 인해서 양심의 송사를 받지 않는다고 말한다(히 10:2,22). 이것은 로마서 4장에서 말하고 있는, 주께서 그 죄를 인정치 아니하실 사람이 받아 누리는 복이 틀림없다(롬 4:8). 그들이 믿을 때 자신들이 지은 과거의 모든 죄는 용서를 받았다. 하지만 그 후로부터 짓는 죄들은 어떻게 할 것인가? 그들은 다시 피뿌림을 받아야 하고, 하늘에 계신 그리스도의 현재적인 제사장 직분을 거기에 적용해야 하는가? 그렇지 않다. 그러한 사상은 성경에 없다.

275

성경이 "저가 한 제물로 거룩하게 된 자들을 영원히 온전케 하셨느니라"(히 10:14)라고 말할 때, 이것이 무엇을 의미하는지 유대인들에게 물어보라. 그들은 당신에게 그 의미를 설명해줄 수 없다. 그들은 죄 사함을 받은 후 지은 죄에 대해서 하나하나 용서를 구해야 한다고 말할 것이다. 달리 생각하면 이렇듯 위험한 교리를 사람들이 배우고 있다. 이러한 가르침을 수용하면 하나님과의 교통하는 일이 방해를 받게 된다. 사실은 물로써 발을 씻는 은혜로운 일이 필요하다. 하지만 그리스도의 십자가 사역을 믿음으로 인해서, 하나님이 더 이상 죄를 인정치 아니하신다는 사실을 믿게 되면, 나는 양심상 온전해진다. 그렇다면 우리는 예수님의 피를 힘입어 지성소에 들어갈 담력을 가지게 된다. 예수님은 우리의 모든 죄를 지셨고, 오래전에 그 모든 죄를 없이 해주셨다. 이제 우리는 나의 허물을 깨우쳐 주시는 성령의 사역과 단번에 영원히 속죄하신 그리스도의 사역을 혼동해서는 안 된다.

내가 아직 무슨 죄를 짓기도 전에 주님께서 나의 죄들을 감당해 주셨다면, 이제 더 이상 주께서 그 죄를 인정하지 않으시는 것인데, 이제 또 다시 죄 사함을 받아야 한다고 말하는 것은 있을 수 없는 일이 된다. 만일 누가 죄를 지었다고 해서 또 다시 죄 사함을 받아야 한다면, 사도가 "그리하면 그가 세상을 창조할 때부터 자주 고난을 받았어야 할 것이로되"라고 말한 대로 그리스도는 저들을 위해서 또 다시 고난을 받고 십자가에서 죽으셔야만 한다. 따라서 자기 영혼 속에 믿음에 의한 구속의 개념이 없는 사람과 있는 사람은 지금까지 살펴본 가르침을 통해서 동일한 발판을 마련하게 되지만, 한 사람은 양자의 영을 소유하게 되고, 다른 사람은 소유하지 못한다. 그렇다면 한 사람은 아직 믿음을 통해서 얻지 못했기에 주시도록 자비를 구해야 하고, 다른 사람은 하나님을 향해 아바 아버지라고 부르짖게 된다. 두 사람 모두 하나님의 자녀이고, (죄 사함을 받은 이후에도) 죄를 지으면 죄에 대한 책임을 져야 하는 것으로 가르침을 받았다고 할 때, 해방을 경험한 사람도 (잘못된 가르침 때문에) 로마서 7장에서 교훈하고 있는 율법 아래로 다시 돌아갈 수 있다. 만일 당신이 실제로 하나님을 아바 아버지로 부를 수 있다면, 당신은 분명 인침을 받은 사람이다. 그렇다면 그 어떤 죄도 당신에게 책임을 물을 수 없다. 그렇지 않다면 그리스도께서 헛되이 죽으신 것이 된다. 그 점에 있어서 유대교는 이러한 반쪽짜리 기독교보다 더 낫다고 할 수 있다. 유대교에선 누군가 죄를 지었다면, 희생 제사를 드리면 되고, 그 사람은 죄를 용서받게 된다. 기독교를 이런 식으로 생각한다면, 과거에 지은 죄에 대해선 단번에 용서를 받았을지라도, 이 사람은 이후에 자신이 죄를 다시 지을 가능성과 장래에 대한 불확실성 외엔 아무 것도 가진 것이 없게 된다. 하지만 그리스도는 영원한 구속을 이루셨기에, 주께서 그 죄를 인정치 아니하실 사람은 복이 있다. 그리스도의 사역은 완결되었고, 하나의 제물, 단번의 제사로 거룩하게 된 자들을 영원히 온전케 하셨다. 이로써 예배를 드리는 자들이 단번에 정결케 되어 다시는 죄를 깨닫는 일이 없게 되었고(히 10:2), 그리스도는 아버지의 보좌 우편에 앉으셨다. 왜냐하면 모든 일이 다 이루어졌기 때문이다. 이 일에 대해서 성령님이 증인이시다.

276

추가적으로 살펴보아야 할 구절이 있다. "누구든지 그리스도의 영이 없으면 그리스도의 사람이 아니라"(롬 8:9)는 구절이다. "그리스도의 사람이 아니다"는 말이 사람들에게 경각심을 일깨운다. 이 말은 단순히 그러한 사람은 아직 그리스도의 사람이 아니라는 뜻으로써, 탕자가 자기 아버지 집에 도착하기 전까지는 아들의 자리에 있지 않았다는 것과 같다.

로마서 8장 1절이 우리를 그리스도 안에 넣어준다면, 이 9절은 그리스도를 우리 안에 넣어준다. 요한복음 14장의 약속에 따르면, 이 두 가지, 즉 상호거함이 이루어질 때에야 비로소, 그리스도인의 상태에 이른 것이 된다. 여기서 문제가 되는 것은 영혼의 상태에 있는 것이 아니라, 우리 안에 그리스도께서 계시는가의 사실성에 있다. 그 다음 구절인 10절에서 입증하고 있듯이, 이것은 로마서 6장과 연결되어 있다. 주와 합하는 사람은 한 영(one spirit)이다. 우리가 그러한 성령을 소유하기 전까지 이렇게 그리스도와 연합하는 일은 있을 수가 없다. 참된 그리스도인의 상태에서 실제적으로 그리스도께 속하기 전까지는, 우리가 비록 탕자처럼 아버지 집에 가는 도상에 있을지라도, 우리는 아직 거기에 도달한 것이 아니다. 그리스도인은 항상 자신이 거듭난 것과 죄 사함을 받은 것과 또 인침을 받은 것을 (과거지사로) 돌아보는 사람이다. 이러한 상태에 있을 때에라야 그리스도인의 상태에 있는 것이다. 갈라디아서, 로마서, 고린도후서 5장, 고린도후서 1장, 그리고 무수히 많은 성경구절들이 이것을 설명하고 있다.

이제 다른 구절을 살펴보자. 요한일서 4장 15절이다. "누구든지 예수를 하나님의 아들이라 시인하면 하나님이 저 안에 거하시고 저도 하나님 안에 거하느니라."(요일 4:15) 우선 이 구절은 성령의 인침을 다루고 있지 않다. 게다가 거듭남을 다루고 있지도 않다. 오히려 "그의 계명들을 지키는 자는 주 안에 거하고 주는 저 안에 거하시나니 우리에게 주신 성령으로 말미암아 그가 우리 안에 거하시는 줄을 우리가 아느니라"는 요한일서 3장 24절이 성령의 인침을 언급하고 있다. 우리가 주 안에 거하고 주님은 우리 안에 거하심에 대한 성령의 증거는 다양한 은사들이 보여주는 것처럼, 우리 안에 거하시는 성령의 내주하심에만 적용된다. 순종은, 주의 계명을 지키는 것과 더불어 그리스도인의 특징을 이룬다. 이것은 우리가 하나님 안에 거하고, 하나님은 우리 안에 거하시는 것과 우리에게 주신 성령으로 말미암아 그 사실을 인식하는 것과 연결되어 있다. 따라서 요한일서 4장 4절, "너희 안에 계신 이가 세상에 있는 이보다 크심이라"와 13절, "그의 성령을 우리에게 주시므로 우리가 그 안에 거하고 그가 우리 안에 거하시는 줄을 아느니라"를 보면, 하나님이 우리에게 주신 성령님에 대해서 다양하게 표현되고 있는 것을 볼 수 있다. 이러한 구절들은 실로 구약성경에서 예언하고 있는 말씀에 대한 성취를 우리에게 보여주며, 바로 이 순간 우리가 하나님의 본성 안에서 하나님과 연결되어 있음을 보여준다. 이를 통해서 우리는 사도 요한이 성령의 인침과 같은 하나님 나라의 행정적인 일에 대한 관심보다는, 우리가 하나님과 맺게 된 관계에 더 많은 관심을 가지고 있음을 볼 수 있다. 성령님은 (우리 속에 존재하게 된) 하나님의 본성 가운데 거하시며, 하나님의 본성을 통해서 우리와 교통하신다. 하나님은 빛이시기에, 우리 또한 그러하다. 하나님은 사랑이시기에, 사랑 안에 거하는 자는 하나님 안에 거하며, 하나님은 그 사람 안에 거하신다. 우리의 사귐은 하나님과 함께 하는 것이기에, 하나님이 빛 가운데 계신 것같이 우리도 빛 가운데 행하며, 그리스도께서 우리를 사랑하셨듯이 우리도 사랑 가운데서 행한다. 나는 이 모든 것이 성령님을 통해서 되는 것임을 믿어 의심치 않는다. 여기서 사도 요한의 마음을 가득 채우고 있는 것은 하나님 안에 있게 된 우리의 존재에 대한 것이다. 게다가 감격스러운 일은 하나님이 우리 안에 거하시는 이것이, 먼 미래 구속의 날에 이루어지는 것이 아니라, 바로 현재적인 일이라는 것이다. 이것은 하나님의 영을 통해서 이루어지는 일이다. 이로써 우리는 하나님 안에 거하며, 하나님과 더불어 사귐을 나눌 수 있다. 이것은 성령님을 선물로 주심으로써 된 일이긴 하지만 인침 자체는 아니다. 로마서 5장은 이 주제에 근접해 있다. 로마서 5장을 보면 성령님을 선물로 주신 일이 언급되고 있으며, 그로 인한 효과가 제시되어 있긴 하지만 그것 자체가 성령의 인침은 아니다.

한 사람의 영혼이 다시 살리심을 받고, 그리스도의 보혈을 믿으며, 성령으로 인침을 받게 되면, 그 사람은 하나님의 충만 속으로 들어가게 되며, 하나님 안에 있는 모든 것을 누리게 되며, 그에게 생긴 새로운 본성이 내적으로 작동되면서 기쁨을 맛보게 된다. 이 사람은 이제 하나님의 모든 것을 내적으로 기뻐할 수 있게 되었다. 성령님은 영적인 것들을 계시해주시며, 또한 계시해주신 것들을 (경험하도록) 실체화시키는 영적인 능력이 되어주신다. 따라서 우리는 그러한 충만함 속으로 들어가게 되며, 우리의 양심은 그리스도의 보혈을 통해서 더욱 온전해진다.

277

따라서 성령님이 우리로 들어가도록 인도하시는 곳은, 우리가 하나님 안에 거하고 또 하나님은 우리 안에 거하시는 곳이다. 이것은 모든 그리스도인이 들어가야 하는 자리이다. 예수께서 하나님의 아들이심을 믿는 모든 자가 마땅히 이르러야 하는 지점이다. 이러한 것들은, 이 요한일서의 본문이 보여주는 것처럼, 인침을 받은 결과로 보인다. 그리스도인의 상태가 시작되는 시점을 보여주고자, 악한 영들을 분별하는 기준으로 주어진 삽입 구절들과 더불어 제시된, 요한일서 3장 23절, "그의 계명은 이것이니 곧 그 아들 예수 그리스도의 이름을 믿고 그가 우리에게 주신 계명대로 서로 사랑할 것이니라"가 외적인 증거로 제시되어 있고, 요한일서 3장 24절, "그의 계명들을 지키는 자는 주 안에 거하고 주는 저 안에 거하시나니 우리에게 주신 성령으로 말미암아 그가 우리 안에 거하시는 줄을 우리가 아느니라"가 내적인 증거로 제시되어 있다. 그리고 요한일서 4장 7절, "사랑하는 자들아 우리가 서로 사랑하자 사랑은 하나님께 속한 것이니 사랑하는 자마다 하나님으로부터 나서 하나님을 알고"로 이어지고 있다. 이것은 하나님의 섭리를 집행하는 행정적인 절차를 다루는 요한의 방식은 아니지만, 하나님의 본성과 하나님 안에 있는 충만성과 및 우리가 그 신적인 성격과 능력 안에서 서로 연결되어 있음을 보여주려는 요한의 의도가 담겨 있다. 이러한 과정이 에베소서 3장 14-19절에 기록되어 있다. "이러하므로 내가 하늘과 땅에 있는 각 족속에게 이름을 주신 아버지 앞에 무릎을 꿇고 비노니 그 영광의 풍성을 따라 그의 성령으로 말미암아 너희 속사람을 능력으로 강건하게 하옵시며 믿음으로 말미암아 그리스도께서 너희 마음에 계시게 하옵시고 너희가 사랑 가운데서 뿌리가 박히고 터가 굳어져서 능히 모든 성도와 함께 지식에 넘치는 그리스도의 사랑을 알아 그 넓이와 길이와 높이와 깊이가 어떠함을 깨달아 하나님의 모든 충만하신 것으로 너희에게 충만하게 하시기를 구하노라."

이것은 우리를 인 치신 성령님이 우리를 이끌어 가시는 충만한 복이다. 그리고 에베소서는 이러한 충만한 복의 실제 또는 실제화되는 방식을 다루고 있다. 앞의 에베소서 구절에는 "누구든지 예수를 하나님의 아들이라 시인하면 하나님이 저 안에 거하시고 저도 하나님 안에 거하느니라"(요일 4:15)라는 구절이 담고 있는 의미를 강조하는 또 다른 중요한 포인트가 있다. 즉 그리스도인의 자리에 들어갈 수 있는 길이 모든 사람에게 열려 있다는 것이다. 그렇지만 이것은 그리스도의 사역을 배제한 채, 예수님을 하나님의 아들로 인정하기만 하면 되는 그리스도의 위격에 대한 믿음만을 말하고 있지 않다. 본문을 잘 살펴보면, 예수님이 누구신가, 그리고 무슨 일을 이루셨는가, 그리고 지금은 영광 가운데 들어가신 사실이 잘 나타나 있다. 그리고 이어지는 내용은 우리가 살리심을 받았으며, 아들이 있는 자는 생명이 있다는 사실이 단순하게 소개되고 있다. 우리와 연관해서, 경건의 비밀, 또는 경건한 삶의 전체적인 비밀은 그리스도를 영광 안에 계신 인자로 또는 사람이신 그리스도께서 영광 안에 들어가신 사실을 보는 데에 달려 있다. 그리스도는 전에 이 세상에 오셨고, 하나님의 일을 완성하셨으며, 다시 아버지께로 돌아가셨다. 요한일서 4장 9, 10절을 보면, 우리에게 생명이 되어 주시고, 또 우리를 위하여 화목제물이 되기 위하여 보냄을 받으신 하나님의 아들을 볼 수 있다. 12절에서는 하나님의 사랑이 우리 안에서 온전하게 이루어진 사실을, 17절에서는 그리스도께서 영화롭게 되신 사람으로 소개되어 있다. 따라서 주의 어떠하심과 같이 우리도 세상에서 그러한 존재가 되었다. 이것은 분명 하나님의 아들로서 그리스도의 전체 생애를 일컫는 것이다. 요한이 그리스도에 대하여 말하는 방식은 더 나아간다. 그리스도는 "육체로 오신" 참된 사람이시지만, 그럼에도 위격상 하나님이시다(God in His Person). 우리는 참된 자를 알고 있으며, 또한 우리가 참된 자 곧 그의 아들 예수 그리스도 안에 있는 것을 알고 있다. 참으로 그리스도는 "참 하나님이시요 영생"이시다(요일 5:20).

278

이제 요한일서 2장 28절부터 3장 3절까지를 읽어보라. 이 구절들은 그리스도가 하나님이심을 말하는가 아니면 사람인 것을 말하는가? 이렇게 생각해보자. 그리스도께서 장차 나타내심이 되면 우리는 그리스도와 같이 될 것이다. 왜냐하면 우리는 하나님에게서 났으며, 이제는 하나님의 아들들이 되었기 때문이다. 하지만 세상이 우리를 알지 못하는 것은 그를 알지 못하기 때문이다. 여기서 그리스도는 하나님이시면서 또한 사람이다. 이러한 그리스도의 위격(신성과 인성)을 믿는 것이 모든 것의 근거이자 또한 비밀이다. 이 세상에 오신 신적인 인격을 가진 하나님이시며, 십자가 구속사역을 이루시고, 하늘로 승천하셨다. 그리스도는 십자가에서 참으로 죽으셨던 사람이시며 또한 하나님의 아들이시다. 따라서 우리는 그리스도 안에 거했던 하나님의 모든 충만 속으로 들어오게 되었고, 그리스도께서는 하나님의 섭리를 따라 그리스도 안에 있는 우리에게 그분의 모든 것을 친히 나타내셨고 축복하셨다. (따라서 우리가 주 안에 거하는 삶을 살면 그리스도와 같은 삶을 살게 된다.) 그와 같은 하나님의 섭리적인 통치와 성령으로 인침을 받는 것은 다른 문제이지만, 우리는 성령의 인침을 통해서 능히 주 안에 거하는 사람들이 되었다.

바울은 우리에게 하나님의 행정적이고 사법적인 치리에 대한 교훈을 주었다. 그리스도 예수 안에 있는 자, 즉 그리스도를 구속을 이루신 하나님의 아들로 믿는 자에게는 정죄함이 없다. 그렇다면 우리는 이제 단순히 자녀가 아니라 아들이다. 그렇다면 그 아들의 영을 우리 마음에 보내주신다. 사도 요한은 여기서 더 나아가, 이것이 우리를 하나님 안에 있는 충만함 속으로 들어가게 한 사실을 보여준다. 이 모든 것이 다 하나님의 마음에 있었던 것이고, 그리스도의 지혜(nous)였다. 따라서 이 모든 것은 마치 탕자에게 주어진 가장 좋은 옷, 신발, 그리고 손에 끼어진 반지에 해당한다. 우리는 성령의 인침을 받음으로 인해서 이 좋은 것들 안으로 들어가게 되며, 에베소서 3장에서 말하고 있는 대로, 성령으로 말미암아 능력으로 강건함을 받게 된다. 이제 이 모든 일은 다음의 사실에 터 잡고 있다. 하나님의 경륜을 따라서 하나님의 아들이 세상에 오셨고, 십자가에 못 박히셨으며, 구속의 역사를 이루셨고, 높은 곳에 오르셨다. 그러고 나서, 사실은 이 일 후에야 비로소 성령님이 오셨고, 그리스도께서 하나님의 아들이시며 높은 곳에서 영광을 받으신 사람이심을 증거했으며, 또한 이 사실을 공적으로 선포하셨다. 따라서 이것을 개인들과 관련해서 생각해보자. 개인들은 그리스도의 십자가 사역이 구속(영원 속죄)을 완성했음을 믿을 때, 그 사역의 효력에 의해서 성령으로 인침을 받게 된다. 성령께서는 그리스도께서 이루신 일을 통해서, 또는 그리스도의 사역을 믿음으로 말미암아 우리의 신분(자리)에 대한 확신과, 그리스도께서 우리를 위해서 성취하신 것, 즉 우리의 모든 죄를 없이 하시고 또 우리가 과거에 하나님 앞에 서 있던 총체적인 입장, 즉 육신과 율법의 문제를 처리하신 것에 대한 보증이 되신다. 그리스도는 구속의 효력에 의해서, 사람으로서, 우리의 선두주자로서 앞서 영광 안으로 들어가셨다.

279

그리스도께서 참으로 전파되었다면, 그의 이루신 사역이 명확하게 적용되지 않았을지라도, 그 사역의 효력은 영혼 앞에 진리로써 남아 있다. 흔히 복음 전도 사역의 결과로, 사람들은 무엇보다도 자신들이 거듭나야 한다는 말을 듣고, 자신이 진정 거듭났는지를 살피게 된다. 만일 그리스도의 보혈의 가치가 충분히 설교되었다면, 혹시 자신들이 잘못된 확신을 가진 것은 아닌지, 자신들이 스스로를 속이는 것은 아닌지, 조심스럽게 경계를 하게 된다. 그 결과, (그 영혼에 말씀이 임한) 사람들은 종의 영에 사로잡힌 채, 그들은 자신들이 진정 하나님이 자신들을 받아주실 수 있는 상태에 있는지를 살피기 위해서 자신들의 영적인 상태를 주목하게 된다. 복음의 터는 놓였지만, 과연 자신들이 하늘 나라에 갈 수 있는 상태가 되었는지를 의심하게 된다. 어쨌든 그리스도의 보혈이 가지고 있는 효력을 제대로 알 때, 그들의 의심은 끝나게 된다. 사람들은 흔히 자신들이 위하여 기꺼이 죽을 수 있는 진리들이 있다고 말한다. 목숨을 걸만한 많은 진리들이 있는 것이 사실이지만, 보혈의 가치를 아는 것이, 그리스도인의 삶에 있어서 영구한 영적 자원이 된다. 어떤 사람들의 경우, 하나님의 영께서는 그 속에 느낌을 일으키기도 하신다. 그래서 자신들이 죄 사함을 받았다는 것을 매우 실감나게 하심으로써, 마침내 자신들이 도달했다는 확신을 갖게 하신다. 결과적으로 성령으로 인침을 받고, 아바 아버지라 부르긴 하지만, 여전히 종의 영 아래 머물러 있을 수가 있다. 이러한 상태에서는 계속해서 자신(의 영적 상태)을 점검하는 상태로 되돌아가게 되며, 자신을 판단하고 영적인 침체 상태에 떨어지게 된다. 이렇게 되면 자아로 가득한 모습을 형성하기도 하는데, 이 상태는 은혜 가운데 성장하기를 추구하는 것도 아니고, 예수 그리스도 우리 주님을 아는 지식에서 자라는 것도 아니며, 참된 거룩과 신적인 생명 상태에서 자라가는 것도 아니다. 게다가 자신이 (믿음으로 의롭다함을 받았지만) 과연 의로운가를 문제시하는 상태에 떨어지게 되며, 참된 거룩의 상태에는 이르지 못하게 된다. 물론 신적인 의(로움)도 잃어버린 것과 같은 상태에 빠진다. (언제라도 하나님의 존전 앞에 나아갈 수 있도록) 하나님이 자신을 열납하셨다는 확신도 없다. 이런 것이 일반적인 기독교계의 상태이다. 기독교계는 구속함을 받고 구원을 받은 성도들이 깨어 경성하고, 최선을 다해 하나님을 섬기고, 하나님을 두려워하며, 두렵고 떨림으로 자신의 구원을 이루는 것만을 힘써야 할 지상과제로 제시한다. 하지만 우리가 진정 구속함을 받은 것이 사실이라면, 우리는 하나님의 지키심과 끝날까지 하나님의 능력으로 보호하심을 얻었다는 확신을 가질 수 있다. 우리가 비록 광야 같은 이 세상을 통과하면서, 밀 까부르는 듯한 시험과 시련을 당하지만(요 10장, 고전 1장), 그럼에도 참 신자는 살아계신 하나님이 자신을 신실하게 돌보심을 확신하며 또한 의지하는 일을 지속한다. 하나님은 그러한 의인에게서 고개를 돌리시는 법이 없다. 하나님은 그를 시험(시련)의 장소로 인도하시지만, 그를 구속하시고 구원하신 완전한 역사로 보호하신다.

280

결론적으로, 그리스도인이 마땅히 서 있어야 하는 자리에 대한 최고의 모형은 마태복음 3장 16,17절에 있다. "예수께서 세례를 받으시고 곧 물에서 올라오실 새 하늘이 열리고 하나님의 성령이 비둘기같이 내려 자기 위에 임하심을 보시더니 하늘로서 소리가 있어 말씀하시되 이는 내 사랑하는 아들이요 내 기뻐하는 자라 하시니라." 하늘(들)이 예수님에게 열렸고, 예수님은 성령으로 기름부음을 받으시고, 인치심을 받았다. 그리고 아버지께서는 그를 사랑하는 아들로 인정하셨다. 오직 그리스도만이 그분 자신이 가지고 계신 탁월성을 가지고서 사람으로서 이 자리에 설 수 있었다. 우리에겐 구속이 필요했다. 이는 "한 알의 밀이 땅에 떨어져 죽지 아니하면 한 알 그대로 있고 죽으면 많은 열매를"(요 12:24) 맺기 때문이다. 따라서 우리의 믿음은 그리스도를 하나님의 아들로 믿는 그리스도의 위격 뿐만 아니라 그리스도께서 십자가에서 완성하신 완전한 구속 사역에 대해서도 뿌리를 내려야 한다. 그럴 때 우리 자신도 주님이 서신 그 자리에 설 수 있게 된다. 이것은 사람들이 믿는 것을 주저하기는 하지만, 무엇보다도 중요한 진리이다. 그리스도의 사역에 대한 믿음을 가질 때 성령의 인치는 역사는 지체되지 않는다. - 나는 그럴 이유가 없다고 본다. - 그렇지만 그리스도의 사역에 대한 믿음의 이해와 크기에 따라서, 그 효력이 마음 안에서 진가를 발휘하는 것은 더디게 나타날 수 있다. 하나님의 모든 자녀들이 성령의 인침과 그 효력의 은혜를 누리길 빈다.

1) 물론 나는 장차 천년왕국의 시초에 성령님이 특별한 방법으로 주어질 것으로 믿는다. 하지만 그것은 여기서의 주제가 아니다. 성령님이 주어졌다는 사실은 이 세상에 부재하시지만, 천상에 계시고 또 영화롭게 되신 그리스도와 우리가 연결되어 있음을 시사하고 있다.

2) 여기서 우리는 그리스도의 죽음에 기초를 두고 있는 해방에 대해서 살펴보고자 한다. 해방의 경험은 성령님에 의해서 누릴 수 있다. 갈라디아서 5장 1절에서는 해방을 "그리스도께서 우리로 자유케 하려고 자유를 주셨으니"라고 표현하고 있고, 고린도후서 3장에서는 "주의 영이 계신 곳에는 자유함이 있느니라"라고 표현하고 있다. 해방은 죄와 율법으로부터 해방을 받고 자유를 누리는 상태를 가리킨다.

3) 로마서 3장에서 언급하고 있는 "전에 지은 죄"(롬 3:25)는 사실은 구약 성도들의 죄를 가리킨다. 내가 죄 사함을 받는 순간, 그 죄들은 내가 이미 지은 죄들에게만 적용된다는 것은 분명 사실이다. 짓지도 않은 죄를 용서받을 수는 없다. 그렇다고 이것이 그리스도의 죽음이 가지고 있는 효력과 범위를 제한하지 않는다. 그리스도의 속죄 효력은 내가 전에 지은 죄들에게 미친다. 그렇지 않다면 성령의 사역과 그리스도의 사역을 혼동하게 될 것이다.

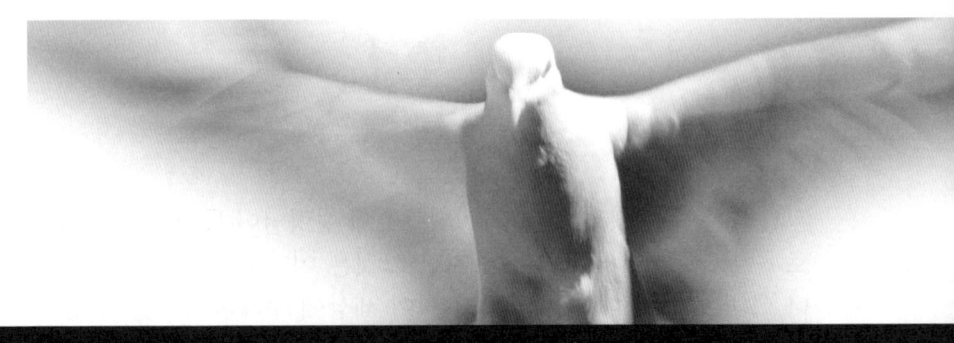

Chapter 3
성령의 내주
Indwelling of the Holy Ghost

215

예수님께서 친히 말씀하신 내용을 담고 있는 복음서를 읽을 때, 또는 어떤 관점에서는 더 훌륭한 진술인 사도들의 서신서를 읽을 때, 그 안에 담겨 있는 지극히 거룩한 것들과 더욱 친밀해지는 일만큼 인상적인 것은 없다. 불완전하기 짝이 없는 인간적인 것들과 익숙해지는 일조차도 흥미진진한 일일진대, 하물며 신성에 속한 것이야 말해 무엇하랴! 따라서 우리가 하나님께로 더욱 가까이 가게 되면, 우리는 더욱 그분의 복됨을 보게 되고 또한 그분의 임재 속에서 더욱 경외심을 가지게 되며, 동시에 최고 수준의 신성에 속한 일들에 대한 온전한 지식과 아울러 신적인 일들에 대한 온전한 친밀함을 맛보게 된다. 이러한 것이야말로 하나님에게서 난 사람들에게서 나타나는 특징이며, 우리 거듭난 사람들이 가지고 있는 신적인 계시에 대한 일종의 보증(stamp)이다. 나는 아버지께서 아들을 사랑하신다고 말하고 싶다. 이보다 더 단순하게 표현할 방법이 없다. 하지만 하나님의 신적인 사랑 (애정)을 아는 것은 얼마나 놀라운 것인가! 이 말은 단순히 하나님이 나를 사랑하신다는 의미에서 끝나는 것이 아니라, (물론 진실로 그러하지만), 아버지께서 아들을 사랑하신다는 것이다. 이것은 하나님의 경륜에 속한 것이다. "그 뜻의 비밀을 우리에게 알리셨으니 곧 그 기쁘심을 따라 그리스도 안에서 때가 찬 경륜을 위하여 예정하신 것이라." (엡 1:9) 여기서 말하고 있는 영원 전에 예정하신 하나님의 뜻은 이미 이루어졌다. 이 사실은 다음의 구절이 확증하고 있다. "너희는 거룩하신 자에게서 기름 부음을 받고 모든 것을 아느니라." (요일 2:20)

이것은 어떤 단순한 사실을 드러내려는 것이 아니다. 오히려 선지자들의 사역과 관계가 있다. 사람이 마땅히 되어야 하는 가장 완벽한 표현으로 주어진, 율법처럼 확실한 계명에 속하는 일이다. 하나님은 자신을 계시하셨고, 자신의 사랑의 완전성 안에서 자신을 알리셨다. 이 사실과 함께, 특별히 기독교의 특징을 이루는 것은 하나님의 본성에 대한 하나님 자신의 완전한 계시와, (여기서 하나님은 자신을 하나님으로서, 빛과 사랑으로서, 아버지, 아들, 그리고 성령으로 계시하셨다.) 성령을 우리에게 주신 사실에 있다. 우리를 "신의 성품에 참여하는 자"(벧후 2:4)가 되게 하신 것은, 우리로 하나님 자신을 기뻐할 수 있는 존재가 되게 하기 위한 것이다. 따라서 하나님은 우리에게 하나님의 영을 주셨다. 이는 우리로 하여금 하나님이 어떤 분이신지 알도록 하기 위한 것이다. 우선적으로 하나님 앞에서 우리의 온 존재가, 그 사랑하시는 아들 안에서 완전한 열납을 받았다. 하나님은 하나님 자신을 우리에게 계시하셨다는 진리뿐만 아니라, 거기서 더 나아가 우리가 그리스도 안에서 하나님 앞에 열납되었고, 우리는 그리스도 안에서 그곳에 서있을 수 있게 되었다는 진리를 통해서 우리로 확신을 가지도록 하셨고, 하나님의 임재 안에서 양심의 담력을 얻게 하셨다.

216

동시에 우리는 에베소서에서 우리 자신이 "그의 성령으로 말미암아 속 사람을 능력으로 강건하게"(엡 3:16) 되는 존재가 되었음을 발견한다. 게다가 "믿음으로 말미암아 그리스도께서 너희 마음에 계시게 하옵시고"(엡 3:17)라는 구절도 발견한다. 따라서 하나님의 모든 생각과 계획의 중심이신 그리스도, 계시된 하나님의 영광의 중심이신 그리스도, 하나님의 아들이신 그리스도께서 우리 안에 내주하시며, 이 모든 영광의 중심에 우리를 두신 사실이 드러나 있다. 이는 우리로 "능히 모든 성도와 함께 지식에 넘치는 그리스도의 사랑을 알아 그 넓이와 길이와 높이와 깊이가 어떠함을 깨달아 하나님의 모든 충만하신 것으로"(엡 3:18-19) 충만하게 하기 위한 것이다. 여기에는 아버지와 아들을 우리에게 계시하고, 또 예수 그리스도의 얼굴에 있는 하나님의 영광을 계시하는 것도 있지만, 우리 안에 거하시는 그리스도와 우리를 하나로 연합시키고, 성령의 능력으로 말미암아 우리 영혼을 이 모든 지식과 영광의 중심 안에, 이 모든 사랑의 중심 안에 두려는 목적도 있다.

그러므로 사도 바울은 이것이 무엇을 뜻하는 것인지 정확하게 표현하기 보다는, 다만 그리스도의 사랑을 알아 그 넓이와 길이와 높이와 깊이가 어떠함을 깨달아 하나님의 모든 충만하신 것으로 충만하게 되기를 바란다고만 말했다. 그리스도는 사람이 되셨고 우리 가운데 거하시다가, 이제는 우리 안에 거하신다. 이러한 그리스도의 사랑은 지식을 초월한다. 이 사랑은 우리를 참으로 복된 친밀함으로 이끌어준다. 우리가 하나님을 알면 알수록, 우리는 하나님이 어떤 분이신지를 더욱 보게 된다. 이것은 그리스도의 경우에도 마찬가지이다. 우리는 그리스도와 동일한 영광 안에 있다. 이 사실은 그리스도의 위격이 가지고 있는 무한한 복됨을 아는 능력으로 우리를 이끌어간다. 우리는 이 사실을 변화산의 광경을 통해서 볼 수 있다. 그 순간 베드로의 마음에는 이런 생각이 들었다. "주여 우리가 여기 있는 것이 좋사오니 주께서 만일 원하시면 내가 여기서 초막 셋을 짓되 하나는 주를 위하여, 하나는 모세를 위하여, 하나는 엘리야를 위하여 하리이다."(마 17:4) 반면 아버지께서는 말씀하시길 "이는 내 사랑하는 아들이요 내 기뻐하는 자니 너희는 그의 말을 들으라"(5절)고 하셨다. 그리고 그리스도만 홀로 남았다. 이제 우리는 그리스도와 연합되는 은혜로 말미암아, 그리스도 안에만 있는 그처럼 신성하고 복됨과 온전함 속으로 들어왔다. 그러한 것이 기독교가 가지고 있는 독특한 축복이다.

이것은 단지 사람이 마땅히 행해야 하는 것을 보여줄 뿐인 율법을 주시는 것이 아니라, 오히려 아버지와 아들을 참으로 아는 지식을 통해서, 그리고 성령의 능력을 통해서 주시는 영생에 관한 것이다. 그러므로 우리 마음이 느끼는 감정은 성령의 감정이며, 성령으로 충만해진 결과로 생기는 정서들이며, 그러한 감정들은 모든 참된 그리스도인의 정서에서 자신만의 역할을 가지고 있다. 그처럼 우리가 그리스도의 자리에 들어간 존재가 된 것은, 이제 우리가 행하는 모든 길에서, 우리 영혼의 조건과 우리 행실의 규범으로써, 그리스도께서 자신을 완전한 본으로 제시하신 대로, 그리스도를 온전히 닮기 위해서 우리로 하여금 그리스도를 바라보도록 하기 위한 것이다. 이것은 율법 안에 있는 어떤 행위규범을 지켜 행함으로써 되는 것이 아니라, 그리스도께서 우리 마음에 믿음으로 거하시게 함으로써 된다는 뜻이다. 따라서 우리의 생각과 감정과 정서는 성령을 통하여 그 중심이신 그리스도로부터 흘러나가야 한다. 이것이 바로 성령으로 충만하게 된다는 의미이다. 우리 모든 그리스도인은 성령을 소유하고 있지만, 모두가 다 성령으로 충만한 것은 아니다. 성령께서 우리 마음이 성령으로 충만해지시는 것의 원천이다.

217

여기서 우리가 다루고자 하는 것은 우리가 들어간 자리(그리스도 안)의 복됨뿐만 아니라, 모든 면에서 거기에 합당한 그리스도인의 품행도 있다는 것이다. 그리스도인의 품행은 신자 안에 내주하시는 성령님의 임재에 합당하게 행하는 것을 의미한다. 성령의 임재에 합당하지 못한 것은 무엇이나 그리스도인에게 합당하지 못한 것이다. 이 문제는 삶의 평범한 일상적인 부분까지 포함한다. 왜냐하면 이 세상에는 하나님을 기쁘시게 하는 길이 있고, 그것이 사람이 행해야 하는 유일한 길이며, 다른 길은 없기 때문이다. 자기 아버지 집을 나간 탕자의 경우를 생각해보라. 그는 다른 나라로 떠났다. 외적으로 보면 그의 양심은 가책을 받지 않은 것처럼 보일 수도 있다. 하지만 그가 거기에 있는 이상 하늘과 아버지께 옳게 행하는 것이 아니었다. 양심을 바르게 하기 위해서 그는 돌아가야만 했다. 그가 그렇게 하기까지, 그가 하는 모든 일은 옳은 일이 하나도 없었다. 이처럼 옳은 것이 하나도 없는 것, 이것이 모든 사람이 세상에서 행하는 길이다. 인간은 하나님을 떠났고, 옳은 것을 전혀 행할 수 없는 상태에 떨어졌다. 그가 하나님께로 돌아오기 전까지 조금도 옳은 일을 할 수가 없다.

우리가 만일 바른 장소에 있다면 우리는 다른 길은 원하지 않게 된다. 아담은 에덴 동산에서 다른 길을 바라지 않았다. 그의 일은 자신이 있는 곳에 머무는 일뿐이었다. 악으로 가득한 세상에 있는 우리는 다른 길을 원한다. 하지만 다른 길은 없다. 왜냐하면 우리는 하나님을 떠나 있기 때문이다. 하지만 하나님의 영이 들어오실 때, 하나님은 믿는 사람 속에 새로운 길을 창조하신다. 유대인들이 광야에 있었을 때, 구름이 앞서 가면 거기에 길이 열렸다. 하나님은 세상이 얼마나 악한지에 관계없이 자신을 위해서 길을 만드신다. 만일 내가 사람을 상해한다면 그것은 잘못이다. 만일 그 사람이 복수를 한다면 그것도 잘못이다. 하지만 그리스도는 이 모든 일 가운데서도 길을 내신다. 하나님은 모든 환경 속에서도 지혜와 인내의 길을 갈 수 있도록 나를 인도하신다. 하나님은 이 세상의 모든 어려움 속에서도 바른 동기와 원리들을 가지고 행할 수 있는 길을 창출하신다. 그 길이 바로 그리스도인이 걸어가야 하는 길이다. "저 안에 거한다 하는 자는 그

의 행하시는 대로 자기도 행할지니라."(요일 2:6)

예수의 생명 또는 삶이 우리를 통해서 나타나야 한다. 우리의 삶은 이렇게 새로운 것의 표현이 되어야 한다. 즉 하나님을 떠난 이 세상의 한 가운데서 신적인 생명이 나타나야 하고, 또한 신적인 생명으로 사는 삶이 우리를 통해서 나타나야 한다. 그리스도가 아니면 할 수 없는 일이다. 그것을 이루는 것은 우리 안에 계신 그리스도이시다. 이렇게 할 수 있는 능력은 "하나님을 따라 의와 진리의 거룩함으로 지으심을 받은 새 사람"(엡 4:24) 안에서 역사하시는 성령님께 있다. 이 일은 옛 것을 개선함으로써 되는 것이 아니다. 왜냐하면 옛 사람은 신적인 순결한 동기를 가질 수 없고, 오직 자신의 부패한 동기만을 가지고 있기 때문이다. 그렇지만 외적인 것을 개선할 수 있는 여지는 있다. 사람들 모두가 도적이나 강도는 아니기 때문이다. 하지만 신의 성품에 속한 동기를 가질 수는 없다. 그러므로 사람들의 동기가 나름대로 예의 바르고 존경할 만한 것이긴 해도, 그것이 하나님의 기준에 합당한 것은 아니다. 사람의 본성은 하나님을 떠난 본성이며, 결코 하나님 앞에서 옳은 것일 수 없다. 성경에서 우리는 "하나님을 따라 의와 진리의 거룩함으로 지으심을 받은 새 사람을" 입었다는 것을 발견한다. 다른 곳에서 우리는 우리가 "새 사람을 입었으니 이는 자기를 창조하신 자의 형상을 좇아 지식에까지 새롭게 하심을 받는 자니라"(골 3:10)는 구절을 발견한다. 그리스도인의 행실과 정서에 대한 영적 지식의 기준은 바로 우리를 창조하신 자의 형상에 있다. 우리는 이러한 기준의 완전한 표본을 어디서 발견할 수 있는가? 바로 그리스도 안이다. 그리스도는 보이지 아니하는 하나님의 형상이다. 그러한 삶의 능력이 부활 안에서 나타났다. 그러한 삶의 특징은 그리스도께서 이 땅에서 걸으신 모든 길에서 나타났다. 이제 그리스도는 "성결의 영으로는 죽은 가운데서 부활하여 능력으로 하나님의 아들로 인정" 되셨다 (롬 1:4). 이 삶의 능력에 대한 선포가 부활을 통해서 이루어졌다. 이 삶의 특징은 이 세상을 사신 하나님의 아들 안에서 나타났다. 이제 이 그리스도께서 우리의 생명이시다.

218

"너희 몸은 너희가 하나님께로부터 받은 바 너희 가운데 계신 성령의 전인 줄을 알지 못하느냐 너희는 너희의 것이 아니라." (고전 6:19) 우리 몸은 구속함을 받았다. "값으로 산 것이 되었다."(고전 6:20) 하나님에 의해서 구속함을 받은 우리 몸은 (우리의 종이며, 봉사를 위한 거룩한 그릇이다.) 이제 성령의 전(殿)이다. 나는 거기서 능력을, 곧 내 안에 내주하시는 이의 능력을 얻는다. 성령의 임재는 내가 하는 모든 일의 척도가 되어야 한다. 그러므로 사도 바울은 "하나님의 성령을 근심하게 하지 말라 그 안에서 너희가 구속의 날까지 인치심을 받았느니라" (엡 4:30)고 말한다. 그러한 것이 바로 성령이 우리를 구비시키는 수단이다. 성령님은 우리에게 율법이 줄 수 없는 것, 하지만 그리스도께서 주시는 지성과 감성과 동기를 주신다. 게다가 복된 소망을 더하여 주신다. 이것은 성령님이 지금 우리 안에 내주하시기 때문이다. 우리의 몸은 성령의 전이다. 우리는 그렇게 행하도록 부르심을 받았다. 따라서 말로나 생각으로나 행동으로나, 성령님을 근심하게 해서는 안된다. 이것은 참으로 경이로운 삶의 척도이다.

성령님은 이러한 생각과 감정을 우리 속에서 일으키신다.

이제 그리스도께서 이것과 어떻게 연관되어 있는지를 주목하라. "너희 몸이 그리스도의 지체인 줄을 알지 못하느냐?"(고전 6:15) 이 얼마나 감미로운 것인가! 이것은 하나의 사실일 뿐만 아니라, 성령의 임재 안에서 내가 행하는 모든 행실에 대한 원리이다. 나는 어떻게 거기에 이르는가? 나는 (이미 그리스도의 지체이기에) 하나님에게 속한 모든 것을 소유하고 있다. "너희 몸은 너희가 하나님께로부터 받은 바 너희 가운데 계신 성령의 전인 줄을 알지 못하느냐?"(고전 6:19) 하나님이 나와 같은 가련한 피조물을 당신의 성전으로 삼으시고, 성령님이 거하는 성소로 삼으셨다니 이 얼마나 경이로운 일인가! 이처럼 가련한 피조물에 대해서 하나님이 가지고 계신 생각, 즉 나를 성령의 전으로 만드신 것을 생각해보라! 하나님은 나에게 성령님을 주시고 내 안에 거하시도록 하셨다! 이것을 위해서 나에게 절대적인 성결을 이루신 것이다. 이는 성령님은 더럽혀진 장막 속에서는 거하실 수가 없으시기 때문이다. 이제 성령님은 구속의 날까지 인을 치셨다. 하나님은 나를 정결케 하셨기에, 성령님을 주셨고 내 안에 거하시도록 하셨다. 이제 성령님은 구속의 봉인(the seal of redemption)이시며, 영광의 보증(the earnest of glory)이시다. 나를 성결하게 하신 하나님의 마음은, 자신의 무한한 사랑의 완전한 증인이요 증거로서 성령님을 주심으로써 나타났다. "사랑 안에 거하는 자는 하나님 안에 거하고 하나님도 그 안에 거하시느니라."(요일 4:16) 하나님은 우리 속에 거하시도록 성령님을 주셨는데, 이는 완성된 구속의 표시와 하나님 자신의 사랑의 증표로서 성령님을 주신 것이다. 하나님은 우리 몸을 성령의 전으로 삼으셨다. 이제 우리가 하나님을 위해 행하는 모든 일은, 이러한 성령님의 임재 가운데서 시험하고 판단해보아야 한다. 성령님의 임재가 하나님에게 속한 모든 일의 척도이자 시험이다. 우리 속에 거하시는 성령님의 임재야말로 하나님의 완전한 사랑의 표현이다. 이는 하나님의 사랑이 우리에게 주신 성령으로 말미암아 우리 마음에 부은 바 되었기 때문이다.

219

이제 사도 바울은 성도들에게 죄를 짓지 말도록 호소하고 있다. 성령의 전인 몸을 가지고 당신은 어떻게 죄를 지을 수 있단 말인가? 죄를 짓는 것은 단순히 그러한 계명을 한 가지 어기는 문제가 아니다. 오히려 (자신의 몸이 성령의 전이라는) 인식이 부족한 것이 문제이다. "너희 몸이……성령의 전인 줄을 알지 못하느냐?" 당신은 성령의 전을 가지고 계속 죄를 짓고자 하는가? 이 모든 권면들은 하나님이 우리를 이끌어 들어가게 하신 복된 자리에 터를 잡고 있다. "너희 몸은 너희가 하나님께로부터 받은 바 너희 가운데 계신 성령의 전인 줄을 알지 못하느냐?" 하나님이 성령님을 주셨고, 당신과 하나님 자신을 연결시키셨는데, 당신은 자신을 죄와 수치스러운 일에 연결시키고자 하는가? 이 교훈은 삶의 순결성과 연결되어 있다. 몸은 성령님에 의해서 하나님의 임재와 역사를 담는 그릇이다. 우리는 실패한다. 하지만 우리 속에 능력이 있다. 우리는 자기를 창조하신 자의 형상을 좇아 지식에까지 새롭게 하심을 받았다. 우리가 들어간 자리는 얼마나 놀라운가! 이 사실이 우리가 얼마나 낮고 천하며 결점 투성이

인지를 실감나게 해준다. 우리가 겸손하다면 겸손하고자 애쓸 필요가 없다. 만일 겸손하지 않다면, 겸손해질 필요가 있다. 겸손하다면, 그 사람은 은혜를 담는 그릇이 된 것이다. "하나님이 교만한 자를 대적하시되 겸손한 자들에게는 은혜를 주시느니라."(벧전 5:5) 겸손한 사람일수록 배우고자 하는 열의가 많지만, 어찌하든지 그는 하나님 앞에서 자신의 자리를 지키면서 합당한 태도를 취하고자 한다. 성령님은 겸손한 우리와 다투는 대신에, 우리를 그분의 축복의 대상으로 삼으신다. 만일 그렇지 않다면, 겸손을 우선적으로 배워야한다. 그러므로 당신의 몸은 당신이 하나님께로부터 받은 바 당신 안에 계신 성령의 전인 줄을 알라.

220

그리고 나서 둘째, 동기가 있다. "너희는 너희의 것이 아니라 값으로 산 것이 되었으니 그런즉 너희 몸으로 하나님께 영광을 돌리라."(고전 6:19-20) 이것은 우리가 배워야할 새로운 내적 동기이다. 이는 단순히 하나님의 임재 속에 있는 능력의 문제가 아니라, 그리스도의 완성된 사역으로부터 나오는 매우 긍정적인 동기이다. 우리는 우리의 것이 아니다. 과거 우리 자신의 것이었을 때, 우리는 잃어버린 자들이었다. 만일 축복을 바란다면, 또는 축복의 통로가 되고자 한다면, 당신 자신을 당신 자신의 것이 아닌 것이 되게 하라. 무엇이든지 나의 의지로 행하는 것마다, 그리스도의 피를 통하여 자신의 소유로 삼으신 하나님께 죄를 짓는 것이 된다. 우리는 우리의 것이 아니기 때문이다. 그리스도는 우리의 것이지만, 거기에는 둘째 항목이 있다. 그리스도가 나의 것일 뿐만 아니라, 나는 그분의 것이다. 따라서 우리 마음은 우리 자신의 것이 아니라 그분의 것이 되기를 즐거워한다. 왜냐하면 우리를 향한 그분의 사랑을 배웠기 때문이다. 우리를 사랑하사 자신의 몸을 우리를 위해 내어주신 그분의 사랑을 우리가 알고 믿었기 때문이다.

그러므로 이러한 영원한 사랑을 아는 지식 속에서, 우리의 기쁨은 그분에게 속하는 데 있으며, 이것을 실천하는데 있다. "값으로 산 것이 되었으니 그런즉 너희 몸으로 하나님께 영광을 돌리라."(고전 6:20) 이 구절은 단순히 바르게 행하라는 말이 아니다. 사도 바울은 즉시 우리를 하나님과 연결시킨다. 우리 몸으로 하나님께 영광을 돌리는 것을 생각해보라! 그리스도는 사람으로서 이 일을 행하셨다. 그렇지만 나같이 비참한 사람도 하나님께 영광을 돌릴 수 있는가? 그렇다. 만일 내가 성령 안에서 행한다면, 그리스도 외에는 다른 아무 동기를 갖지 않는다면, 그렇다면 세상이 결코 알 수 없는 하나님의 능력을 얻게 될 것이다. 우리는 우리 몸으로 하나님께 영광을 돌리도록 부르심을 받았다. 우리 몸은 하나님께 속했다. 우리 몸은 하나님의 것이다. 과거 비참한 죄의 종이었던 이 몸이 이제는 하나님께 속했다니, 이 얼마나 안도가 되는 말인가! 이제는 하나님의 소유물이다. 옛 상태에서 완전히 빠져 나왔으며, 더 이상 나의 부패한 의지에 속하지 않게 되었다. 나는 더 이상 몸에 빚진 자가 아니다. 이 몸은 하나님께 속해 있다. 이 사실을 아는 것은 참으로 큰 기쁨을 준다. 모든 일이 단번에 이루어졌다. 이 가련하고 비참한 몸이 이제는 하나님께 속했고, 이제는 이 몸을 사용함으로써 하나님께 영광을 돌리게 되었다.

여기서 우리는 사도 바울이 우리 앞에 우리 믿음과 행실의 기준으로 정한, 두 가지 중요한 내적 동기와 행위 규범을 소유하게 되었다. 즉 우리 몸은 우리가 하나님에게서 받은 성령의 전이며, 또한 우리는 값으로 산 것이 되었으니, 우리 몸은 하나님에게 속해 있다는 것이다. 우리는 능력과 영적 총명과 그 외 모든 것을 하나님에게서 받았다. 우리 몸을 성전으로 삼으신 이는 성령님이시다. 나의 몸을 바라볼 때, 이제는 그리스도의 사역으로 말미암아, 하나님에게 속해 있다. 성령님이 능력과 영적 총명으로(in power and intelligence) 내 안에 거하신다. 나의 몸은 성령의 전이 되었다. 이 말은 이제 나는 하나님에게서 받은 몸을 성령의 임재에 합당하게 사용해야만 한다는 뜻이다. 나는 나의 것이 아니다. 값으로 산 것이 되었고, 하나님께 속해 있다.

221
주님께서 우리 몸이 성령의 전임을 알게 해주시고, 다른 한편으로는 이 몸이 값으로 산 것이 되었고, 이제는 하나님께 속해 있다는 사실을 알게 해주심으로써 우리에게 마음의 기쁨을 주시고, 끊임없이 깊이 감사하는 심령을 주시길 바란다.

승리하는 삶: 고린도전서 15장

222

우리 그리스도인이 들어간 관계 속에는 두 가지 특징이 있다. 하나는 그리스도와 우리의 연합이고 다른 하나는 그리스도와 더불어 하나님을 우리 아버지로 모시게 된 것이다. 이제 그리스도는 많은 형제 중에서 맏아들이시다. "무릇 하늘에 속한 자는 저 하늘에 속한 자들과 같으니 우리가 흙에 속한 자의 형상을 입은 것같이 또한 하늘에 속한 자의 형상을 입으리라."(고전 15:48-49) 하늘에 속한 자의 형상을 입는 것이 영광 안에서 이루어질 최종적인 결말이지만, 이것은 "무릇 흙에 속한 자는 저 흙에 속한 자들과 같고 무릇 하늘에 속한 자는 저 하늘에 속한 자들과" 같다는 위대한 진리에 근거를 두고 있다. 이 일은 우리가 두 번째 사람과 연합된 결과로 시작된 것이다. (둘째 아담이신 그리스도는, 첫째 아담이 육신에 속한 사람들의 머리인 것과 같이, 신령한 인류의 머리이시다.)

그리스도의 몸의 머리로서의 관계와 신부에 대한 관계는 서로 다르다. 이것은 전체 구약 성경이 첫째 아담 안에서 전개되어온 우리의 역사와 또한 전체적으로 역사를 마감하면서 새로운 역사가 시작되고 있는 것을 바르게 볼 수 있는 법을 가르쳐 준다. 이 일은 둘째 사람이 죽은 자 가운데서 다시 살아나기 전까지는 일어나지 않았다. 그리스도는 십자가 죽음 이전이나 이후나 위격 안에서 동일했지만, 그가 죽은 자 가운데서 살아나기 전까지는 그는 새로운 인류의 머리가 아니었다. 그래서 "한 알의 밀이 땅에 떨어져 죽지 아니하면 한 알 그대로 있고"(요 12:24)라고 말씀하셨다. 그리스도께서 그러한 지위를 얻을 수 있었던 것은 제자들에게 "내가 내 아버지 곧 너희 아버지, 내 하나님 곧 너희 하나님께로 올라간다"(요 20:17)고 말씀하신 이후였다. (성육신하신) 사람이신 그리스도와 연합된다는 생각은 터무니없다. 그리스도는 죄 가운데 있는 우리와 자신을 연합시키실 수 없다. 다만 동정심을 나타내실 뿐이었고, 육신 안에 있는 우리와 하나가 된다는 것은 절대 불가능한 일이었다. 이것은 본질상 서로 다른, 사람과 하나님을 하나가 되게 하는 일이었기에 있을 수 없는 일이다. 하지만 그리스도께서 새로운 지위를 얻으셨을 때, 육신이 배제된 상태에서, 우리는 영으로 그리스도와 연합될 수 있었다. 인간의 전체 역사는 본질상 다른 사람과 하나님이 하나가 되는 일의 불가능성을 보여준다. "혈과 육은 하나님 나라를 유업으로 받을 수 없고 또한 썩은 것은 썩지 아니한 것을 유업으로 받지 못하느니라."(고전 15:50) "일찍 내가 유대인들에게 너희는 나의 가는 곳에 올 수 없다고 말한 것과 같이 지금 너희에게도 이르노라."(요 13:33) 육신, 곧 부패했고 또 부패 과정에 있는 육신은 영광 안으로 들어갈 수 없다.

육신이 신자 속에서 역사한다는 것은 사실이다. 하지만 성경은 더 깊이 있게 들어가서 이 진리를 다룬다. "내 속 곧 내 육신에 선한 것이 거하지 아니하는 줄을 아노니"(롬 7:18)라고 말하며, 게다가 사도 바울은 "우리가 육신에 있을 때에는"(롬 7:5)이라고 말한다. 나는 과연 당신도 이렇게 "내가 육신에 있었을 때에는"이라고 말할 수 있는지 모르겠다. 만일 우리가 그렇게 말할 수 있다면, 우리의 책임은 이제 성령 안에 있는 사람으로 행하는 것이다. 그리스도인은 그저 세상의 한 사람으로 행하는 것이 아니라, 그리스도와 하나로 연합을 이룬 그리스도인으로 행하는 것이다. 분명 남편으로서, 아내로서, 또한 자녀로서 의무들이 있다. 사람 사이의 관계는 바른 관계 속에서 유지되어야 한다. 그럼에도 하나님 앞에서 나는 나를 육신 안에 있는 사람으로 보지 않는다. 육신은 방해의 역사를 지속할 것이며, 내가 마지막 아담에게서 얻는 것을 방해하는 세력으로 다가올 것이다. 따라서 당신이 그저 사람으로서만 행한다면 당신은 잃어버린 자이다.

223
육신은 약함을 나타내었다. 아담에게 하신 말씀은 죄에 대한 대비책이 아니라, 사람 속에 정욕이 없다는 것을 전제로 하신 것이었다. 하지만 에덴 동산에 정욕이 들어왔을 때 죄도 따라 들어왔고, 하나님과 사람 사이에는 완전한 분리가 일어났다. 그리고 그때 아담은 추방된 인류의 머리가 되었다.

이후에 주어진 율법은 사람에게 생명이 필요하다는 것을 전제로 했지만, 책임 문제를 유발시켰다. 하나님을 떠난 사람은 이제 하나님 앞에서 부패한 존재가 되었다. 땅은 폭력으로 가득하게 되었다. 그리고 홍수가 왔다. 그 후에야 사람을 시험하기 위해서 율법이 주어진 것이다. 반면에 약속은 사람을 시험하기 위한 것이 아니라, 사람 속에 있는 문제와는 상관없이 은혜를 나타내기 위한 목적으로 주어졌다. 첫 아담에게 약속은 없었지만, 둘째 아담, 곧 여자의 후손에게는 약속을 주셨다. 하나님은 죄에게는 아무 것도 약속하실 것이 없다. 약속에는 책임의 문제가 따르지 않는다. 하나님은 약속을 사람에게 주셨고 약속을 남기셨다. 이후에는 의의 문제가 일어났다.

우리는 너무도 자주 율법이라는 말이 내포하고 있는 바를 가볍게 여긴다. 만일 율법에서 이것을 행하라 그리하면 행복을 얻을 것이라고 말했다면, 이 말은 행함이 없다면 행복도 없다는 것을 의미한다. 만일 당신이 생명을 가지고 있다면, "이것을 행하라 그리하면 살리라"고 말할 수 없다. 하나님이 사람에게 "이것을 행하라 그리하면 살리라"고 말씀하셨을 때, 이것은 사람이 죽어 있음을 전제로 하신 것이다. 사람은 그렇게 생각하지 않았을지라도, 율법은 사망과 정죄의 직분을 가지고 있었다. 왜냐하면 율법은 순종을 요구했고, 사람은 그렇게 할 수 없었기 때문이었다. 이제 율법은 사람에게 유죄를 선언한다. 사람은 도무지 하나님의 법에 순종할 수 없기 때문이다.

하지만 사람의 유죄를 보다 더 분명히 입증하는 것이 있었다. 하나님이 은혜 가운데 오셨을 때 과연 사람들은 하나님의 은혜를 받아들였을까? 그리스도께서 오셨고, 그리스도는 자신의 삶을 통해서 극치의 선(善)을 나타내셨다. 그리스도는 사람들 가운데 오셔서 선을 행하시고, 문둥병자를 치유하셨다. 하지만 육신적인 사람들은 그분에게서 무슨 매력을 느꼈는가? 그리스도는 하나님의 선함과 사랑을 가져오셨음에도 사람들에게서 내어쫓김을 당하셨다.

율법이 주어졌을 때, 그들은 율법에 순종하지 않았다. 그리스도께서 오셨을 때, 그들은 그분을 영접하지 않았다. 그러므로 주님은 "이 세상 임금이 심판을 받았음이니라"(요 16:11), "저희가 나와 및 내 아버지를 보았고 또 미워하였도다"(요 15:24)라고 말씀하셨다. 모든 면에서 시험을 받은 사람은 악한 존재임이 입증된 것이다.

224

다른 환경에서, 즉 그리스도인의 경우를 보면 육신의 소욕은 성령의 소욕을 거스리고, (그리스도인 속에 있는) 육신은 하나님을 기쁘시게 하는 일을 할 수가 없음을 볼 수 있다. 모든 육신은 하나님을 전적으로 거부하며, 항상 교만으로 그 모습을 나타낸다. 하나님이 심판을 베풀기도 전에, 인간은 하나님을 완전히 거부해 버린다. 십자가의 경이로움은 하나님께서 이 세상에 오셨고, 무죄한 분이 육신과 같은 낮고 천한 자리까지 내려오신 데 있다. "하나님이 죄를 알지도 못하신 자로 우리를 대신하여 죄를 삼으신 것은 우리로 하여금 저의 안에서 하나님의 의가 되게 하려 하심이니라."(고후 5:21) 이렇게 그리스도는 하나님 앞에서 완전히 바닥을 드러낸 사람의 자리에 서신 것이다. 게다가 자신을 은혜와 순종의 자리에 두셨다. 그 이상의 것이 있다. "친히 나무에 달려 그 몸으로 우리 죄들을(our sins) 담당하셨[다.]"(벧전 2:24) 그리스도는 죄가 되셨고, 자기 목숨을 버리심으로써 자신이 담당한 죄를 제거하셨다. 하나님은 그리스도를 죄로 또는 죄인처럼 취급하셨고, 그 죄로 인해서 그리스도는 목숨을 잃으셨다(마 20:28, 막 10:45). 그리고 나서 다시 살아나신 것이다. 하나님은 그렇게 죄 문제를 다루셨고, 십자가에서 전적으로 종지부를 찍으셨다. 그렇게 옛 사람이 끝난 것이다. 이제는 말씀하시길 "이와 같이 너희도 너희 자신을 죄에 대하여는 죽은 자…로 여길지어다"(롬 6:11), "이는 죽은 자가 죄에서 벗어나 [자유를] 얻었음이니라"(롬 6:7, 흠정역 참조)고 하신다. 그리스도는 죄 가운데 있었던 첫째 아담의 자리를 취하셨다. 내가 처해 있었던 모든 자리에, 그리스도께서 들어와 감당하셨다. 그리스도는 다시 살아나셨고, 나는 전적으로 새로운 지위(new position)를 얻었다. 이제 나는 그리스도 안에 있다. 그리스도는 육신의 역사를 영원히 마감하셨고 (육신은 우리의 원수이지만, 이제 육신의 역사는 하나님 앞에서 영원히 종지부를 찍었다) 둘째 아담이신 그리스도 안에서 우리를 위한 새로운 역사를 시작하셨다. "아버지여 아들을 영화롭게 하옵소서."(요 17:1 참조)

그리스도는 의를 성취하심으로써 하나님 앞에서 자신의 자리로 돌아가셨다. 이제 그리스도는 새로운 인류, 곧 새로운 가족의 머리이시다. 새로운 인류의 머리로서 새로운 영광을 소유하고 있다. 우리는 그리스도 안에 있는 자로서, 생생하게 그리스도와 연합되어 있다. "하늘에 속한 자는 저 하늘에 속한 자들과 같[다.]"(고전 15:48) 우리는 더 이상 육신에 있지 않고, 하나님 앞에서 그리스도께서 성취한 의(義)의 미덕 안에 있다. 하나님이 사람을 다루시는 이전의 모든 섭리는 죄에 근거하고 있었다. 따라서 그리스도께서 오시기 전에 율법, 약속, 그리고 인간 정부가 있었다. 이제 우리를 다루시는 하나님의 섭리는 의(義)에 근거하고 있다. 하나님은 사람이신 그리스도를 통해서 얻으신 하나님의 의(義)를 가지게 되었다. 인자는 땅에서 하나님을 영화롭게 하였고, 하나님은 하늘에서 그리스도를 영화롭게 하셨다. 그리스도께서 천상에서 영광을 얻으신 것은 사람으로서 얻으신 것이다.

나는 그리스도 안에서 생명과 의(義)를 소유하고 있다. 생명은 아들, 곧 둘째 사람 안에 있고, 이제 나는 육신과 육신에 속한 모든 것을 원수로 대할 수 있게 되었다. 육신에 대하여, 나는 죽었다. 육신은 이제 설 자리가 없다. 나는 그리스도 안에서 생명을 가지고 있고 육신에 대하여는 죽었다. 나는 더 이상 육신에 대하여는 할 말이 없으며, 육신은 하나님과는 아무 관계가 없다. 이제 나는 육신과 저항해 싸우며, 그것을 위해 기도한다. 육신을 대적해 싸울 수 있는 모든 수단을 강구해서 싸울 것이다. 나는 더 이상 육신에 있지 않기 때문이다. 마음에서는 혼돈이 있을 수 있지만, 육신과의 관계에서는 혼돈이 있을 수 없다. 하나님은 육신과는 아무런 관계가 없다. "너희 자신을 죄에 대하여는 죽은 자…로 여길지어다."(롬 6:11) 이는 그리스도께서 죽으셨기 때문이다. 성경은 결코 육신에 대하여 죽으라고 말하지 않는다. 육신은 할 수 있는 한 살고자 할 것이다. 육신은 자신을 좀 더 개선하거나, 더 나아지고자 애쓸 것이다. 육신을 죽이는 것에 대해서 말하는 것은 아무 의미가 없다. 성경은 "당신은 죽었다"고 말한다. 육신은 그리스도 안에서 심판을 받았다. 그러므로 나는 합법적으로 "나는 죽었고 새로운 사람이다"라고 말할 수 있다. 그러고 나서 그리스도께서 행하심 같이 성령 안에서 행하는 것이다. 첫째 사람 아담과 같이 행하는 것이 아니라, 둘째 사람 그리스도와 같이 행하는 것이다. 당신은 창조된 아담과 같이 무죄 상태로 돌아갈 수 없다. 성령 안에 있다면 당신은 올곧은 사람이고, 더욱이 의롭고 거룩하다. 이 모든 것은 죄에 대하여 일어난 분명한 사실이다. 첫째 아담이 지상 낙원에서 쫓겨나 죄인의 머리가 되었던 것처럼, 마찬가지로, 둘째 사람이신 그리스도는 천상 낙원에 있는 새로운 인류의 머리이시다.

믿음은 하나님이 말씀하신 것을 절대적으로 수용한다. 믿음은 어디에 올인해야 하는가? 그리스도에게 올인해야 한다. 당신은 그리스도에게 절반만 의지하는가 아니면 전적으로 의지하는가? 육신은 하나님 앞에서 설 자리가 없다. 믿음은 말한다. "나는 그리스도 안에서가 아니면 하나님 앞에서 설 자리가 없다." 그리스도는 하나님의 보좌에 앉을 만큼 의로우시다. 만일 그리스도께서 절반만 구주이시거나 혹은 절반만 의롭다면, 하나님의 보좌에 앉으실 수가 없다. 우리는 그리스도의 형상으로 자라간다. 하지만 하나님 앞에서 우리의 자리는 항상 처음과 같이 똑같다. 우리의 자리는 바로 그리스도 안(in Christ)이기 때문이다. 지상에서 그리스도의 삶은 우리를 위한 완전한 본보기였다. 모든 일에 하나님을 나타내셨다.

하나님 앞에서 우리의 지위는 하나님의 호의로 충만한 지위이다. 게다가 우리 앞에는 영광의 소망이 있다. 이 사실이 우리 마음을 얼마나 고양시키는가! 우리 자신을 고양시키는 것이 아니다. 은혜는 우리를 겸손케 만들면서도 우리 마음은 고양시킨다. 나는 심판 날에도 하나님 앞에서 담대함이 있다. 우리가 장차 하늘의 심판석에 이르게 되면, 우리는 천상의 존재이신 그리스도와 같이 될 것이다.

오직 은혜만이 그렇게 한다. 은혜가 우리를 육신과 성령 사이를 분별하게 해준다. 이것은 무엇이 옳은 것이며, 무엇이 잘못된 것인지를 분별하는 것 이상의 문제이다. 우리는 이제 "그것은 육신이고, 이것은 성령이다"라고 말할 수 있다. 이것은 매우 공정해 보이지만, 만일 육신이라면 그것은 결국 아무것도 아닌 것이 되고 만다. 비록 온 세상이 좋은 것으로 평가할지라도, 그것이 그리스도에게 속한 것이 아니라면 나는 그것을 받아들이지 않을 것이다. 만일 사람이 주님과 동행하면 육신은 판단 받게 된다. 우리에게 어린 자녀, 청년, 그리고 아버지와 같은 영적 성숙의 차이가 있을 수 있지만, 만일 우리가 주님과 동행하는 삶을 산다면, 우리는 모든 것을 분별할 수 있는 능력을 소유하게 된다. 육신은 매우 간교하다. 하지만 주님이 나를 시험하시면 육신은 곧 정체가 드러나게 되어 있다. 나무나 풀이나 짚은 오래 가지 못한다. 하나님은 세상에서 나무나 풀이나 짚보다 더 귀한 것을 찾으신다. 그것만이 오래 가기 때문이다.

226

이제 당신은 더 이상 육신에 있지 않다는 분명한 인식과 믿음으로 "우리가 육신에 있었을 때에는(when we were in the flesh)"(롬 7:5)이라고 말할 수 있는가? 그렇다면 당신은 더 이상 육신에 있는 것같이 육신으로 행하지 않도록 부르심을 받은 것이다. 성령님은 확연히 눈에 띄는 역사를 하지 않으신다. 당신은 다른 그리스도인들과 더불어 동행할 수는 있지만, 삶 속에서 역사하는 생명의 능력이 없다면 그리스도와 동행하는 삶을 살 수 없다. 이 말은 능력을 따로 구하라는 말이 아니라, 사실은 이미 능력을 가지고 있다는 의미이다. 주님이 이제 당신에게 육신 안에 있지 않고 성령 안에 있는 것이 무엇인지 알게 해주시기를 바란다! 당신의 양심은 시험을 받을 것이지만, 그 끝에는 평강과 기쁨을 누리게 될 것이다.

그리스도의 편지: 고린도후서 3장

227

고린도후서 3장 초반부에서 사도 바울은 참 그리스도인이 누구인지 우리에게 말한다. 바울은 그리스도인을 그리스도의 편지라고 부른다. 그리스도인은 모세가 돌 판에 율법을 기록한 것과 같이, 하나님이 그 마음에 그리스도를 기록한 사람이다. 사도 바울은 이 사실로 시작하고 있다. 우선 바울은 그리스도인과 율법의 차이점을 언급한다. 그리스도인은 돌 판이 아니라 마음의 심비에 그리스도가 새겨진 사람이다. 우리 마음이 진지하다면, 그리스도인이라 자칭하는 많은 사람들이 그렇지 않다는 것을 보게 될 것이다. 우리는 온화한 성품을 가진 사람들을 많이 본다. 하지만 어떤 사람들은 매우 까탈스러운 성품을 가지고 있다. 이것은 단순히 성격과 기질의 차이가 아니다. 요점은 그것이 아니다. 온화한 기질 자체만으로 마음에 그리스도가 새겨진 것으로 볼 수는 없다. 이처럼 성격과 기질은 그리스도인이 되는 것과 아무 관계가 없다. 그리스도인이 되는 것은 하나님의 실제적이고도 현실적인 역사에 의한 것이다. 사람의 마음에 그리스도를 새기는 것은 성령님이시다. 돌 판에 율법을 새기듯, 사람의 생각과 말과 행실에 그리스도를 각인시키는 것은 성령님이시다. 이렇게 말하면 사람들은 이 점에 대해 화를 낸다. 그럼에도 그리스도가 그리스도인의 삶의 목적이기에, 당신도 과연 그러한지 당신의 양심을 스스로 판단해 보아야 한다. 그렇다고 해서 그리스도인의 삶에 실패가 없는 것은 아니다. 돈을 추구하는 사람은 항상 성공하지는 못하지만, 어쨌든 모든 사람이 그의 삶의 목표가 무엇인지 안다. 이처럼 그리스도인은 그리스도를 추구한다. 오직 그리스도만이 신자의 삶의 목표이다.

하나님이 율법을 주신 것은, 그 율법을 통해서 사람을 의롭게 만들기 위한 것이 아니라 의인은 하나도 없음을 입증하려는 것이었다. 율법은 모든 사람을 정죄한다. 율법은 사망의 직분이었다. 사람이 하나님의 율법을 깨뜨린 후, 하나님은 그 아들을 보내셨다. "하나님이 세상을 이처럼 사랑하사 독생자를 주셨[다.]" (요 3:16) "때가 차매 하나님이 그 아들을 보내[셨다.]" (갈 4:4) 하나님의 아들께서 세상에 오셨다. 세상은 그분을 영접하려 하지 않았다. 사람들은 그분의 얼굴에 침을 뱉었다. 이것이 세상이 한 일이었다. 나는 지금 의무에 대해서 말하는 것이 아니다. 다만 묻고 싶은 것은 이것이다. 과연 그리스도께서 당신의 마음에 새겨져 있는가? 이제 우리는 그리스도를 죽일 수 없다. 그렇지만 우리 마음은 유대인들이 했던 것만큼이나 그분을 거절할 수가 있다. 정직한 사람은, (그리스도인을 말하는 것이 아니다) 아침부터 저녁까지 그리스도께서 자기 마음에 계시지 않다는 사실을 인정할 것이다.

이제 사도 바울이 하고 있는 말은 무엇인가? 그 당시 그리스도인이 이 지역에서 다른 지역으로 가게 되면, 천거서를 가지고 가는 것이 관습이었다. 하지만 사도 바울은 "내가 너희에게 나아갈 때 나도 천거서가 필요한가?"라고 묻는다. 만일 누가 바울에게 와서 당신이 하는 말이 무엇인가? 라고 묻는다면, 바울은 이렇게 대답했을 것이다. 이 고린도교회 성도들을 보라. (왜냐하면 고린도교회 성도들은 그 당시에는 상태가 좋았기 때문이다.) 그들은 그리스도의 편지였던 것이다. 어떻게 그럴 수 있었는가? 그것은 그들이 그리스도의 사람들이었기 때문이었다. 이제 나는 당신에게 묻고 싶다. 과연 그리스도께서 당신의 마음에 새겨져 있는가? 나는 당신에게 (당연한 것이지만) 그리스도를 사랑하는지 묻는 것이 아니다. 만일 당신이 그리스도를 진정 사랑한다면, 그렇지 않다고 말할 수 없을 것이다. 그리스도는 우리의 사랑을 받으실 만한 너무도 귀한 분이시다. 하지만 당신이 진정 그리스도인이라면 그분을 위해서 드리지 못할 것은 없다고 확신할 것이다. 당신은 자신을 주체하지 못할 정도로 그리스도를 사랑할 수 있지만, 더 중요한 것은 그리스도께서 당신 마음의 중심에 계셔야 한다는 것이다.

228

이제 다른 각도에서 생각해보자. "주는 영이시니 주의 영이 계신 곳에는 자유함이 있느니라."(고후 3:17) 하나님 앞에서 두려워하며 떠는 것은 자유가 아니다. 자유란 하나님과 더불어 행복해 하는 것이다. 성령님께서 내게 나의 죄를 보여주기 시작하신다면, 나에게 자유란 없다. 나는 죄로 인해서 두려움에 떨기 시작할 것이다. 나는 내가 지은 죄들을 어떻게 다루어야 할지 모른다. (그동안 안주했던) 거짓된 자유는 사라지고, 참된 자유는 받지 못했음이 드러난다. 이 일은 하나님의 완전한 사랑이 나타나기까지는 항상 있는 일이다. 이 상태가 되면 율법은 더 이상 나를 교훈하지 못한다. 나의 자녀가 나를 사랑하지 않는 상황에서 그에게 나를 사랑하라고 명령하고 위협하는 상황을 상상해보라. 그것이 그로 하여금 나를 사랑하게 만들 수 있을까? 오히려 그것은 그로 두려움에 떨게 만들 것이다. 이것이 율법이 하는 일이다. 율법은 (자발적인) 사랑을 만들어내지 못한다. 다만 명령할 뿐이다. 그 효과는 무엇일까? 나는 하나님의 임재 가운데 (자유를 가지고) 서있을 수 없게 된다. 모세가 산에 올라갔을 때 그의 얼굴은 빛이 났다. 그가 하나님과 함께 있었기 때문이었다. 모세가 율법이 새겨진 두 개의 돌 판을 가지고 내려왔을 때, 이스라엘 백성들은 모세에게 가까이 가는 것을 무서워했다. 모세는 자기 얼굴에서 나는 영광을 감추기 위해서 얼굴에 수건을 써야만 했다. 하나님의 영광스러운 임재 가운데 있었던 모세의 얼굴을 그들은 감히 눈을 들어 바라볼 수가 없었다. 하나님의 영광이 계시됨으로 인해서 발생되는 유일한 효과는, 내가 그동안 거스려 범죄 했던 하나님에게서 가능한 멀리 떨어지고 싶은 마음을 갖게 된다는 것이다.

사도 바울은 이러한 율법을 가리켜 "죽게 하는 의문의 직분 또는 사망의 직분" 그리고 "정죄의 직분"이라고 불렀다. 왜냐하면 율법은 의를 요구하지만 그 요구하는 것을 줄 수 없기 때문이다. 사람이 자신이 마땅히 행해야 하는 자신의 행실을 주목할 때마다, 그는 사망과 정죄의 직분 아래 놓이게 된다. 이것은 마음에 그리스도를 새기는(또는 쓰는) 길이 아니다.

우리가 지금 계신 그대로의 그리스도를 바라보기 이전에, 과거에 하나님이 육체로 나타나셨던 그리스도의 모습을 먼저 주목해보자. 그리스도께서 오셨을 때, 사람은 어떤 상태에 있었는가? 사람은 모두 다 죄 아래 있었다. 욥이 자신에 대해 한 말을 생각해보자. 과연 모든 사람의 상태에 대한 것으로 볼 수 있겠는가? "내가 눈 녹은 물로 몸을 씻고 잿물로 손을 깨끗이 할지라도 주께서 나를 개천에 빠지게 하시리니 내 옷이라도 나를 싫어하리이다 하나님은 나처럼 사람이 아니신즉 내가 그에게 대답함도 불가하고 대질하여 재판할 수도 없고 양척 사이에 손을 얹을 판결자도 없구나 주께서 그 막대기를 내게서 떠나게 하시고 그 위엄으로 나를 두렵게 하지 아니하시기를 원하노라 그리하시면 내가 두려움 없이 말하리라 나는 본래 그런 자가 아니니라."(욥 9:30-35)

229
이제 그리스도께서 오셨을 때, 우리는 그리스도에게서 무엇을 발견하는가? 바로 양척 사이에 손을 얹을 판결자, 곧 중보자다. 이것이 바로 욥이 간절히 원하던 것이었다. 그리스도에게 무슨 두려움이 있었는가? 그리스도를 두려워한 사람이 있었는가? 만일 한 죄인이 욥처럼 죄의 무게에 눌려 있었다면, 그는 그리스도에게로, 따라서 하나님에게로 나아갈 수 있었을 것이다. 이제 내가 여기서 발견하는 것은, 비록 내가 지은 죄들이 하나님에게 나아가는 것을 방해할지라도, 하나님이 내게로 나아오시는 것은 방해하지 못한다는 점이다. 성경을 읽어보면, 그리스도께서는 죄인을 열린 가슴과 열린 팔로 받아주시지 않은 경우가 한번도, 결코 없었다는 것을 볼 수 있다. 이것이 바로 당신이 간절히 원하는 것이다. 그리스도는 "여기 하늘로 올라와 의를 가져가라. 내가 여기서 줄 것이다"라고 말씀하지 않으셨다. 대신에 그리스도께서 이 땅에 내려오셔서 바로 여기 이 땅에서 우리를 만나주셨다. 이는 전적으로 새로운 것이다. 그리스도께서는 이런 식으로 우리 마음을 얻고자 오셨다. 하지만 바리새인들은 죄인들을 영접하시는 그리스도, 그리고 죄인들과 더불어 식사하시는 그리스도를 비난했다. 이것은 사실이다. 그리스도는 잃어버린 아들을 다시 찾으시는 아버지의 기쁨으로 이것에 답변하셨다. 이것은 하늘에 계신 나의 아버지에게도 사실이다. 그러므로 주님은 "인자의 온 것은 잃어버린 자를 찾아 구원하려 함이니라"(눅 19:10)라고 말씀하셨다. 이것은 은혜다.

의(로움)도 있다. 아버지가 탕자의 목을 안고 입을 맞추었을 때, 탕자는 걸레와 같은 옷을 입고 있었다. 아버지는 넝마와 같은 옷을 입고 있는 채로 아들을 집으로 들일 수는 없었다. 그렇게 하면 자기 가문을 욕되게 하는 일이 되었을 것이다. 마찬가지로 그리스도의 복된 사랑은 나를 아버지 집에 합당한 자로 만들어 주는 데까지 나아갔다. 내가 지은 죄들이 나를 아버지 집에 합당치 못한 자로 만들었기 때문에, 예수님은 바로 그 죄들을 제거하기 위하여 자신을 내어주신 것이다. 이제 확실히 아는 것은 내가 거스려 죄를 지었던 그 주님은 십자가에서 나의 모든 죄들을 제거하고, 해결하셨다는 것이다.

이제 나는 어디서 하나님의 영광을 볼 수 있는가? 더 이상 모세의 얼굴에서가 아니다. 나는 모세의 얼굴에서 그분의 영광을 볼 수 없을 것이다. 하지만 이제 예수 그리스도의 얼굴에서 하나님의 영광을 볼 수 있다. 그리스도는 나의 죄를 인해서 죽으신 분이시다. 그리스도는 나의 죄를 가지고는 영광 안으로 들어갈 수 없으셨다. 그래서 그 모든 죄들을 제거하셨다. 나는 그리스도의 말씀과 그리스도의 사역을 알고 있고 또한 영광을 가지고 있다. 그러므로 하나님은 이제 의를 주신다. 이것이 의의 직분이다. 우리가 지은 죄들은 더 이상 문제가 되지 않는다. 그리스도께서 죄들을 위하여 위대한 보혈을 남김없이 흘리셨기 때문이다. 그리스도는 거룩이 인간에게 요구하는 모든 것을 이루셨고, 이제는 영광 가운데 계신다. 따라서 거기서 흘러나오는 영광의 모든 광채는 나의 모든 죄가 해결되었다는 확실한 증거이다. 예수 그리스도의 얼굴에서 빛나는 하나님의 영광을 볼 때, 그것은 내가 간절히 보기를 원하는 것이다. 왜냐하면 내가 보고 있는 영광 안에 있는 그 사람이 바로 나의 모든 죄를 감당하신 분이시기 때문이다. 아! 나는 영광 중에 계신 그리스도를 보는 것이 너무도 즐겁다. 이것이 바로 성령님에 의해서 나의 마음에 그리스도를 새기는(쓰는) 길이다. "우리가 다 수건을 벗은 얼굴로 거울을 보는 것같이 주의 영광을 보매 저와 같은 형상으로 화하여 영광으로 영광에 이르니 곧 주의 영으로 말미암음이니라." (고후 3:18) 이것은 곧 의의 직분을 가리킨다. 왜냐하면 성령님이 오셨고, "한 사람의 순종하심으로" 인해서 얻은 의로움이 있음을 우리에게 알려주셨기 때문이다(롬 5:19). 이것은 또한 성령의 직분이다. 왜냐하면 성령님은 의(義)의 근거 위에서만 주어지기 때문이다. 이제 (성령을 받은) 사람은 자유 가운데 있다. 왜냐하면 그 사람의 양심은 완전히 정결케 되었기 때문이다. 이제 그에게 시련과 어려움이 찾아올 테지만, (이것은 사실이다) 그와 하나님 사이에는 완전한 평강만이 있을 뿐이다.

230

이것이 우리 마음에 그리스도를 쓰시는 하나님의 방식이다. 우선 하나님은 사람에게 양심이 전적으로 정죄받았음을 보여주신다. 게다가 사람의 본성은 그 자체로 하나님과 원수 관계에 있음도 보여주신다. 사람은 율법을 어겼다. 이제 그리스도께서 은혜로 오셨을 때, 사람은 그리스도를 사랑하지 않았다. 하나님은 이것을 그 양심에 비추어주시고 나서, 그가 거스려 범죄한 그 하나님이 오셨고, 또 자신을 위해서 의를 이루신 것을 보여주시고, 이 복되신 사람이 이제는 영광 중에 계심을 알게 하셨다.

이제 일깨움을 받은 사람의 마음이 하나님을 신뢰하는 법을 어떻게 배우는지를 주목해보자. 이 어떠한 사랑인가! 내가 죄 가운데 있었을 때, 하나님이 오셨고 또 그 모든 죄를 제거하셨다. 내가 지은 모든 죄들은 사실상 나에 대한 하나님의 사랑의 가장 큰 증거가 된다. 하나님은 그 죄를 도말하기 위해서 그리스도를 주신 것이다. 그렇다면 나는 그밖의 모든 일에 그분을 신뢰해야 마땅하다.

사랑하는 독자들에게, 이제 질문하고 싶다. 당신은 이러한 하나님을 신뢰하고 있는가? 당신의 마음은 이러한 (당신 자신의 힘으로 얻을 수 없었던) 의(로움) 앞에 엎드려진 적이 있는가? 아! 사실 다른 사람의 순종에 의해서 얻은 의를 기꺼이 받고자 자신의 마음을 낮추는 일은 대단히 어려운 일이다! "한 사람의 순종하심으로 많은 사람이 의인이 되리라."(롬 5:19) 하지만 당신이 예수 그리스도의 얼굴에 있는 하나님의 영광을 보았다면 당신은 기꺼이 "그 안에서 발견되려 함이니 내가 가진 의는 율법에서 난 것이 아니요 오직 그리스도를 믿음으로 말미암은 것이니 곧 믿음으로 하나님께로서 난 의"(빌 3:9)를 간절히 얻고자 할 것이다.

231

우리 영혼이 그리스도의 편지가 되는 것이 무엇인지 묵상하는 것은 좋은 일이다. 물론 나는 우리 가운데 어느 누구도 그리스도의 편지가 되는 소명의 위대함을 다 표현할 수 없다는 것을 알고 있다. 사실 성도의 교회가 "뭇 사람이 알고 읽는" 그리스도의 편지이다(고후 3:2). 즉 그리스도의 교회가 그리스도께서 세상에 추천하는 그분의 천거서이다. 세상은 성도들의 삶을 통해서 그리스도가 어떤 분이신지 알 필요가 있다. 물론 말씀을 통해서 배우는 것도 사실이다. 이러한 그리스도를 증거하는 교회의 중요성은 돌 판에 새겨진 율법과의 암묵적인 대조에 의해서 부각된다. 율법 세대에서 하나님의 마음을 선포했던 십계명과 마찬가지로, 이제 교회는 "이는 먹으로 쓴 것이 아니요 오직 살아 계신 하나님의 영으로 한 것이며 또 돌비에 쓴 것이 아니요 오직 육의 심비에" 그리스도를 새긴 편지이다. 이는 우리를 "어두운 데서 불러 내어 그의 기이한 빛에 들어가게 하신 자의 아름다운 덕을 선전"(벧전 2:9)하기 위한 것이다.

나는 그리스도의 생애 가운데 한 가지 위대한 일을 언급하고자 한다. 즉 그리스도는 말로나, 행동으로나, 마음의 미동으로나, 한 번도 자신을 기쁘시게 하는 일을 한 적이 없다는 것이다. "그리스도께서 자기를 기쁘게 하지 아니하셨나니."(롬 15:3) 따라서 우리도 마땅히 "자기를 기쁘게 하지" 않아야 한다(롬 15:1). 이는 "우리 중에 누구든지 자기를 위하여 사는 자가 없고 자기를 위하여 죽는 자도"(롬 14:7) 없기 때문이다. 예수님은 이렇게 말씀하셨다. "오직 내가 아버지를 사랑하는 것과 아버지의 명하신 대로 행하는 것을 세상으로 알게 하려 함이로라."(요 14:31) 이것은 사랑에서 흘러나오는 순종이었고, 사랑에 대하여 사랑으로 반응하는 것이었다. 그 외의 것이 그분의 마음을 움직일 수는 없었다. 이러한 순종을 떠나 단순한 율법의 계명을 지키는 것으로 옮겨 가게 하는 시험은 뜨거운 열정과 더불어 매우 교묘한 형태로 찾아올 수 있다. 예를 들어서 베드로는 주님의 고난과 죽으심에 대한 주님의 말씀이 마치자마자, "주여 그리 마옵소서. 이 일이 결코 주에게 미치지 아니하리이다"(마 16:22)고 대답했다. 이것은 주께서 하고자 하시는 일이 베드로의 감정과 애정을 터치했기 때문이다. 하지만 주님은 그것을 용납하지 않으셨다. 이는 그것이 아버지의 계명으로부터 등을 돌리는 것이었기 때문이다. 주님의 대답이 무엇이었는가? "사탄아 내 뒤로 물러가라 너는 나를 넘어지게 하는 자로다 네가 하나님의 일을 생각지 아니하고 도리어 사람의 일을 생각하는도다."(마 16:23)

주목해야 할 사항이 더 있다. 예수님은 하늘에 속한 본성을 가지고 계셨고, 이 땅에 계실 때에도 여전히 인자로서 하늘에서 살았다는 점이다. 예수님은 자신을 "하늘에서 내려온 자 곧 하늘에 있는 인자(the Son of man which is in heaven)"(요 3:13, KJV 참조)로 소개하셨다. 주님의 마음을 가득 채웠던 영과 주님의 감정과 생각의 모든 특징은 하늘에 속한 것이었다. 하지만 내 마음의 무슨 거룩한 소원이나 동기가 있을지라도, 마치 내가 하늘에 있는 것처럼 천상적인 색채를 띨 수는 없다. 나는 그리스도와 같지 않기 때문이다.

다시 말하지만, 그리스도 안에 있었던 모든 은혜는 사람의 슬픔과 참혹함을 해결할 수 있었을 뿐만 아니라 이 땅에 속한 모든 퇴색된 환경들을 넉넉히 극복할 수 있는 힘이 있었다. 이 점에서 우리는 종종 실패를 한다. 심지어 동기가 옳은 때에도, 그 방법 면에서는 은혜로움을 결핍하고 있는 경우가 허다하다. 하지만 그리스도에게서는 전혀 그렇지 않았다. 그리스도는 항상 하나님의 영광을 높이는 일만 추구했다. 그리스도는 어떠한 경우에도, 방법 면에서도 은혜의 영을 떠나는 일은 없었다. 우리는 너무도 자주 하나님을 신뢰하는 법을 배우기 위해서 하나님과 가까이 하는 시간을 충분히 갖지 않는다. 우리는 인내를 잃어버리게 되어 조급해하며, "그는 축복을 얻을 것이다"라고 하신 하나님의 말씀을 신뢰하지 못했던 야곱처럼 하나님의 방법이 아닌 것들을 의지하게 된다. 하나님은 이삭으로 하여금 바른 대답을 하도록 하실 수 없으셨을까? 물론 하나님은 그렇게 하실 수 있으셨다. 우리는 자주 하나님을 기다리는 일에 실패한다. 하지만 하나님은 우리가 알지 못하는 방법으로 최선의 것을 이루신다. 사울왕의 경우에서도 매우 비극적인 결말을 볼 수 있다. 그는 기다리지 못했다. 사무엘의 정한 기한의 7일의 마지막 날에 사무엘은 도착했고, 그 후에 사울 왕은 나라를 잃었다. 하나님의 참된 자녀들도 하나님을 신뢰하는 데서 떠나면 영적인 손실을 입을 수 있다. 그리스도는 항상 하나님을 신뢰했고, 항상 하나님을 기다리셨다. 그렇게 그리스도는 인간의 모든 슬픔과 참혹함에 대한 준비가 되어 있었다. 모든 필요를 충족시킬 수 있는 하나님의 영적 자원과 축복을 가져올 준비가 되어 있었던 것이다. 마태복음 5장을 읽어보면 매우 감동적이다. 모든 복은 생생한 그리스도의 초상화이다. 그리스도와 같이 그처럼 심령이 가난한 사람이 누구인가? 그리스도와 같이 애통해한 사람이 누구인가? 누가 온유한 사람인가? 누가 그처럼 의에 주리고 목마른 사람인가? 그리스도의 전 생애는 의에 주리고 목마른 사람의 삶이었다. "이 생명은 사람들의 빛이었다."(요 1:4)

232

게다가 예수님은 모든 반대에도 불구하고, 죽음까지 포함해서 승리하신 분이시다. 승리를 갈망하는 마음과 실제로 승리하는 능력 사이에는 큰 차이가 있다. 다시 살리심을 받은 영혼은 "오호라 나는 곤고한 사람이로다"라고 말할 수 있다. 하지만 우리가 모든 장애물을, 죽음까지 포함해서, 극복하는 능력을 나타내지 못한다면, 우리는 온전한 그리스도의 편지가 될 수 없다. 사망이 우리에게 임했다. 그리스도의 삶의 능력 안에서 사는 신자는 죽음에 대한 완전한 능력을 가지고 있다.

모든 열정 가운데서도 주 예수님은 사랑에서 실패하는 법이 없으셨다. 엄격하게 말하자면, 사랑 안에는 다른 동기가 없다. 비록 사랑을 하면 기쁨이 올 수 있지만, 기쁨 자체가 사랑의 동기가 될 수 없는 것과 같다. 오히려 기쁨 자체는 사랑의 승리이다. 만일 동기를 살핀다면 그것은 오히려 사랑이 아니다. 그러므로 사랑은 사람으로 하여금 모든 시련을 극복할 수 있는 능력을 준다. 누군가 내게 얼굴에 침을 뱉는다 해도, (사랑은) 차이가 없다. 이는 사랑은 영원하기 때문이다. 사랑은 결코 환경에서 능력을 끌어오지 않는다. 오히려 모든 환경을 넘나든다. 이것을 성도에게 표현하자면, 아무 것도 성도를 하나님의 사랑에서 끊을 수 없다는 것으로 설명할 수밖에 없다. 성도가 즐거워하는 이 사랑은 모든 환경을 초월하여 이기는 사랑이다. 만일 우리가 이처럼 하나님에게 속한 사랑, 즉 하늘의 색채를 띤 이러한 사랑을 보이지 않는다면, 율법적인 순종 외에는 다른 아무 동기도 없는 것이며, 그렇다면 우리는 그리스도의 참된 편지가 아닌 것이다. 나는 자신을 최대한 낮춘 자세로 행할 수 있을 터이지만, 그리스도를 보여줄 수 없다면, 나는 아무것도 아니다. 이제 그리스도를 보라. 하나님이 아무 말씀도 하지 않으셨을 때, 그리스도는 아무 대답도 하지 않으셨다. 이제 세상을 통과하고 있는 우리는, 하나님을 기쁘시게 하는 것이 무엇인지 볼 수 없을 때에는 가만히 서서 기다려야 한다.

233

고린도후서 3장의 후반부에서, 사도 바울은 우리가 그리스도의 편지로서 어떻게 행동해야 하는지를 말해주고 있다. 즉 우리는 새 언약의 일꾼으로서, 의문으로 섬기는 것이 아니라, 오직 영으로 섬기는 일꾼이다. 의문(儀文)이란 사람을 향한 하나님의 요구사항들을 가리키며, 따라서 의문은 필연적으로 사망을 이루는 직분이다. 하지만 복음은 의를 요구하시는 하나님의 실현이다. 따라서 하나님은 자신의 보좌로부터 하나님 자신의 의로움의 성취를 계시하시면서, 의에 대한 메시지를 우리 마음에 보내어 깨닫게 하시고 우리 마음을 그리스도에게로 이끄신다. 자신을 이러한 (하나님의) 의로움에 복종시키는 사람들에게, 하나님은 그 마음에 이루어진 의로움에 근거해서 성령님을 주신다. 이렇게 성령을 받은 사람 속에 성령님은 능력의 영으로 내주하신다. 이제 우리는 자신의 경험을 통해서 명확한 말로 증거할 수 있다. 왜냐하면 우리는 은혜를 말하기 때문이다. 우리는 사람들을 향해서 그들이 악하고, 곤고하며, 절망적이라고 말할 수 있다. 우리는 모든 것을 명확하게 말할 수 있다. 왜냐하면 우리는 사람에게서 아무 것도 기대하지 않고 다만 그들의 있는 그대로의 모습을 받으시는 하나님의 은혜에 대해서 말하기 때문이다. 우리는 하나님에 대해서도 분명하게 말할 수 있다. 이는 하나님은 모든 은혜의 하나님이시기 때문이다. 이스라엘은 모세의 얼굴에 나타난 영광의 반영조차도 바로 볼 수 없었다. 이 얼마나 가련한 모습인가! 하지만 이제 사람은 하나님의 완전한 영광을 분명히 볼 수 있다. 왜냐하면 하나님의 영광이 이제는 예수님의 얼굴에 나타났기 때문이다. 이처럼 놀라운 영광은 나에게 나의 죄를 없앴다고 말해준다. 나는 이제 하나님의 영광을 본다. 희미하게 보는 것이 아니라, 죄인인 나의 자리에 대신 서셨던 그리스도께서 이제는 영광스럽게 되셔서 영광의 보좌에 앉으셨고, 그리스도의 얼굴에 나타난 하나님의 영광을 밝히 보고 있다. 나의 죄가 그 어떤 영광도 가릴 만큼 추한 것이었기에, 만일 주께서 그 모든 죄를 없애주시지 않았더라면 결코 바라볼 수조차 없었던 영광이었다. 이 얼마나 영광스러운 일인가! 하나님이 은혜 가운데 나의 영혼을 찾아오셨을 뿐만 아니라 더욱이 내가 지은 죄에서 영광을 취하시다니! 십자가의 역사로 말미암아 이제 하나님과 나 사이에 남은 죄라곤 아무 것도 없다! 이제 우리는 우리의 머리되신 주님에게서 의를 얻는다. 성령님은 이 놀라운 메시지를 가지고 운행하신다. 따라서 여기에 영적인 능력이 있다. "주의 영이 계신 곳에는 자유함이 있느니라." (고후 3:17)

하나님의 의(義)에 순복한 영혼은 그리스도의 편지가 된다. 왜냐하면 그는 영광중에 계신 그리스도를 바라보기 때문이다. 물론 그리스도의 편지가 되는 것은 단순히 이 땅에서 그리스도를 바라보는 것으로 될 수 없다. 하지만 우리 눈이 영광 중에 계신 그리스도에게 고정된다면, 우리는 그리스도와 동일한 형상으로 변화될 것이다. 이렇게 영광 안에 마음이 머무는 사람은 세상의 모든 것을 찌끼와 거름처럼 여기게 된다. 이것은 참된 승리이다. 이 세상이 나를 둘러 진치고 있을지라도, 나는 그것을 다만 찌끼와 거름으로 여길 뿐이다. 이것이 그리스도처럼 되는 길이다. 우리는 금방 육신의 연약함을 깨닫게 되지만 그리스도를 바라보는 믿음이 참된 승리임을 알게 된다. 사도 바울은 "내게 능력 주시는 자 안에서 내가 모든 것을 할 수 있느니라"(빌 4:13)라고 말했다. 우리는 때때로 이 말을 너무도 가볍게 입에서 내뱉는다. 이는 이 말씀을 진정으로 경험해 본 일이 없기 때문이다. 우리는 신자가 모든 것을 할 수 있다고 말할지 모른다. 하지만 바울은 "나는 그리스도로 말미암아 모든 것을 할 수 있다"라고 했다. 이는 사도 바울 자신이 깊은 경험과 고군분투하는 상황 속에서 그것이 사실임을 경험했기 때문이었다.

234

주께서 우리에게 그리스도 안에 있는 능력을 알게 해주시고, 우리로 하여금 기쁜 마음으로 그 능력 가운데서 행할 수 있게 해주시길 바란다. 그 능력을 경험하게 되면 우리는 진토 중에라도 겸손히 행할 수 있기 때문이다.

우리를 그리스도의 편지로 만들어줄 수 있는 유일한 것은 예수님을 바라보는 것이다. 18절에서는 이것을 "우리가 다 수건을 벗은 얼굴로 거울을 보는 것같이 주의 영광을 보매"(고후 3:18)라고 표현하고 있다. 성령의 사역은 그리스도의 것들을 가지고 우리에게 알리시는 것이다. 성령님이 여기서 하시는 일의 결과에는 능력이 따른다. 예수님이 영광을 받으시기 전까지는 능력도 없었고 아무 것도 계시되지 않았다. 이제 성령이 오셨고, 영의 직분이 시작되었다. 주님은 이것을 약속으로 주셨다. "볼지어다 내가 내 아버지의 약속하신 것을 너희에게 보내리니 너희는 위로부터 능력을 입히울"(눅 24:49) 것이다. 이제 약속으로 주어진 이 영의 직분은 위로부터 능력을 입음으로써 시작되었다.

고린도후서 3장 18절을 보면서 나는 무척이나 충격을 받았다. 우리는 여기 이 땅에 있는 동안에는 결단코 영광에 이르지 못할 것이지만 항상 우리의 목표로서 바라보게 될 때, "저와 같은 형상으로 화하여" 영광으로 영광에 이르게 될 것이다. 그럼에도 이 땅에서는 그리스도와 똑같은 영광에 이르는 것은 아니다. 다만 우리는 날마다 영광 중에 계신 머리이신 분에게까지 자라갈 뿐이다. 바울은 "푯대를 향하여…좇아가노라"(빌 3:14), "어찌하든지…부활에 이르려 하노니"(빌 3:11)라고 말하면서, 자신의 신앙의 경주의 시작 부분보다는 마지막 부분을 강조했다. 만일 당신이 능력의 실현적인 측면에서 바울을 본다면, 그는 이미 상당한 부분을 성취했다. 이제 능력을 실현하는 것이야말로 개인적으로 그리스도인이 부르심을 받은 목적이고, 이것은 "의의 직분"(고후 3:9)에 기초하고 있음을 보게 된다. 이렇게 영광과 의(義)는 함께 간다. 이것은 단순히 하나님이 허락하시는 차원의 문제가 아니다. 왜냐하면 하나님은 이미 허락하셨기 때문이다. 오히려 하나님은 자신의 의를 선포하신다. 의는 확보되었다. 미래의 일이 아니다. 율법은 사람에게 의를 요구했지만 능력을 주진 못했다. 하지만 의의 직분이 사람에게 행하는 것은 율법의 직분과는 전혀 다르다. 이제 우리에게 의로움을 주시는 분은 그리스도시다. 율법은 다만 정죄의 직분으로 불렸다. 의의 직분은 또한 영의 직분으로 불린다. 왜냐하면 성령님은 지금 영광 중에 천상에 계신 그리스도의 위격 안에서 성취된 의로움의 미덕을 통해서 역사하시기 때문이다. 성경은 "너희에게 성령을 주시고 너희 가운데서 능력을 행하시는 이"에 대해서 말한다(갈 3:5 참조). 구속이 완성된 이후 성도 각자에게 성령님을 주시는 이는 하나님이시다.

235

의(로움)은 하나님에 의해서 두 가지 방식으로 나타났다. 하나는 그리스도를 자신의 우편에 앉히심으로, 다른 하나는 세상으로 하여금 거절당하시고 내어 쫓기신 그리스도를 더 이상 보지 못하도록 하심으로써 나타났다. 이제 성령님은 죄에 대하여, 의에 대하여, 심판에 대하여 세상을 책망하신다. "죄에 대하여라 함은" 저희가 그리스도를 거절한 것이다. "의에 대하여라 함은" 그리스도께서 아버지께로 가시기 때문이다. "심판에 대하여라 함은" 이 세상 임금이 심판을 받았기 때문이다(요 16:9-11 참조). 만일 내가 이러한 증거를 받아들인다면 나는 거기에 참여하게 될 것이다. 이러한 의의 확증은 그리스도를 하나님 우편 자리에 앉게 했다. "내가 아버지께로 가니." 고린도후서 3장 7절은 "돌에 써서 새긴 죽게 하는 의문의 직분도 영광이 있어 이스라엘 자손들이 모세의 얼굴의 없어질 영광을 인하여 그 얼굴을 주목하지 못하였거든"이라고 말한다. 분명 거기에 수건은 없었지만, 이스라엘의 상태가 영광을 감당할 만하지 못했고, 그것도 그 영광은 없어질 것이었다. 따라서 13절에 보면, 모세는 수건으로 자기 얼굴을 가렸다. 이는 이스라엘 자손들로 하여금 장차 없어질 것의 결국을 주목치 못하게 하려는 것이었다. 이것은, 내가 믿기론, 백성들의 도덕적 상태가 외적인 것 이상을 넘어서지 못하고 있었음을 보여준다. 모세는 하나님께 나아가기 전에는 수건을 가리고 있지 않았다. 하지만 이제 수건이 모세의 얼굴에 있었고, 모든 것이 그들에게 가려져 있었다. 이는 그들로 하여금 그 마지막을 볼 수 없게 하려는 것이었다. 사도 바울은 여기서 모세가 그렇게 행동한 것에 대한 의미를 설명한다. 그들은 그 마지막을 볼 수 없었고, 주어진 것들은 조만간 사라질 것이었다. 수건은 이제 그 어떤 것이 아닌 그들의 마음에 있으며, 마찬가지로 수건은 또한 그리스도 안에서 없어질 것이다. "그러나 언제든지 주께로 돌아가면 그 수건이 벗어지리라."(고후 3:16) 그리스도 안에는 모든 것이 계시되어 있다. 단순한 모형과 그림자로서가 아니라 실제와 진리로서 완전히 드러났다. 이스라엘 자손들은 그 마지막을 볼 수 없었다. 그 당시 수건은 영광을 가리고 있었지만, 그것은 항상 그들 마음의 불신앙 때문이었다. 이제 수건은 그들의 마음을 덮고 있다. 모세는 수건으로 자기 얼굴을 덮었지만, 그것은 하나님의 목적을 이루기 위한 것이었다. 이제 우리는 모세와는 달리 담대히 말할 수 있다. 우리가 담대히 말할 수 있는 것은 사람들에 대한 것이 아니라, 직분에 대한 것이다.

성령님이 이 땅에 내려오셨다. 왜냐하면 그리스도께서 영광 중에 계시기 때문이다. 그러므로 우리는 사람들을 희미함과 어둠 속에 남겨두어서는 안 된다. 우리는 담대하게 말해야 한다. 그래서 우리는 분명하게 말한다. 하나님의 사랑하시는 자 안에서 받아들여진 당신은 하나님이 의로우심과 같이 의롭고, 영광은 당신의 분깃이라고. 따라서 다음과 같이 담대히 말한다. "우리는 수다한 사람과 같이 하나님의 말씀을 혼잡하게 하지 아니하고 곧 순전함으로 하나님께 받은 것같이 하나님 앞에서와 그리스도 안에서 말하노라."(고후 2:17) 영의 직분이 가진 차이점은 이처럼 큰 담대함을 주는 데 있다. 이것은 분명 그리스도를 얻기 위한 영혼의 작용이 아니다. 다만 그리스도께서 우리 마음에 실제적으로 그리고 참으로 계시될 때, 우리 영혼 속에 하나님의 영에 의해서 마음 판에 그리스도가 기록되고 새겨질 때 일어나는 역사이다. 영혼은 단순히 이러한 의가 있다는 사실을 앎으로써 만족감을 얻지 못한다. 다만 마음속에 실제적으로 각인되어 이러한 영광으로 충만하게 될 때에야 비로소 우리 영혼이 활성화되기 때문이다.

우리는 그리스도를 생각해야 할 뿐만 아니라, 전적으로 그리스도로 점령되어야 한다. 오늘날 사람들이 그리스도를 마음에 영접한다고 했을 때, 한 사람의 영혼에 미치는 영향력이 어찌나 적은지를 생각해보라! 바울은 고린도인들에게 "너희가 우리의 편지라 우리 마음에 썼고 뭇 사람이 알고 읽는 바라"(고후 3:2)라고 말했다. 고린도인들은 바울을 떠나 다른 교사들을 좇았지만, 그럼에도 바울은 그들을 여전히 마음에 품고 다녔다. 바울은 자신의 사역의 증거로서 그들을 제시했고, 또 자신을 통해서 회심한 사람들은 그들이 보고 또 읽는 바울의 천거서였다. 이렇게 바울은 자신의 사도직을 증명할 수 있었다. 그렇게 그리스도에 대한 공적인 증거가 있었고, 그들 가운데 허용되었던 악은 교정을 받을 수 있었다. 따라서 바울은 디도를 통해서 자신의 첫 번째 서신을 받은 것에 대한 보고를 받았고, 이제 다시 두 번째 서신을 쓰면서 이제는 안심함을 얻었노라고 말할 수 있었다. 바울은 거기에서 "비천한 자들을 위로하시는 하나님"의 영광과 믿음과 순종에 대해 말하고 있다(고후 7:5-16 참조). 하지만 바울은 유대주의적인 교사들 때문에 여전히 고린도인들을 향해 경건한 질투심(하나님의 열심)을 가지고 있었다. "내가 하나님의 열심으로 너희를 위하여 열심 내노니 내가 너희를 정결한 처녀로 한 남편인

그리스도께 드리려고 중매함이로다."(고후 11:2)

236

장차 없어질 것의 결국으로 나타난 것이 바로 그리스도였다. 히브리서에서 그리스도는 하나님의 집의 시작점이다. 만일 그들이 떠나간다면, 그들은 그리스도의 집이 아니다(히 3:6). 율법은 다만 그림자에 불과했다. 본질 또는 몸은 그리스도이시다. 주님은 몸이셨고, 소위 영의 몸이셨다. 그것이 의미하는 바는 이 구절과 연결되어 있다. "[이제] 주는 영이시니."(고후 3:17) 모든 것의 영적인 의미는 그리스도로 귀결된다. 그것들 자체는 아무 것도, 즉 형상도 실재도 아니다. 성령님은 영광을 받으신 그리스도의 권능을 통해서 그러한 것들의 의미를 부여하신다. 고린도후서 3장 7절에서, 만일 이스라엘 자손들이 그 결국을 보았다면 그들은 그리스도를 볼 수 있었을 것이다. "정죄의 직분도 영광이 있은즉."(고후 3:9) 율법을 세우신 것에도 영광에 있었지만, 율법 자체에 영광이 있었던 것이 아니라 율법은 영광을 반영했을 뿐이었다. "영광되었던 것이 더 큰 영광을 인하여 이에 영광될 것이 없으나."(고후 3:10) 율법은 영광과 함께 소개되었지만, 영광 가운데 남아 있을 수 없었다. 왜냐하면 그리스도 안에 있는 영광이 아직 소개되지 않았기 때문이다. 영원히 남아 있을 것은 실제이지 그림자가 아니기 때문이다. 율법은 그림자였고, 그리스도가 실제요 실제의 충만이었다. 이것은 그리스도께서 나타내셨던 것들이야말로 "길이 있을 것"(고후 3:11)임을 보여준다. 이것은 일견 바울이 사역한 것들이 길이 남을 것처럼 보이게 한다. 하지만 길이 남을 것은 그리스도의 위격의 영광이다. 또한 하나님의 형상이신 그리스도의 영광의 복음이다. 그리스도의 영광은 바울의 복음에 독특한 특징을 부여해주었다. 단순히 영광스러운 복음이 아니라, 실제적으로 그리스도의 영광으로 빛나는 복음인 것이다. 하나님의 영광이 그리스도의 얼굴에서 빛을 발하고 있기 때문이다.

237

여기에 미치지 못하는 한 당신은 의의 사역을 할 수 없다. 당신은, 그리스도의 은혜로움에 매료된 죄인으로서 주님을 사랑했던 여인처럼 그리스도의 아름다움을 선전하고 죄인들을 모을 수 있을지 모른다. 하지만 (하나님과의) 화평 가운데 의를 소유하는 데 이른 것은 아니다. "저의 많은 죄가 사하여졌도다. 이는 저의 사랑함이 많음이라 사함을 받은 일이 적은 자는 적게 사랑하느니라."(눅 7:47) 성령님은 우리에게 의를 말씀하신다. 왜냐하면 그리스도께서 아버지의 보좌에 앉아 계시기 때문이다. 성령님은 "의로우신 예수 그리스도"(요일 2:1) 안에서, 그리고 "의로우신 예수 그리스도"를 통하여 하나님의 의로움을 선포하신다. 당신은 이러한 의로움에 적합한 사람이 아니었다. 하지만 이제 당신은 천상적인 특징을 가지고 있는 이 의(義)를 소유하고 있다. 당신은 단순히 그리스도에게 매료된 것이 아니라, 지금 영광 중에 계신 그리스도와 더불어 고난을 받는 자리에 있는 것이다.

사람들은 자주 이런 말을 한다. 즉 자신들을 위해서 이미 이루신 그리스도의 사역을 마음에 품는 대신에, 그들 속에 성령님이 이루신 사역의 증거를 찾아야만 한다는 것이다. 지난 수세기 동안에, 경건한 설교자들도 이처럼 하나님의 의를 얻는 것에 대해 설교하기를 두려워했다. 그들은 다만 예수 그리스도와 그의 십자가에 못 박히신 것만을 설교했고, 이처럼 십자가의 설교를 넘어선 사람은 없었다. 이는 사람들이 행여 도덕률 폐기론으로 이끌릴 것을 두려워했기 때문이었다. 하지만 우리는 기독교의 시작이 완전한 의(義)의 기초 위에 있음을 보고 있다. 이것은 그리스도를 기쁘시게 하는 일에 우리 자신을 드리는 일을 사모해야 하는 분명한 이유이다.

요한복음 15장을 읽어보면, 우리가 하나님을 사랑한 것에 의해서 사랑을 받는 것, 즉 은혜 안에서가 아니라, 아버지에 의해서 사랑을 받는 것을 볼 수 있다. 이것은 의로움이 거하는 합당한 자리를 보여주고 있는데, 바로 교회의 자리는 하나님과 함께 하는 것임을 보여준다. 천상의 지위가(the heavenly position) 제시되고 있다. 하나님은 그리스도를 받으셨을 때, 우리를 그리스도 안에서 자신의 임재 속으로 영접하셨다. 하나님의 영을 소유하고 있는, 우리는 "의의 소망을"(갈 5:5) 기다린다. 이것은 무엇을 의미하는가? 이는 그리스도께서 하나님의 우편에 계시고, 그리스도 안에 있는 당신도 거기에 있다는 것이다. 그러므로 "그리스도 예수 안에서 함께 하늘에 앉히시니"(엡 2:6)라는 말은 교회의 자리를 가리킨다. 로마서 3장 22절에서 말하는 의(로움)은 사람이 하나님을 위해서 행함으로 얻을 수 있는 의로움이 아니라, (이것은 불가능하다) (의인은 없나니 하나도 없다고 선언한 대로) 아무 의도 없는 사람들을 위해서 (그리스도의 구속에 근거해서) 값없이 주시는 하나님의 의(義)다. 이 의는 유대인 뿐만 아니라 이방인에게도, 즉 "모든 믿는 자에게" 주시는 하나님의 의(義)이다. 비록 모든 사람에게 제시되었지만, 오로지 믿는 사람들에게만 주어진다. 즉 인간의 성취에 의해서가 아니라 오로지 은혜에 의해서 실제적으로 주어지는 것이다. 아무 의로움이 없는 우리에게 하나님은 의를 주신다. (이것이 복음이다.) 왜냐하면 그리스도께서 하나님의 우편에 앉아 계시기 때문이다. 하지만 만일 성령님이 오셔서 우리에게 말씀해주시지 않았더라면 우리는 이 사실을 전혀 알지 못했을 것이다. 교회의 합당한 자리는 하늘에서 그리스도와 함께 하는 것이다. 영광에 들어가게 되면, 나의 몸만 합당하게 되는 일이 있을 것이다. 왜냐하면 이제 모든 것이 영광에 합당하게 되는 일이 이미 하나님의 영을 통해서 이미 나에게 일어났기 때문이다. 주님의 오심은 우리를 그 자리로 데리고 가는 것이다. 우리는 이미 영으로 믿음으로(in spirit by faith), 우리가 속한 그곳에 있다.

238

"아버지께서 내게 하라고 주신 일을 내가 이루어 아버지를 이 세상에서 영화롭게 하였[고]…지금 내가 아버지께로 가오니."(요 17:4,13) 우리가 지금 하나님의 은혜의 찬송이 되어야 하는 것과 마찬가지로, 그때에는 우리가 하나님의 영광의 찬송이 될 것이다. 에베소서에서는 그리스도의 재림에 대한 언급이 없다. 왜냐하면 그리스도인은 이미 하늘(처소)에 앉아 있기 때문이다. 그러므로 에베소서에서 다루고 있는 대부분은 하늘에 속한 기업에 대한 것이다. 우리 앞에 놓여있는 것은 하늘에 있는 기업과 기업을 소유하는 일이지, 영광 또는 단순히 하늘로 옮겨가는 일이 아니다. 골로새서는 "너희를 위하여 하늘에 쌓아 둔 소망"(골 1:5)에 대해서 말한다. 어째서 그런가? 왜냐하면 골로새 성도들은 머리를 붙들지 않고, 다만 천사 숭배나 그밖에 다른 것들을 붙들고 있었기 때문이었다. 그들은 그리스도인의 자리가 가지고 있는 완전한 기업을 소유하는 자리에서 떨어져 나간 채 있었기에, 사도 바울은 다시금 그들을 본래 자리로 돌리려 하고 있다. "그러므로 너희가 그리스도와 함께 다시 살리심을 받았으면 위엣 것을 찾으라 거기는 그리스도께서 하나님 우편에 앉아 계시느니라."(골 3:1) 에베소서에 있는 그리스도인들은 영적으로 좋은 상태에 있었고, 사도 바울은 그들에게 모든 것을 계시해줄 수 있었다. 베드로전서에서 이것을 "썩지 않고 더럽지 않고 쇠하지 아니하는 기업을 잇게 하시나니 곧 너희를 위하여 하늘에 간직하신 것"이며 또한 "말세에 나타내기로 예비하신" 것이라고 말하고 있다(벧전 1:4,5). 여기서 그리스도인은 거듭난 사람이며, 하늘을 향해 순례하는 사람이다. 따라서 말씀은 그리스도인으로 하여금 (부활의 힘으로) 이 땅에서 나그네와 행인처럼 지내라고 권면하고 있다. 육신이 처리되지 않았다면 아무도 이것을 감당할 수 없다. 주님의 오심은 영혼들로 하여금 우상을 버리고 하나님께로 돌아와서 사시고 참되신 하나님을 섬기게 하는 강력한 회심의 기폭제였으며, 회심한 영혼들이 가져야 하는 합당한 소망이었다. 데살로니가전서에서는 그것을 하나님의 아들이 하늘로부터 강림하심을 기다리는 것으로 말하고 있다.

이제 지극히 중요한 것은 교회의 본질과 또 교회가 주 예수님과 동일시되는 진리이다. 이것은 우리가 전적으로 붙들어야 하는 극히 중요한 진리이다. 여기에 대항하여 원수가 다양한 사람들과 다양한 방법으로 공격하는 것을 볼 때에도, 이 진리는 매우 중요하다. 이 진리는 사람들에게 항상 간과되었으며, 또한 쉽게 잃어버렸다. 내가 그리스도 안에 있고, 또 그리스도와 연합되었다고 하는 진리를 나의 영혼 속에 최상의 것으로 소유하는 것은 참으로 어려운 일이며, 잃어버리기도 쉬운 것이다. 왜냐하면 이는 성령의 생각이고, (육신의) 본성은 항상 우리 영혼을 하나님을 만족시키려고 하는 어떤 일에 빠뜨리기 때문이다. 나는 내 영혼 속에서 역사하고 있는 능력이 바로 "그의 힘의 강력으로 역사하심을 따라 믿는 우리에게 베푸신 능력의 지극히 크심이 어떤 것을 너희로 알게 하시기를 구하노라 그 능력이 그리스도 안에서 역사하사 죽은 자들 가운데서 다시 살리시고 하늘에서 자기의 오른편에"(엡 1:19,20) 앉힌 능력임을 이해할 필요가 있다. 우리 영혼이 실제로 그리스도와 하나되는 자리로까지 승격되지 않는다면 이 능력은 나타나지 않을 것이다. 외식하는 사람처럼 말할 필요는 없다. 진실한 사람은 그렇게 하지 않을 것이다. 이제 나는 세상을 못 박을 수 있으며, 마음은 안정을 찾고 행복해질 것이다. 이것은 사탄을 몰아내게 된다. 그렇다고 이 말이 더 이상 갈등이 없다는 뜻은 아니다. 우리는 계속해서 사탄을 대적해야 한다. 사탄은 항상 육신을 통해서 일한다. 사탄은 새 사람에게는 힘을 쓸 수가 없다. 만일 우리가 빛 가운데 있다면, 모든 것이 분명해질 것이다. "주와 합하는 자는 한 영이니라"(고전 6:17)라는 말씀대로 이제 "우리가 주와 합하여 한 영이 되었다"라고 말할 수 있는 것은 얼마나 놀라운 일인가! 천상에서 주와 하나의 영으로 연합되는 능력 아래 머물 때 우리는 과연 어떠한 사람들이 되는 것인가! 과연 얼마나 크나큰 평강을 만끽하게 될 것이며, 이렇게 크나큰 평강을 만끽하고 있을 때에라야 우리의 본성(또는 육신)은 이미 심판을 받은 것이 된다. 성령의 임재로 인한 내주하시는 능력을 경험함이 없이 하나님의 의(義)를 얻게 되었다는 지식은 많은 사람들을 도덕률 폐기론으로 이끌고 갔다. 그러한 사람들은 결국 육신으로 돌아가서 육신 아래 갇히게 되었다. 사람이 실제로는 자신의 자아로 가득해 있으면서 자신을 자아의 영향력(self-importance)으로부터 멀리 떨어져 있게 하는 일은 불가능하다. 어떤 사람이 교회가 하늘에 속한 존재라고 하는 진리에 눈을 뜨게 되면, 이어서 영혼의 이성적인 활동과 작용이 일어나게 되고, 그들은 (이 진리 속에 담겨 있는) 참된 평강을 누리고 있지도 못하면서도 이 영광스러운 진리가 가지고 있는 축복에 대한 위대한 많은 생각을 가질 수 있는 위험이 존재하고 있다. 왜냐하면 실제 자신들의 영혼은 의(로움)의 토대 위에 서 있지 못하고, 또한 이처럼 성경적인 의의 토대만이 우리로 하여금 육신을 십자가에 못 박을 수 있게 하기 때문이다. 그렇다면 다음과 같은 질문에 진지하게 답해보기 바란다. 당신의 영혼은 이 의(義)의 토대 위에 서 있으며, 육신을 십자가에 못 박을 준비가 되었는가? 많은 사람들이 이러한 질문에 깜짝 놀라곤 한다. 그들은 자신들이 그리스도 안에서 하나님의 의(義)가 되었다고 알고는 있지만, 정작 마음의 중심은 이 지식 위에 서 있지 못하기 때문이다. 욥은 "내가 주께 대하여 귀로 듣기만 하였삽더니 이제는 눈으로 주를 뵈옵나이다. 그러므로 내가 나를 미워하고"(욥 42:5,6; KJV 참조)라고 말했다. 그렇다면 욥은 정말 하나님을 처음으로 보았던 것일까? 그렇다. 그런 식으로는 처음이었던 것이다. 하나님은 선한 것 외엔 없고, 우리 영혼은 악한 것 외엔 없다. 그러므로 "나는 하나님을 뵈올 수가 없다"라고 말할 수밖에 없는 것이다. 하지만 하나님의 은혜가 역사하고 있다. 은혜로 말미암아 하나님의 임재 속으로 들어간 우리 영혼은 하나님의 완전한 은혜 안에서 안식하면서, 수고를 그치게 된다. 밝고 광활한 땅에서 우리 영혼은 영광 중의 왕을 보며 기뻐하면서, 그 땅의 소산을 먹게 된다.

239

모세는 비스가 산꼭대기에서 약속의 땅을 보았지만, 정작 자신은 들어가지 못했다. 밖에서 보는 것과 그 안으로 들어가는 것은 다르다. 밖에서 보는 것은 여호수아가 그 땅에 들어가 전쟁을 치르는 것보다 쉽다. 반대로 모세는 한 번도 전쟁을 치르지 않았다. 이제 당신은 하늘에 앉아 있는 것이 무엇이며 또한 "길이 있을 것"(고후 3:11)을 기뻐하는 것이 무엇인지 알고 있다. 이제 영적 전쟁이 당신을 기다리고 있다는 것은 사실이다. 하지만 당신은 영적 전쟁을 통해서 기업을 얻게 된다. 이 모든 것은 하나님의 전신갑주와 놀랍게 연결되어 있으며, 방어하는 일이 우선적인 일이다. 신령한 사람은 자기 손에 검을 들기도 전에, 우선 영적으로 그리고 전체적으로 보호를 받고 있다. 시험은 하나님이 우리로 들어가게 하신 자리에서 떨어뜨리는 것으로 임할 것이다. 영적인 싸움이 일어날 때, 우리의 자리(또는 위치)를 잃어버릴 수 있는 위험과 싸워야 한다. 영적이지 않은 사람은 악한 영들과 더불어 하늘에 있는 자리를 다투고 있는 것에 대해서 말할 것이 없다. 그러한 사람은 다만 땅에서 싸우는 전투에 대해서만 말할 수 있을 뿐이며, 심지어는 하늘에 앉아 있는 기쁨에 대해서도 아는 바가 없다. 홍해와 요단강은 차이점이 있는데, 홍해가 우리를 위한 그리스도의 죽으심과 부활하심을 의미한다면 요단강은 그리스도와 함께 이루어진 우리의 죽음과 부활을 의미한다. 그러므로 이스라엘 백성들이 요단강을 건너는 순간 그들은 모두가 할례를 받았다. 교회가 그리스도와 더불어 하늘에 앉아 있다는 진리를 아는 지식이 우리에게 주는 첫 번째 선물은 그리스도의 할례를 통하여 육신의 모든 죄들이 제거되었다는 것이다. 이제 우리에겐 이론이 아니라, 하나님과 함께 하는 실재에 속한 것들이 필요하다. 실제적인 우리 자신의 믿음이 없이는 계속해서 다음 단계로 나아갈 수는 없다.

240

그리스도의 재림은 우리가 얻은 참된 지위가 이해되었을 때에는 우리 영혼에 다른 의미로 다가온다. 단순히 주의 오심을 갈망하는 것이 아니라, 자아를 죽이고, 또 내가 땅에서 하는 일을 점검하게 될 것이다. 그러할 때, 나는 진정으로 그리스도를 기뻐하고, 또 하늘에서 그리스도와 함께 하기를 즐거워할 것이다. 우리의 모든 감정과 정서는 그리스도께 몰입될 것이다. 하지만 진정으로 하나님의 의(義)를 알지 못한다면, 그리스도를 고요하게 소망하면서 기다리는 일은 있을 수 없다. 그리스도 안에 있는 하나님의 의를 알기 전까지 나는 감히 그리스도를 바라볼 수가 없다. 만일 영적 해방을 통하여 자유를 누리고 있지 않다면, 나는 그저 그리스도께서 내게 자유를 주시길 바랄 뿐이다. 반면 자유를 경험하고 있다면, 그것은 그리스도와 함께 하는 영혼의 평화와 극치의 행복감 속에 있는 것이다! 주의 오심을 바라고 참으로 갈망할지라도, 이러한 영적인 실재가 없다면, 우리 영혼은 너무도 쉽게 그리스도의 재림에 대한 관심에서 떠나게 될 것이다. 그러므로 독자들이여, 이제 "이 세대를 본받지 말고 오직 마음을 새롭게 함으로 변화를 받으라."(롬 12:2)

그리스도의 대사, 그리스도인

241

고린도후서 3장은 진리가 가진 힘이 우리를 주의 임재 속으로 이끌어 들이기 위해서 우리 영혼에 작용하는 방식을 보여준다. 이 방식은 다른 사람들에게 간증을 하게 될 때 나타나는 효과와 더불어 시작된다. 그러므로 그러한 효과가 어떻게 산출되는지를 살펴보자. 그 결과 우리는 그리스도인이 누구이며, 또한 교회는 진정 무엇인지 알게 될 것이다.

고린도교회는 바울의 사도적인 권위를 의심했다. 바울은 이것을 어떻게 해결했는가? 바울은 그들이 우상에서 돌이켜 하나님에게로 나아옴으로써 하나님의 부르심에 응답한 것을 자신의 사도의 표로 제시했다(고후 12:12). 즉 바울은 이렇게 말한 것이다. "만일 그리스도께서 나를 통해서 말씀하신 일이 없었다고 할 것 같으면, 그렇다면 너희가 그리스도인이 된 것은 어찌 된 일인가?" 따라서 고린도후서 13장 3-5절은 사실, 의심하고 시험해보라는 권면의 말이 아니라, 고린도교회 성도로서 자신들이 서있다고 생각하는 기독교의 진정성을 생각해보고, 그로 인해서 바울의 사도권을 인정하라는 명령인 것이다. 사도 바울은 자신을 향해서 그들이 품은 의심이 얼마나 한심한 것인지를 보여주고 있는 것이다. "만일 너희가 나를 의심하고자 한다면, 너희 자신들부터 의심해야 할 것이다. 너희는 실상 나의 사역을 천거하는 편지와 같다. 왜냐하면 너희는 지금 그리스도인이 되었고, 그리스도를 높이고 있기 때문이다."

그리고 나서 바울은 그리스도인이 어떤 사람인지를 설명해나가기 시작한다. 그리스도인은 그리스도의 대사다. 이것은 마치 돌 판이 율법을 대표하고 있는 것과 같다. 잉크로 쓴 것이 아니라 오직 살아 계신 하나님의 영으로 쓴 것일 때에만 성령의 능력으로 말미암아 마음 판에 그리스도가 새겨지게 되며, 그때에야 비로소 그들은 모든 사람이 알고 읽는 편지가 된다. 그렇다면 세상은 그리스도인의 마음에 쓰여진 그리스도를 볼 수 있게 되는데, 이는 이스라엘 백성들이 돌 판에 기록된 율법을 알고 읽을 수 있었던 것과 같다.

이렇게 마음 판에 기록되는 것은 바로 "오직 살아 계신 하나님의 영에" 의해서만 가능하다. 단지 외적인 행동을 고친다고 해서 될 일이 아니다. (물론 세상이 볼 수 있으려면 외적인 행동의 변화가 나타나야만 한다.) 다만 그리스도께서 우리가 행하는 모든 일의 동기이자 또한 목표(마지막)가 되어서, 우리 속에 거하실 때에라야 가능하다.

성경이 교훈하고 있고, 또 기독교를 자신의 종교로 고백하는 나라들에는 옳고 그름에 대한 외적인 기준이 있다. 하지만 우리는 그러한 것을 이방인 가운데서는 찾지 못한다. 따라서 어떤 사람이 율법을 추구하게 되면, 그것은 외적으로 또는 도덕적으로 옳은 것이지만, 그럼에도 그리스도께서 그 마음의 중심이자 동기가 아니라면, 거기에 선한 것이란 전혀 없다. 하나님은 비관적인 기독교(negative Christianity)를 일으키고자 자기 아들을 세상에 보내신 것이 아니다. 참된 기독교 신앙에는 하나님의 역사에 걸맞는 결과가 있어야 한다. 성령의 능력에 의한 명확한 결과가 도출되어야만 한다. 거기에 실패가 있을 수도 있다. 이는 우리가 연약하고 가련한 피조물이기 때문이다. 하지만 세상은 우리가 걸어가고 있는 길을 지켜보고 있다. 우리가 비록 그 길을 걷는데서 비틀거리고 넘어질 수는 있지만, 분명히 드러나야 할 것은 우리가 걷고 있는 길이다.

242

이제 우리 자신을 살피고, 우리가 과연 얼마나 확실한 마음의 목표를 가지고 헌신적으로 그리스도를 따르고 있는지를 돌아보아야 한다. 우리는 어쩌면 "이것만을 바라보고 달려 왔습니다"라고 말할 수 있을지 모른다. 하지만 동시에 우리는 이러한 기준을 가지고 율법 아래 다시 종노릇 하는 상태에 빠지지 않도록 조심해야 한다. 만일 내가 "여기에 행실의 규범이 있습니다. 이것을 따릅시다"라고 말한다면, 이것은 전혀 우리 마음에, 정서에 감동을 주지 못한다. 의문(儀文)의 직분은 다만 실패와 정죄와 사망에 빠뜨린다. 왜냐하면 의문의 직분은 죄인인 사람이 결코 이행할 수 없는 조항을 담고 있기 때문이다. 율법은 사람을 변화시키지 않는다. 다만 사람을 죽음에 처하게 할 뿐이다. 율법은 사람이 경건치 않고 힘이 없음을 입증할 뿐이다.

우리는 그리스도를 떠나, 정죄할 뿐인 의문(儀文)에 빠질 수가 있다. 예를 들어서, 그리스도의 생명을 취하고, 그것을 우리의 법으로 삼는 것이다. 그렇다면 우리는 심지어 그리스도의 사랑조차도 우리의 법으로 삼게 된다. 우리는 어쩌면 "그리스도는 나를 사랑하셔서 이 모든 일을 나를 위해서 해주셨습니다. 이제 나도 그리스도를 사랑하고, 이러한 사랑에 보답하는 뜻에서 주를 위해서 최선을 다하겠습니다"라고 말할지 모른다. 이처럼 우리가 그분의 사랑을 삶의 규례로 바꾸는 순간, 그것은 사망의 직분을 이루게 된다. 규례가 할 수 있는 유일한 일은 정죄하는 것이다. 모세는 이스라엘 백성들을 향해서 자기 얼굴에 수건을 가리었다. 이는 그들이 영광의 광채를 감당할 수 없었기 때문이었다. 율법은 그들을 정죄했다. 사람은 하나님에게서 정죄 받는 것을 피하여 숨거나 하나님의 정죄를 알고도 자신의 양심을 속이고자 한다. 그는 그렇게 하나님을 외면한다. 이것은 예수님에게 나타난 하나님의 영광과 하나님의 거룩성이 내뿜는 영광으로부터 등을 돌리는 것이다. 그렇다면 마침내 하나님의 영광이 광채를 발할 때, 더욱 큰 정죄만을 가져올 뿐이다.

이러한 사망과 정죄의 직분과는 대조적으로, 우리는 이제 성령과 의의 직분을 볼 수 있다. 당신은 이것을 알고 있는가? 이것은 그리스도께서 이 땅에 오신 것을 말하지 않는다. 여기서 성령님은 그리스도께서 하늘로 승천하신 분이심을 전제로 말씀하고 있다. 그리스도께서 들어가신 천상의 영광을 우리 영혼에 계시하는 것은 하나님의 영의 능력이다. 성령님이 우리에게 그리스도에 대해 말씀하고자 하는 것은 무엇인가? 성령님은 그리스도를 우리가 본받아야 할 경건의 모범으로서 계시할 뿐만 아니라 또한 항상 우리에게 은혜를 주시는 분으로 계시하신다. 아버지께서는 아드님을 우리 같이 천하고 가련한 죄인들의 구주가 되도록 보내셨다. 그리스도는 "내게 오는 자는 내가 결코 내어쫓지 아니하리라"(요 6:37), "건강한 자에게는 의원이 쓸데없고 병든 자에게라야 쓸 데 있느니라"(마 9:23)고 말씀하셨다. 예수님의 전 생애는 은혜의 사역이었다. 주님은 다른 사람들을 위해서 자신을 내어주셨다. 자기에게 나아오는 모든 사람들에게 자신을 주셨다. 주님은 식사할 겨를도 없었다. 악한 세상 가운데서 주님은 하나님의 선하심을 온전히 나타내셨다. 이것이 전부가 아니다. 주님은 죄를 위해서 죽으셨고, 죄에 대하여 진노하시는 하나님의 모든 능력 아래 자신을 내어 놓았다. 주님은 무덤에 누우셨고, 하늘에 올라가셨으며, 자신이 영광을 얻은 일에 대한 중인으로서, 또한 의의 직분을 행하실 사역자로서 성령님을 내려 보내셨다. 따라서 이제 하나님은 의를 요구하시는 분이 아니라 의를 주시는 분이시다.

243

내가 만일 예수님을 바라보는 시점에 왔다면, 나는 예수님이 나의 모든 죄들을 지셨다고 말할 수 있다. 죄는 내가 지었지만, 예수님이 그 죄들을 감당해주셨다. 예수님은 자기 영혼을 나의 죄에 대한 속건 제물로 바치셨다. 예수님은 나의 죄에 대한 전적인 책임을 지신 것이다. 이렇게 나는 나의 모든 죄를 십자가로 가지고 가서, 거기서 모든 죄 문제를 해결했다. 내 모든 죄는 다 사라졌다.

그렇다면 이제 나는 어디서 영광을 볼 수 있는가? 죄가 드러나고 정죄했던 시내 산에서인가 아니면 모든 죄 문제를 해결한 예수 그리스도의 얼굴에서인가? 예수님은 하늘에 들어가셨다. 왜냐하면 죄 문제가 다 해결되었기 때문이다. 빌립보서 2장에서 우리는 그리스도께서 이루신(완성하신) 사역으로 인해서 지금은 하늘에 계시고, 그 위격의 영광 가운데 계신 것을 볼 수 있다. "이러므로 하나님이 그를 지극히 높여 모든 이름 위에 뛰어난 이름을 주[셨다.]"(빌 2:9)

따라서 우리는 하나님의 영광의 광채를 능히 감당할 수 있게 되었을 뿐만 아니라, 그 안에서 즐거워할 수 있게 되었다. 우리 영혼은 그 안에서 안식하고 있다. 우리는 더 이상 수건을 가릴 필요가 없으며, 그 모든 영광의 광채를 바라볼 수 있다. 우리 마음은 이미 그곳에 있어 만족감을 누릴 수 있다. 왜냐하면 그것이 우리를 향한 하나님의 사랑에 대한 증거이며, 또한 죄를 완전히 제거한 증거이기 때문이다.

거기엔 또한 의의 직분이 있다. "우리가 이같은 소망이 있으므로 담대히 말하노라."(고후 3:12) 이 소망은 결코 작은 소망이 아니다. 조금의 절망도 없다. 다만 이것은 가장 비천한 자에게 주시는 완전한 의로움의 메시지이다. "한 사람의 순종하심으로 많은 사람이 의인이 되리라."(롬 5:19) 이제 하나님은 더 이상 의를 요구하시는 분이 아니다. 도리어 의의 열매를 주시는 분이시다.

이러한 그리스도의 사역을 마음에 받아들인 실제적인 결과는 무엇일까? 이는 죄를 심상히 여기는 것으로 나타나지 않는다. 죄에 대한 면죄부를 주는 것도 아니다. 왜냐하면 그리스도께서 죄로 인해서 진노를 받으셨기 때문이다. 고린도후서 3장의 마지막 구절은 우리가 어떻게 살아 있는 편지가 되었는지를 보여준다. 그리스도를 묵상하는 것이 우리가 그리스도와 같이 되는 길이다. 성령님이 그리스도의 것을 가지고 나에게 보여주신다면, 나는 "내 안에 계신 그리스도를 보라!"라고 말할 수 있다. 그렇다면 거기에는 즉시 거룩의 영이 있다. 나는 그리스도를 갈망하며 그리스도를 바라본다. 그렇다면 그리스도를 얻게 된다. 나의 양심에 완성된 의를 적용하는 것이 나로 하여금 그리스도를 닮게 한다. 이제 분명히 알라. 더 이상 우리 마음을 덮거나 혹은 영광을 가리는 수건은 없다. 우리 안에 내주하시는 성령님이 그 수건을 제거하셨다. 성경은 이스라엘 백성을 향해서 "그러나 언제든지 주께로 돌아가면 그 수건이 벗어지리라"(고후 3:16)고 말씀한다. 모세가 주님에게 나아갈 때마다, 그는 항상 수건을 벗었다. 하지만 이스라엘 자손들은 영광의 광채를 감당할 수 없었다. 따라서 모세가 백성들에게 나타났을 때, 그는 수건으로 자신의 얼굴을 가려야 했다.

244
신자들에게 더 이상 수건은 없다. 신자들은 수건 없이 영광을 바라볼 수 있다. 왜냐하면 영광은 심판이 아니라 구원을 선포하기 때문이다. 그리스도를 통해서 완성된 구원(accomplished salvation)과 그리스도 안에 있는 자에게 주어지는 효력 있는 의(effectual righteousness)를 보라. 하나님의 임재 안에서 누리는 완전한 자유와 하나님의 모든 충만 가운데 그리스도를 기뻐하는 것이 비로소 실제가 된다! "주는 영이시니 주의 영이 계신 곳에는 자유함이 있느니라."(고후 3:17) 즉 그리스도는 이 모든 구약성경에 속한 것들을 통해서 드러내고자 하는 본질이자 하나님의 영의 마음(the mind of the Spirit)이시다.

그렇다면 영의 직분이 산출하는 결과는 무엇일까? 내가 그리스도 안에서 하나님의 의가 되었다는 지식을 가지게 되었을 때 따르는 결과는 무엇인가? 하나님이 나를 기뻐하신다는 것을 아는 지식에 따르는 결과는 무엇인가? 나는 그리스도를 섬기고, 그분을 따르고자 하는 열정을 가지게 된다. 그리스도의 사랑을 생각하면서, 무슨 두려움 있는가? 사실 나는 항상 실패한다. 그렇다고 해서 하나님이 나에 대해서 또는 나의 죄에 대해서 무슨 재고할 사항이 있을까? 이제 더 이상 그같은 불확실성이란 없다. 나와 하나님 사이에, 사랑 외엔 아무 것도 없다. 나는 흠도 없고, 이제는 완전한 자유 안에 있다. 이는 하나님이 나를 위해서 그리스도를 주셨기 때문이다. 이제는 하나님이 나에게서 무엇을 요구하시는 것이 아니라, 도리어 필요한 모든 것을 나에게 주신다. 이제 이러한 방식으로 하나님의 아드님이 나를 통하여 영광을 받으신다. 사람이 영광을 받는 것이 아니라, 하나님의 아들 예수님이 영광을 받으신다. 하나님은 자기 아들을 위하여 결혼을 준비하신다. 그전까지 우리는 그리스도의 편지가 되어야 한다. 우리는, 그리스도를 영광스럽게 하고 또 그리스도께서 나타나시게 하는, 이러한 특권을 가지고 있다. 우리는 무슨 대가를 치르더라도 이러한 편지가 되는 것을 기쁘게 생각해야 한다. 그리스도는 나를 대신해서 죽으셨다. 이제 나는 그리스도를 나타내야 한다. 물론 나는 실패할 수 있다. 자주 넘어질 수가 있고, 또 다시 넘어질 수가 있다. 하지만 하나님 앞에서 우리 마음은 그리스도께서 주신 자유 가운데 있기에, 그리스도의 계명을 즐거운 마음으로 준행할 것이다. 왜냐하면 이제 우리 마음은 하나님과 그리스도의 영광에 고정되어 있기 때문이다. 이제 나의 생명, 그리고 날마다 걷는 나의 삶의 길은 하나님의 사랑에 대한 응답이 되어야 한다. 나는 그리스도께 빚진 자이다. 이는 그리스도께서 나를 사랑하사 자신의 몸을 나를 위해 내어주셨기 때문이다. 이 세상을 살아가는 길에서 이처럼 작은 헌신을 통해서 그분을 영광스럽게 하도록 허락을 받고 또 부르심을 받았다니, 이 얼마나 놀라운 특권인가!

Chapter 4
성령의 임재에 대한 고찰
Remarks on the Presence of the Holy Ghost in the Christia

314

그리스도인 속에 거하고 계신 성령의 임재가 주는 효력에 대해서, 실제적인 측면에서 고찰해보자.

우리 속에 내주하시는 하나님의 성령에 대해서, 우리는 두 가지 측면에서 생각해볼 수 있다. 성령님은 우리를 주 예수님과 연합시키는 일을 하시는데, 이는 성령의 임재와 생명(곧 예수님 안에 있는 생명)이 직접적으로 연결되어 있기 때문이다. 요한복음 14장 19-20절, 갈라디아서 2장 20절을 보라. "주와 합하는 자는 한 영이니라."(고전 6:17) 게다가 성령의 임재는, 곧 영혼 속에 하나님이 임재해 계심을 의미한다. 이러한 특징들을 가지고 있는 성령에 대해서 처음으로 소개하고 있는 성경은 로마서 8장 2,9,10절이다. 우선적으로 로마서 8장 2절은 그리스도 예수 안에 있는 생명의 성령의 법이 우리를 죄의 법에서 자유케 했음을 말하고 있다. 그 결과 성령님은 의(義)을 인하여 우리의 생명이 되신다. 또한 "만일 너희 속에 하나님의 영이 거하시면"이라고 시작하고 있는 9절을 보면, 성령의 내주하심과 역사하심이 혼합되어 나타나고 있는 것을 볼 수 있다. (영혼 안에 그리스도의 인격이 자리잡아감에 따라 성령의 내주하심과 역사하심이 두드러지게 나타나는 만큼), 하나님의 영은 그리스도의 영이 되어간다. 10절에서 "그리스도께서 너희 안에 계시면"이라는 구절은 이러한 생각을 더욱 분명하게 표현해주고 있는데, 특별히 사도 바울은 "그리스도께서 너희 안에 계시면…그 영은 생명"이라는 말을 더하고 있다. 16절에서 "성령이 친히 우리 영으로 더불어"라는 표현을 통해서 성령님은 그리스도인으로서 우리 영혼과는 확연히 구별되는 존재임을 밝히고 있다. 26절과 28절에서 성령의 임재가 가지고 있는 두 가지 특징이 상호연관성을 가지고 있음이 나타나 있다. "마음을 감찰하시는 이가 성령의 생각을 아시나니 이는 성령이 하나님의 뜻대로 성도를 위하여 간구하심이니라"는 구절처럼, 성령의 생각은 마음을 감찰하시는 하나님에게 알려지게 되는데, 이러한 성령의 생각이 바로 성도 속에 있는 성령의 생명이 된다. 또한 성령님은 우리 연약함을 도우시며 또한 하나님의 뜻을 따라서 성도를 위하여 친히 중보하는 일을 하신다. 이 모든 일의 이유는 단순하다. 한편으로 성령님은 신자 속에 계셔서 그리스도의 마음을 따라 능력으로 일하시며, 다른 한편으로는 이러한 역사의 결과로 감정과 생각이 일어나며 행동이 뒤따르게 되는데, 이 모든 것은 다 성령에게서 나온다. 그럼에도 이 모든 것은 다 우리 자신의 것이다. 왜냐하면 우리는 우리 생명(골 3:2,3)이신 그리스도와 함께 이 모든 것에 동참하고 있기 때문이다. 하나님이 우리에게 영생을 주신 것과 이 생명이 그의 아들 안에 있으며, 또한 아들이 있는 자에게는 생명이 있기 때문이다(요일 5:11,12).

315

성령의 임재가 가지고 있는 특징의 두 번째 측면은 더 중요하다. 즉 성령은 하나님의 영이라는 점이다. 이 말은 성령님은 곧 하나님이시며, 따라서 성령님은 신자의 영혼 속에서 하나님의 임재와 능력의 계시자로서 존재하신다는 것이다. 계시는 신자에게 주어진 새로운 본성(성품), 곧 하나님의 본성을 통해서 알려진다. 결과적으로 하나님의 본성과 성품 안에 있는 그것은 성도의 영혼 속에 내주하시는 하나님에 의해서 계발된다. 그것은 하나님의 새로운 피조물인 새 사람 속에서 산출될 뿐만 아니라, 우리 영혼을 충만하게 한다. 왜냐하면 하나님이 우리 영혼 속에 계시며, 우리 영혼은 하나님과의 교통을 누리기 때문이다. 예를 들자면, 새 본성은 하나님을 사랑하며, 또한 하나님을 안다. 이렇게 하나님을 사랑하는 것은 하나님에게서 난 사람의 증거이다. 하지만 이것이 전부가 아니다. 더욱이 성령의 내주가 있다. 다시 말해서, 하나님의 임재를 통해서 우리에게 이러한 새 본성이 주어졌다. 그러므로 우리는 로마서 5장 5절에서 "우리에게 주신 성령으로 말미암아 하나님의 사랑이 우리 마음에 부은 바 됨이니"라는 구절을 발견한다. 우리는 하나님의 사랑을 받았다. 우리는 그 사실을 알고 있으며, 보배로우신 구주의 선물과 우리를 위한 그분의 죽으심을 통해서 나타난 증거를 가지고 있다(6-8절). 하지만 그 이상의 것이 있다. 완전하고도 무한한 사랑이 우리 마음에 부어졌고, 하나님이신 성령께서 우리 속에 계신다. (성령님이 우리 속에 자유롭게 거하실 수 있는 이유는, 우리가 그리스도의 피로써 정결케 되었기 때문이다.) 성령님은 질그릇 같은 우리 속에 신성한 것, 즉 하나님의 사랑으로 가득 채우기 위해서 우리 속에 내주하신다. 이것은 우리로 하여금 하나님 안에서 즐거워하기 위한 목적으로 더해진 것이다(11절). 그러므로 사도 요한은 우리 영혼 속에서 역사하는 능력의 나타남으로써 성령의 임재를 바라보면서, 요한일서 3장 24절에서 "우리에게 주신 성령으로 말미암아 그가 우리 안에 거하시는 줄을 우리가 아느니라"라고 확신 있게 말했다. 이 구절을 단순히 우리 속에 역사하는 성령의 다양한 에너지로 적용하는데 그쳐서는 안된다. 실제로 이 구절은 우리에게 주어진 하나님의 사랑이 우리 안에서 온전히 이루어지는 데까지 나아가고 있다. 여기서 이것은 우리의 감정과 우리의 생각 등 우리에게 속한 문제가 아니라, 다만 우리 영혼이 (다른 그 어떤 것이 끼어들 여지가 없을 정도로) 하나님의 충만하신 것으로 충만해지는 문제이다. 이렇게 되면 우리 마음 속에는 하나님의 사랑의 본질을 훼손하거나 또는 하나님과 부조화를 일으킬만한 것이 아무 것도 없게 된다. 절대적으로 온전하신 하나님은 이러한 방식으로 자신에게 반하는 모든 것을 배격하신다. 그렇지 않다면, 하나님은 더 이상 하나님이실 수 없을 것이다. 하나님은 우리 속에 하나님의 사랑으로만 가득하길 바라신다.

기독교 신비주의는 이러한 진리들을 파괴하는 사탄의 계략이다. 우리는 이러한 신비주의를 피해야 한다. 따라서 성령님은 사도 요한의 펜을 움직여 "사랑은 여기 있으니 우리가 하나님을 사랑한 것이 아니요 오직 하나님이 우리를 사랑하사 우리 죄를 위하여 화목제로 그 아들을 보내셨음이니라"(요일 4:10)고 쓰고 있다. 하나님이 우리를 사랑하신 증거는 그리스도 안에서 하나님이 친히 사랑하는 행동을 통해서 나타내신 사랑에 근거하고 있다. 이러한 하나님의 사랑은 모든 인간의 생각과 지식을 초월해 있다. 다른 한편으로 성령의 임재에 대해서 생각해볼 때, 성령님은 우리 안에 거하시는 하나님의 내주하심의 증거로 주어지지 않았다는 것이다. 이 둘은 같은 것이다. 하지만 성경은 "그의 성령을 우리에게 주시므로 우리가 그 안에 거하고 그가 우리 안에 거하시는 줄을 아느니라"(요일 4:13)고 기록되어 있다. 이처럼 사랑 안에서 거하시는 하나님의 임재는 우리 좁은 영혼을 충만하게 해줄 뿐만 아니라, 우리를 무한한 사랑 안에 거하시는 하나님 안에 머물도록 해준다. 성령을 통하여 그리스도와 연합되게 하고, 그리스도와 함께 생명 안에서 하나 되게 해주며, 우리 안에서 역사하시는 하나님의 영을 통해서, 우리는 하나님 안에 거하고, 하나님은 우리 안에 거하신다. 그러므로 성경은 하나님이 "그의 성령을 우리에게 주시므로"(요일 4:13)라고 말하고 있다. 다시 말해서, 자신의 임재와 능력을 통해서 하나님은 우리로 하여금 도덕적인 탁월함을 갖도록 하나님의 본성과 성품에 참여하는 자가 되게 하시고, 우리 속에 계신 성령으로 하여금 하나님과 교통하는 기쁨을 주심으로써, 아울러 우리를 하나님의 충만함 속으로 이끌어 들이신다.

이제 나는 바울, 베드로, 그리고 요한 서신서들의 독특한 특징들을 지적하고자 한다. 바울은 성령의 역사가 가지고 있는 특징들, 즉 성령의 역사의 질서, 방법, 그리고 주권성을 교회에 전달하고자 하는 특별한 목적을 위해서 특별한 방법으로 부르심을 받았다. 이 모든 성령의 역사를 통해서 그리스도와 연합을 이루고, 또 은혜 가운데 하나님의 경륜의 경이로운 대상이 된 교회가 차지하고 있는 자리가 무엇인지 계시하는 것이 바울의 소명이었다. 그래서 바울은 에베소서 2장 7절에서, "이는 그리스도 예수 안에서 우리에게 자비하심으로써 그 은혜의 지극히 풍성함을 (또는 교회를 향한 하나님의 섭리를) 오는 여러 세대에 나타내려 하심이니라"라고 말하고 있다. 이 주제에 대한 하나님의 지혜, 하나님의 섭리의 의로움, 그리고 하나님의 은혜에 속한 경륜에 대한 계획들이 바울의 글에 널리 그리고 (모든 계시와의 관계 속에서) 완전하게 계시되어 있다. 요한은 다른 측면에서 접근한다. 즉 하나님의 본성이 무엇인지 밝히면서, 그 본성을 신자들에게 주시고자 하시는 하나님의 계획에 대해서 말한다. 결과적으로 하나님이 어떤 분이신지를, 그리스도 안에서 하나님의 생생한 나타남 또는 신자들에게 주시는 생명을 통해서 드러내주고 있다. 이것이 없다면 신적인 본성을 신자들에게 주는 일은 불가능하다. 이는 어두움이 빛과 사귐을 가질 수 없기 때문이다. 우리가 이미 살펴보았듯이, 사도 요한은 여기서 더 나아간다. 우리는 성령을 통해서 하나님 안에 거하고, 하나님은 우리 안에 거하신다. 우리가 감당할 수만 있다면, 우리는 있는 그대로의 하나님을 누릴 수 있고, 이를 통해서 우리는 하나님의 나타남이 될 수 있다. (이것이 가능하려면, 우리 자신이 하나님이 거처하시는 처소가 되어야 한다.) 이 얼마나 큰 하나님의 선하심의 부요함인가!

우리는 이러한 하나님과의 교통을 통해서 우리 안에서 자신을 계시하시는 하나님의 충만함 속으로 더욱 침잠해간다. 이것이야말로 너무도 달콤하고 보배로운 것이다. 이 땅에서 순례의 길을 가는 자들에게 우리를 향한 하나님의 친밀하심과 신실한 사랑은 너무도 필요한 것이다. 우리는 너무도 연약하기에 목적지에 이르기까지 하나님의 신실한 사랑과 친밀한 사귐을 끊임없이 필요로 한다. 하나님은 순례의 길 내내, 하나님의 신실하심과 친밀한 사랑을 결코 마르는 일이 없게 하실 것이다.

베드로는 베드로전서에서, 하나님이 순례자들을 돌보신다는 사실과, 또한 순례자는 하나님을 위해서 무엇을 해야 하는가를 다루고 있다. 메시아의 부활은 순례자들을 주님의 길을 따르도록 했다. 천상을 향해 가는 순례의 길에는 하나님의 신실하심이 베풀어졌고, (비록 사람들에게 버림을 받았지만) 영원히 사시는 하나님의 아들 그리스도의 부활을 통해서 그리스도의 능력이 우리의 소망으로 제공된 사실을 통해서 격려가 제시되어 있다. 그러고 나서 마지막으로 베드로는 이 모든 사실을 아는 지식에서 나오는 신자의 행함, 예배, 그리고 봉사에 대해서 소개하고 있다.

요한은 하나님과의 교통 속에서 가장 숭고한 것이 무엇인지, 오히려 교통의 본성 가운데 가장 숭고한 것이 무엇인지를 우리에게 소개해준다. 결과적으로 그는 하나님의 계획의 중심으로서 교회에 대해서는 일체 언급하지 않고 다만 신적인 본성에 대해서만 다룬다.

바울은 교통의 측면이 아니라 경륜의 측면에서 하나님의 완전한 계획이 무엇인지를 다룬다. 물론 바울이 하나님과의 교통에 대해서 언급하지 않은 것은 아니다(롬 5:5). 그럼에도 바울의 글을 보면, 하나님은 특별히 믿음의 대상으로 소개됨으로써 더욱 영광을 받으신다. 로마서 5장 11절에서 바울은 하나님을 우리 안에 계신 분으로서가 아니라 우리 앞에 계신 분으로 소개함으로써, 모든 그리스도인은 하나님 안에서 즐거워하는 존재가 되었음을 말한다. 이것은 우리 마음 속에 내주하시는 분으로서가 아니라 우리가 붙들어야 하는 믿음의 대상으로서 하나님을 소개하는 것이다.

이러한 신성하고 무한한 축복, 즉 성령님의 임재를 통해서 알게 되고 또 우리는 하나님 안에 거하고 하나님은 우리 안에 거하게 된 일을 통해서 우리 안에서 온전케 된 이러한 사랑은 어떤 사람들로 하여금, 자신 속에 더 이상 육신이 존재하지 않게 된 것인 양 생각하게 만들었다. 하지만 그렇게 생각하는 것은 보배를 담고 있는 질그릇이 자신을 보배로 혼동하는 것에 지나지 않는다. 우리는 여전히 육체 안에서 우리 몸이 구속될 날을 기다리고 있다. 다만 하나님이 우리 속에 거하실 수 있는 이유는, 믿음에 의해서 우리가 피 뿌림을 받았기 때문이다. 이러한 피 뿌림은 육체를 개선시키지 않으며, 다만 장차 우리는 완전한 구속을 받을 것이며, 또한 우리는 사랑에 빚진 자라는 의식을 준다.

우리가 실제로 하나님을 즐거워할 때, 우리는 잠시 육체(육신)의 존재를 잊어버릴 수가 있다. 왜냐하면 그 때 (유한한) 우리 영혼은 무한한 존재로 충만해지는 것을 경험하기 때문이다. 하지만 그처럼 복된 순간에도, 육체(육신)은 여전히 우리 영혼이 신적인 사랑 속으로 몰입하는 것을 방해하는 방해물이다. 셋째 하늘에 이끌려 올라간 바울이 바로 은혜조차도 결코 육신을 변화시킬 수 없다는 사실의 증거이다. (그러한 특권을 가진 바울에게, 그의 육신이 자고할 가능성이 있었기에, 육체의 가시가 필요했다.) 아! 우리가 지금 말하고 있는 기쁨조차도 깨어서 그리스도를 전적으로 의지하지 않는다면 육신이 활동할 수 있는 기회를 줄 수 있다는 사실이 서글프다. 왜냐하면 우리는 너무도 경솔하고, 기쁨을 주시는 분을 금세 잊어버리기 일쑤이고, 모든 복의 원천이신 그리스도 안에 거하는 일보다는 기쁨이 주는 감정에 기대기가 쉬운 존재이기 때문이다. 그럼에도 하나님의 사랑이 우리 안에서 온전히 이루어졌고, 또 하나님의 사랑이 우리 안에 실재를 이루고 있으며, 그리고 그리스도인은 하나님을 알고 또 하나님 안에 거하면서 하나님을 기뻐하도록 부르심을 받았다는 것은 확실하다.

318
한 가지 더 살펴볼 것이 있다.

우리가 하나님의 사랑으로 충만해질 때, 그동안 우리의 눈을 가린 것들이 제거되고 신성한 사랑의 시선으로 우리를 구원하신 하나님의 선하심의 목적을 보게 되며 그분의 능력 안에서 그 사랑을 누리게 된다. 이러한 하나님의 사랑의 존재와 본질에 대한 실제적인 지식이 있는 곳에서만, 비록 마음이 그에 대한 전체적인 능력을 다 경험하지는 못할지라도, 행동 양식은 이러한 사랑 안에 있는 믿음에 의해서 특징적으로 나타나게 된다. 그럴 때 우리는 하나님 안에 거하고 하나님은 우리 안에 거하시게 된다. 이러한 기쁨의 충만함은 성령의 역사에 의해서만 경험될 수 있는 것이지만, 성령을 근심케 하면 성령님은 금방 책망의 영이 되셔서 하나님의 그러한 사랑에 대한 배신을 책망하실 것이다. 그렇다면 우리는 마음을 그러한 하나님의 사랑으로 가득 채우는 것이 아니라 도리어 하나님의 사랑을 갚아야 한다는 의무감을 가지는 것으로 나타나게 될 것은 뻔하다. 우리 영혼 속에 이러한 불안한 마음을 일으키는 것은 하나님이 아니다. 오히려 우리 안에서 사랑을 온전케 하는 것이 하나님의 역사다. 이렇게 우리 안에서 사랑이 온전케 되면 우리 영혼은 기쁨 속으로 들어가게 되고, 우리 영혼은 전적으로 기쁨으로 충만하게 된다. 이렇듯 우리 마음에 하나님의 사랑을 부어주시는 분은 성령님이시다. 우리 마음 속에 이러한 사랑이 강력해지면, 외적으로 나타나지 않을 수 없다.

　지금까지 말한 것들은, 합당하게 말하자면, 성령의 역사에 속하는 것은 아니다. 오히려 그보다 더 중요한 주제이다. 더 중요한 주제라는 말은 지금까지 다루어온 주제가 성령의 임재로 인해서 나타나는 열매들과 결과들에 대한 것으로, (성령의 임재를 통해서 하나님의 사랑을 보다 더 실제적으로 체험하게 되며, 이를 통해서 그리스도께서 더욱 영광을 받으시기에) 이 주제에 대해서 몇 가지 고찰해볼 필요를 느꼈다.

이제 하나님께서 독자들을 복 주시길 빈다! 이 주제에 대해서 함께 고찰해온 내용들을, 우리 하나님께서 우리 모두에게 더욱 경험되도록 도우시길 바라고, 이 모든 진리들이 우리 영혼 속에 더욱 보배로운 보화로 새겨지도록 축복하시기를 바란다. 그래서 그리스도께서 사랑하시는 모든 교회와 더불어 하나님의 사랑의 능력에 따라서 우리 속에 내주하시는 성령의 임재가 가져다주는 모든 복을 누릴 수 있기를 빈다.

JND

형제들의 집 도서 안내

1. 조지 뮐러 영성의 비밀
   조지 뮐러 지음/이종수 옮김/값 1,000원
2. 수백만을 감동시킨 사람을 감동시킨 바로 그 사람: 헨리 무어하우스
   존 A. 비올리 지음/이종수 옮김/값 1,000원
3. 내 영혼의 만족의 노래
   W.T.P 월스톤 지음/이종수 옮김/값 1,000원
4. 모든 일을 하나님의 영광을 위하여 하라
   해리 아이언사이드 지음/이종수 옮김/값 1,000원
5. 잃어버린 영혼을 위해서 어떻게 기도해야 하는가
   오스왈드 샌더스, 찰스 스펄전 지음/이종수 옮김/값 1,000원
6. 윌리암 켈리의 칭의의 은혜(개정판)
   윌리암 켈리 지음/이종수 옮김/값 6,000원
7. 이것이 거듭남이다(개정판)
   알프레드 깁스 지음/이종수 옮김/값 9,000원
8. 존 넬슨 다비의 영성있는 복음
   존 넬슨 다비 지음/이종수 옮김/값 5,000원
9. 로버트 클리버 채프만의 사랑의 영성(개정판)
   로버트 C. 채프만 지음/이종수 옮김/값 7,000원
10. 영성을 깊게 하는 레위기 묵상
    C.H. 매킨토시 외 지음/이종수 옮김/값 5,000원
11. 존 넬슨 다비의 성경주석: 빌립보서
    존 넬슨 다비 지음/이종수 옮김/값 5,000원
12. 존 넬슨 다비의 히브리서 묵상(개정판)
    존 넬슨 다비 지음/정병은 옮김/값 11,000원
13. 조지 커팅의 영적 자유
    조지 커팅 지음/이종수 옮김/값 4,000원
14. 윌리암 켈리의 해방의 체험(개정판)
    윌리암 켈리 지음/이종수 옮김/값 4,500원
15. 존 넬슨 다비의 성경주석: 골로새서(개정판)
    존 넬슨 다비 지음/이종수 옮김/값 8,000원
16. 구원 얻는 기도
    이종수 지음/값 5,000원
17. 영혼의 성화
    프랭크 빈포드 호올 지음/이종수 옮김/값 1,000원
18. 당신은 진짜 거듭났는가?
    아더 핑크 지음/박선희 옮김/값 4,500원
19. C.H. 매킨토시의 완전한 구원(개정판)
    C.H. 매킨토시 지음/이종수 옮김/값 5,500원

20. 존 넬슨 다비의 하나님의 뜻을 분별하는 법
  존 넬슨 다비 지음/이종수 옮김/값 1,000원
21. 존 넬슨 다비의 성경주석: 요한계시록
  존 넬슨 다비 지음/이종수 옮김/값 10,000원
22. 주 안에 거하라
  해밀턴 스미스, 허드슨 테일러 지음/이종수 옮김/값 1,000원
23. C.H. 매킨토시의 하나님의 선물
  C.H. 매킨토시 지음/이종수 옮김/값 4,000원
24. 존 넬슨 다비의 성경주석: 에베소서
  존 넬슨 다비 지음/이종수 옮김/값 8,000원
25. 존 넬슨 다비의 영적 해방
  존 넬슨 다비 지음/문영권 옮김/값 7,000원
26. 건강하고 행복한 그리스도인이 되는 법
  어거스트 반 린, J. 드와이트 펜테코스트 지음/ 값 1,000원
27. 존 넬슨 다비의 성경주석: 로마서
  존 넬슨 다비 지음/문영권 옮김/값 12,000원
28. 존 넬슨 다비의 성화의 길
  존 넬슨 다비 지음/이종수 옮김/값 4,500원
29. 기독교 신앙에 회의적인 사랑하는 나의 친구에게
  로버트 A. 래이드로 지음/박선희 옮김/값 5,000원
30. 이수원 선교사 이야기
  더글라스 나이스웬더 지음/이종수 옮김/값 5,000원
31. 체험을 위한 성령의 내주, 그리고 충만
  조지 커팅 지음/이종수 옮김/값 4,500원
32. 존 넬슨 다비의 성경주석: 갈라디아서
  존 넬슨 다비 지음/이종수 옮김/값 4,800원
33. 존 넬슨 다비의 성경주석: 요한서신서 · 유다서
  존 넬슨 다비 지음/문영권 옮김/값 8,000원
34. 존 넬슨 다비의 성경주석: 데살로니가전 · 후서
  존 넬슨 다비 지음/이종수 옮김/값 8,000원
35. 그리스도와의 연합과 구원(성경공부교재)
  문영권 지음/값 2,500원
36. 그리스도와의 연합과 성화(성경공부교재)
  문영권 지음/값 3,000원
37. 사도라 불린 영적 거장들
  이종수 지음/값 7,000원
38. 당신은 진짜 하나님을 신뢰하는가(개정판)
  조지 뮬러 지음/ 이종수 옮김/값 5,500원
39. 그리스도와 연합된 천상적 교회가 가진 영광스러운 교회의 소망
  존 넬슨 다비 지음/ 문영권 옮김/ 값 13,000원
40. 가나안 영적 전쟁과 하나님의 전신갑주
  존 넬슨 다비 지음/ 이종수 옮김/ 값 2,000원

41. 죄 사함, 칭의 그리고 성화의 진리
고든 헨리 해이호우 지음/ 이종수 옮김/ 값 2,000원
42. 하나님을 찾는 지성인, 이것이 궁금하다!
김종만 지음/ 값 10,000원
43. 이것이 그리스도의 심판대이다
이종수 엮음/ 값 8,000원
44. 존 넬슨 다비의 성경주석: 마태복음
존 넬슨 다비 지음/이종수 옮김/값 16,000원
45. C.H. 매킨토시의 하나님에 관한 진실
C.H. 매킨토시 지음/이종수 옮김/값 1,000원
46. 존 넬슨 다비의 성경주석: 여호수아
존 넬슨 다비 지음/문영권 옮김/값 8,000원
47. 찰스 스탠리의 당신의 남편은 누구인가
찰스 스탠리 지음/이종수 옮김/값 4,000원
48. 존 넬슨 다비의 성령론(개정판)
존 넬슨 다비 지음/이종수 옮김/값 15,000원
49. 존 넬슨 다비의 영적 해방의 실제
존 넬슨 다비 지음/이종수 옮김/값 5,000원
50. 존 넬슨 다비의 주요사상연구: 다비와 친구되기
문영권 지음/값 5,000원
51. 존 넬슨 다비의 죽음 이후 영혼의 상태
존 넬슨 다비 지음/이종수 옮김/값 5,000원
52. 신학자 존 넬슨 다비 평전
이종수 지음/ 값 7,000원
53. 존 넬슨 다비의 요한복음 묵상
존 넬슨 다비 지음/이종수 옮김/값 8,000원
54. 프레드릭 W. 그랜트의 영적 해방이란 무엇인가
프레드릭 W. 그랜트 지음/이종수 옮김/값 4,500원
55. 홍해와 요단강을 통해서 나타난 하나님의 구원
윌리암 켈리 지음/ 이종수 옮김/ 값 4,800원
56. 그리스도와의 연합을 위한 성령의 역사
윌리암 켈리 지음/ 이종수 옮김/ 값 19,000원
57. 누가, 그리스도인인가?
시드니 롱 제이콥 지음/ 박영민 옮김/ 값 7,000원
58. 선교사가 결코 쓰지 않은 편지
프레드릭 L. 코신 지음 / 이종수 옮김/ 값 9,000원
59. 사랑의 영성으로 성자의 삶을 살다간 로버트 채프만
프랭크 홈즈 지음 / 이종수 옮김/ 값 8,500원
60. 므비보셋, 룻, 그리고 욥 이야기
찰스 스탠리 지음 / 이종수 옮김/ 값 7,500원
61. 구원의 근본 진리
에드워드 데넷 지음 / 이종수 옮김/ 값 6,500원

62. 회복된 진리, 6+1
  에드워드 데넷 지음/ 이종수 옮김/ 값 6,000원
63. 당신의 상상보다 더 큰 구원
  프랭크 빈포드 호올 지음/ 이종수 옮김/ 값 6,500원
64. 뿌리 깊은 영성의 그리스도인으로 사는 법
  찰스 앤드류 코우츠 지음/ 이종수 옮김/ 값 9,000원
65. 천국의 비밀 : 천국, 하나님 나라, 그리고 교회의 차이
  프레드릭 W. 그랜트 & 아달펠트 P. 세실 지음/이종수 옮김/ 값 7,000원
66. 존 넬슨 다비의 성경주석: 베드로전·후서
  존 넬슨 다비 지음/장세학 옮김/ 값 7,500원
67. 존 넬슨 다비의 영광스러운 구원
  존 넬슨 다비 지음/이종수 엮음/ 값 15,000원
68. 어린양의 신부
  W.T.P. 월스톤 & 해밀턴 스미스 지음/ 박선희 옮김/ 값 10,000원
69. 성경에서 말하는 회심
  C.H. 매킨토시 지음/ 이종수 옮김/ 값 6,000원
70. 십자가에서 천년통치에 이르는 그리스도의 길
  존 R. 칼드웰 지음/ 이종수 옮김/ 값 7,500원
71. 그리스도와의 연합이란 무엇인가?
  에드워드 데넷 지음/ 이종수 옮김/ 값 9,000원
72. 하늘의 부르심 vs. 교회의 부르심
  존 기포드 벨렛 지음/ 이종수 옮김/ 값 16,000원
73. 당신은 진짜 새로운 피조물인가
  존 넬슨 다비 외 지음/ 이종수 옮김/ 값 12,000원
74. 플리머스 형제단 이야기
  앤드류 밀러 지음/ 이종수 옮김/ 값 14,000원
75. 바울의 복음, 그리스도의 영광의 복음
  존 기포드 벨렛 지음/ 이종수 옮김/ 값 9,000원
76. 악과 고통, 그리고 시련의 문제
  이종수 지음/ 값 9,000원
77. 요한계시록 일곱 교회를 향한 예언 메시지
  존 넬슨 다비 지음/이종수 옮김/ 값 18,000원
78. 영광스러운 구원, 어떻게 받는가
  존 넬슨 다비 지음/이종수 엮음/ 값 13,000원
79. 영광스러운 교회의 길
  존 넬슨 다비 지음/이종수 엮음/ 값 22,000원
80. 존 넬슨 다비의 성경주석: 디모데전후서, 디도서, 빌레몬서
  존 넬슨 다비 지음/이종수 옮김/ 값 15,000원
81. 성경을 아는 지식
  존 넬슨 다비 지음/이종수 엮음/ 값 18,500원
82. 십자가의 도
  존 넬슨 다비 지음/이종수 엮음/ 값 13,500원

83. 존 넬슨 다비의 성경주석: 고린도전후서
존 넬슨 다비 지음/이종수 옮김/값 18,500원
84. 존 넬슨 다비의 성경주석: 사도행전
존 넬슨 다비 지음/이종수 옮김/값 17,000원
85. 그리스도와의 연합을 위한 사도 바울의 기도
존 넬슨 다비 지음/이종수 엮음/값 10,000원
86. 빌라델비아 교회의 길
해밀턴 스미스 지음/이종수 옮김/값 10,000원
87. 무명한 자 같으나 유명한 존 넬슨 다비 전기
윌리암 터너, 에드윈 크로스 지음/이종수 옮김/값 12,000원
88. 성경의 핵심용어 해설
데이빗 구딩, 존 레녹스 지음/허성훈 옮김/값 9,000원
89. 존 넬슨 다비의 성경주석: 히브리서, 야고보서
존 넬슨 다비 지음/이종수 옮김/값 17,500원
90. 존 넬슨 다비의 성경주석: 요한복음
존 넬슨 다비 지음/이종수 옮김/값 17,000원
91. 신부의 노래
해밀턴 스미스 지음/이종수 옮김/값 10,000원
92. 에클레시아의 비밀
해밀턴 스미스 지음/이종수 옮김/값 10,000원
93. 존 넬슨 다비의 성경주석: 누가복음
존 넬슨 다비 지음/이종수 옮김/값 13,500원
94. 예수 그리스도를 따라 맨 밑바닥까지 내려가는 아름다움
조지 위그램 지음/이종수 옮김/값 7,000원
95. 존 넬슨 다비의 성경주석: 마가복음
존 넬슨 다비 지음/이종수 옮김/값 8,000원
96. 죄 사함과 죄로부터의 완전한 자유
조지 커팅 지음/이종수 옮김/값 7,000원
97. 성령의 성화
윌리암 켈리 지음/이종수 옮김/값 6,500원
98. 하나님의 義란 무엇인가
윌리암 켈리 지음/이종수 옮김/값 9,000원
99. 길이요 진리요 생명이신 그리스도
윌리암 켈리 지음/이종수 옮김/값 6,500원
100. 보혜사 성령
W.T.P. 월스톤 지음/이종수 옮김/값 24,000원
101. 존 넬슨 다비의 성경주석: 창세기
존 넬슨 다비 지음/이종수 옮김/값 8,600원
102. 존 넬슨 다비의 성경주석: 이사야
존 넬슨 다비 지음/이종수 옮김/값 9,400원
103. "그리스도와의 하나됨"을 통한 동일시의 진리란 무엇인가
클라이드 필킹턴 주니어 책임편집/이종수 엮음/값 9,000원

104. 존 넬슨 다비의 성경주석: 다니엘
존 넬슨 다비 지음/이종수 옮김/값 8,000원
105. 그리스도와의 하나됨을 통한 "양자 삼음의 진리"란 무엇인가
클라이드 필킹턴 주니어 책임편집/이종수 엮음/값 11,000원
106. 순례자의 노래
존 넬슨 다비 지음/문영권 옮김/값 12,000원
107. 존 넬슨 다비의 성경주석: 에스겔
존 넬슨 다비 지음/이종수 옮김/값 8,800원
108. 성경공부교재 제 1권 거듭남의 진리
이종수 지음/ 값 5,000원
109. 존 넬슨 다비의 성경주석: 잠언, 전도서, 아가서
존 넬슨 다비 지음/이종수 옮김/값 5,000원
110. 성경공부교재 제 2권 죄사함의 진리
이종수 지음/ 값 6,500원
111. 최고의 영광으로의 부르심
클라이드 필킹턴 주니어 편집/이종수 엮음/값 9,000원
112. 존 넬슨 다비의 성경주석: 예레미야, 예레미야애가
존 넬슨 다비 지음/이종수 옮김/값 9,000원
113. 존 넬슨 다비의 새번역 신약성경
존 넬슨 다비 지음/이종수 옮김/값 35,000원

- 존 넬슨 다비의 새번역 신약성경을 소개합니다 -

- ● 최다最多 사본 대조 검증
- ● 최다最多 번역본 성경 대조 검증
- ● 가장 원어에 가까운 신약성경

도서구입 : 생명의말씀사, 쿠팡, 갓피플몰, 예스이십사, 알라딘 등

Originally published under the title of
"Operations of the Spirit of God,
On Sealing with the Holy Ghost, Indwelling of the Holy Ghost &
Remarks on the Presence of the Holy Ghost in the Christian"
by John Nelson Darby
Copyright©Les Hodgett, Stem Publishing
7 Primrose Way, Cliffsend, Ramsgate, Kent, U.K.

Korean translation copyright
ⓒ 2012 by Brethren House, Korea
All rights reserved

존 넬슨 다비의 성령론
ⓒ형제들의 집 2012

초판 발행 • 2012.2.23
개정판 • 2021.4.26
지은이 • 존 넬슨 다비
옮긴이 • 이 종 수
발행처 • 형제들의집
판권ⓒ형제들의집 2012
등록 제 7-313호(2006.2.6)
Cell. 010-9317-9103
홈페이지 http://brethrenhouse.co.kr
카페 cafe.daum.net/BrethrenHouse
ISBN 979-11-90439-12-1 03230

＊값은 뒤표지에 있습니다.
＊잘못된 책은 바꿔드립니다.
＊서점공급처는 〈생명의말씀사〉 입니다. 전화(02) 3159-7979(영업부)